Lecho redeo
El senio

212 722-15??

EL BOHIO

EMPIR MEAT

Reflexiones filosóficas

Los múltiples caminos hacia la verdad

JAIME BARYLKO
Reflexiones
filosóficas

Los múltiples caminos hacia la verdad

 **Editorial El Ateneo**

142   Barylko, Jaime
BAR   Reflexiones filosóficas - 1a. ed., - Buenos Aires:
        El Ateneo, 2003

        336 p.; 15,5 x 22,5 cm.

        ISBN: 950-02-6374-2

        I. Título - 1. Ensayo

Primera edición, primera reimpresión septiembre 2004.

Diseño de interiores: Mónica Deleis
Foto de tapa y solapa: Rubén Li

Primera edición de Editorial El Ateneo
© Grupo ILHSA S.A., 2003
Patagones 2463 - (C1282ACA) Buenos Aires - Argentina
Tel.: (54 11) 4943 8200 - Fax: (54 11) 4308 4199
E-mail: editorial@elateneo.com

Índice

1

Las raíces del
pensamiento humano

¿Qué quiere el hombre?

Uno nace y quiere ser feliz. Pero ¿en qué consiste ser feliz?

El religioso es feliz cuando reza y siente un contacto con lo trascendente. El ateo es feliz en su piel, en su cuerpo, en el cumplimiento de sus instintos. Yo era feliz, muy feliz, en mi soledad sonora de pensar, estudiar, escuchar a Bach.

Ser feliz es cumplir con un designio. Ese designio se vuelve propio, pero en un principio es ajeno, es de los otros, de la tradición, de la trama del tiempo en que vivimos y de la educación que recibimos. Miguel Ángel no significa nada para quien no se haya formado en los valores estéticos de Occidente, y la pintura china no nos emociona demasiado cuando la enfrentamos.

Por otro lado, están el sufrimiento, el dolor injustificado, los accidentes de la existencia, los seres queridos que se van y no vuelven. La muerte acecha como el ocaso del sol.

Caminar es enfrentar retos y superar escollos. Vivir es autodefinirse constantemente. Hasta el fin, es decir, hasta que se dé el fin.

Pensar es vivir. Vivir auténticamente, con conciencia de lo que yo quiero y de lo que otros quieren que yo quiera. Pensar es detener la parafernalia en la que estamos insertos, retirarnos un poquito, contemplar, formular preguntas e intentar hallar respuestas.

Pensar es una manera de colocarse frente al mundo, al otro, a las cosas; es una postura. Y también, un ejercicio, una práctica, un aerobismo del alma. Pensando es como tomamos nota de nuestra circunstancia actual y de nuestra circunstancia pasada, y de nuestro origen, y del origen de tantas ideas, imágenes y sentimientos.

Se necesita del pensamiento humano para saber por qué vivimos, por qué morimos, para qué estamos, y qué deberíamos hacer mientras estamos, y por qué se sufre, inútilmente, injustamente, y cómo consolarnos de tanta pérdida intermitente. Algo que nos contenga, que nos consuele, que nos explique.

Esto es el hombre. Un ser que pregunta, que se pregunta, y que nunca dejará de preguntarse por más respuestas que reciba.

Volver al paraíso

El miedo es lo primero que se aprende, que se experimenta, empezando por el bebé que es expulsado del Paraíso a la intemperie. Y llora; naturalmente llora.

¿Cómo se hace para ir al paraíso, o para volver al paraíso, o, en todo caso, para huir un poco del infierno?

Un camino es el de la fe; otro, el de la razón; otro, el del arte, y tantos otros más. Todo lo que el hombre hace es siempre un intento de hacerse y de armarse un esquema de serenidad acerca de su puesto en el cosmos, y del sentido de ese puesto.

El amo y el esclavo están igualados en este punto.

En *Medea* de Eurípides, en efecto, la Nodriza considera: "No erraría quien considerara torpes y de ningún modo inteligentes a los anteriores mortales que inventaron fiestas, festines y banquetes, himnos a manera de audiciones que alegran la vida. Mas ningún mortal descubrió el modo de acabar con las odiosas penas por medio de música y cánticos de múltiples notas... Con todo, provechoso es que los mortales resuelvan eso con canciones."

La cultura, la totalidad del pensamiento humano intenta cubrir las angustias de la vida, y acallar los gemidos, dice Eurípides. Por eso tanto carnaval, tanta fiesta, tantos ritos, tantas ceremonias, tanto baile (hoy más que nunca), tanta necesidad de "estar alegre" para dejar de notar que la pre-ocupación es la más asidua ocupación de los humanos.

A la madre que perdimos, por el mero hecho de nacer, necesitamos reconstruirla en todos los afanes, pirámides, cuadros, salmos y filosofías, y —por encima de todo— religiones.

Por eso, justamente, dice Otto Rank en *El trauma del nacimiento*:

"Toda forma de religión tiende últimamente a la creación de un ser primordial, salvador y protector, a cuyo seno uno puede correr a refugiarse en todos los peligros, y al cual uno retorna finalmente en una vida futura".

El error de ser individuos

Empecemos por el comienzo. El comienzo soy yo. El sujeto de todas mis alegrías y turbulencias. Yo significa libertad, significa dignidad, sentido. Estoy por algo, para algo.

El Yo es lo único que le interesa al Yo.

Escribe Friedrich Nietzsche en *La voluntad de dominio*: "El Individuo mismo es un error. Todo lo que sucede en nosotros es algo diferente en sí que no conocemos... Distinguimos entre la pretendida individualidad y los verdaderos sistemas vivos que representa cada uno de nosotros. Se los confunde puesto que el individuo no es más que la suma de las impresiones, los juicios y los errores de los que tenemos conciencia; es una creencia, un fragmento del verdadero sistema de la vida, o una reunión de fragmentos unidos ficticiamente por el pensamiento, una unidad que no resiste el examen".

El Yo, dice el filósofo, es un error. En la naturaleza nada es yo, todo es momento del género, de la especie. Esta rosa está para que la rosa exista, la especie rosa. Existir y reproducirse es su fin, que no es suyo sino de todas las rosas. Esta rosa no es esta rosa, es todas las rosas. Lo mismo este perro, que tendrá características propias, tal vez, pero que representa a todos los perros y existe para que los perros existan. Eso se llama naturaleza. *Natus* significa nacido. Nace la rosa o el perro y ya traen su programa congénito, y su vida es la concreción de ese programa.

El hombre es el ser des-naturalizado. Yo no quiero ser como nadie. Yo es igual a no-yo. Si bien el nacimiento fue por vía de la naturaleza, y así también será la muerte, tengo voluntad, libertad, dignidad, soy incomparable, irrepetible, soy Yo.

El Yo no tiene naturaleza, tiene historia. Así se entiende la frase de Nietzsche: el individuo es un error de la naturaleza. No nace, se hace. Se vuelve error de la naturaleza, alguien que desertó de la mera reproducción.

Para decir Yo, entonces, hay que decir No-yo; es decir, mundo. Objeto es lo que está enfrente, fuera de mí, ante mí, ajeno a mí. Eso me vuelve sujeto. El primer gran error es separarse de la naturaleza, colocarse fuera de ella, y llamarse Yo. Es una superioridad que luego hay que justificar, un error que hay que diluir "ficticiamente por el pensamiento", dice Nietzsche.

En verdad, *el pensamiento humano es la suma de ficciones que el hombre viene gestando para justificar su puesto en el cosmos como ser absolutamente diferente.* Yo, es decir, el ser que se va plasmando a través de su voluntad, sus elecciones. A tal efecto es menester que sea libre.

Primer tema para el pensamiento: ¿soy libre?

¿Quién es libre?

Notoriamente, es cierto, el vocablo "libertad" alude a "rotas cadenas" en términos de dependencia política, de amos y esclavos, de tiranos y pueblos. Desde los comienzos de la reflexión humana se viene analizando el tema de la libertad. Cuando se dice "libertad" normalmente se piensa en la libertad política, en lo opuesto a la tiranía.

La libertad política me la conceden los gobernantes de turno. No es mía. Es la base sobre la cual puedo-debo erigir mi libertad. Si la esclavitud consiste en ser dominado, se infiere entonces que he de dominarme a mí mismo para que otros no me dominen.

"¿Quién es, por lo tanto, libre?

"El sabio, el hombre que se domina, a quien no aterran ni la pobreza ni la muerte ni las cadenas; el que es capaz de resistir las pasiones y despreciar los honores; seguro en sí mismo, es como la superficie tersa de una esfera donde resbalan los acontecimientos exteriores, invulnerable a los asaltos de la Fortuna impotente..." (*Saturae*, Libro II, 7).

Estas palabras fueron colocadas por Horacio en boca de su esclavo Davus. Davus se rebela filosóficamente contra su amo, sustituyendo el valor social del hombre por el valor moral, único realmente justificado. Libertad y esclavitud son condiciones subjetivas del ser. Horacio retoma aquí una tradición del pensamiento grecorromano, en el cual convergen parcialmente cinismo, epicureísmo, estoicismo.

En el supremo rigor, el hombre libre es libre de todo, de todos. Nada le afecta. Sabio es el hombre libre. Imperturbable. El sabio que sabe vivir. Ese cuyo ideal fue estampado por Spinoza en la máxima "*Non ridere, non lugere, neque detestare, sed intelligere*": no reír, no llorar, no odiar, no detestar; tan sólo entender.

En el texto de Horacio se aprende que hay esclavos libres y amos esclavos.

Yo y mi criado

La misma relación dialéctica la encontramos en los escritos de Mariano José de Larra, *Yo y mi criado*.

El siervo apostrofa a su dueño y le espeta: "Qué tormentos no te hace pasar tu amor propio, ajado diariamente por la indiferencia de unos, por la envidia de otros, por el rencor de muchos.

"Te llamas liberal y despreocupado, y el día que te apoderes del látigo azotarás como te han azotado. Los hombres de mundo os llamáis hombres de honor y carácter y a cada suceso nuevo cambiáis de opinión, apostatáis de vuestros principios. Despedazado siempre por la sed de gloria... Inventas palabras y haces de ellas sentimientos, ciencias, artes, objetos de existencia (...). Y cuando descubres que son palabras, blasfemas y maldices... Yo estoy ebrio de vino, es verdad, pero tú lo estás de impotencia...".

Las palabras de Larra no son de ayer, son de mañana. No se trata, para nosotros, de elegir una teoría sobre la libertad. Se trata de ver qué libertad es la que me cuadra, la que mayormente necesito.

¿Aprender? ¿Aprender qué? A "no inventar palabras y hacer de ellas sentimientos, ídolos, barricadas".

Eres lo que te haces ser. Eres la suma de tus acciones.

Hoy eres liberal. Mañana podrías ser un magnífico verdugo.

¿Cuál es el camino evolutivo del pensamiento humano?

El pensamiento humano, antaño, procuraba construir armazones y andamios, esquemas y definiciones acerca del mundo, el ser, el estar, el alma, Dios, la inmortalidad. Lentamente, a través de la historia, se fueron deshaciendo pilares, fundamentos. Fundamentos, sobre todo; eso es lo que hoy se acabó.

El tiempo fue corroyendo esas imágenes, y al quitarle autoridad, el pensamiento actual es hermenéutico, interpretativo, crítico del lenguaje, de la posibilidad de verdad, y como tal se trepa sobre la misma ciencia, y desde su posición de altura la interroga en cuanto a sus certezas y la fundamentación de esas certezas. Es una marcha inexorable de lo fijo a lo móvil, de lo seguro a lo dudoso, de la piedra a la arena. Unos dirán decadencia. Otros entenderán liberación.

De todos modos, ésta es la marcha del pensamiento humano, del autoritarismo a la libertad, de la norma dogmática al sujeto individualista y crítico, del saber con seguridad al saber vacilante, que sabe que nunca dejará de vacilar.

¿Desde dónde pensamos?

Desde nuestra circunstancia actual. Desde el hoy que hoy soy. Clásicamente, las historias del pensamiento humano comienzan desde el inicio arcaico o arqueológico. Clásicamente, los que escribían esas historias se encerraban en bibliotecas, en torres de marfil, lejos del mundanal ruido y escribían, y acumulaban tomos.

Ya no hay más torres de marfil. Se están cayendo torres que no son de marfil pero que eran de confianza en su estabilidad absoluta. "Todo se disuelve", decía Marx.

Escribo desde la incertidumbre que nos envuelve, desde la movilidad de los cambios que se suceden. Descartes tenía dudas. Nosotros estamos en duda.

Siento que hay que empezar desde el final, desde hoy. El que dice hoy, dice crisis.

Cultura y civilización

Oswald Spengler, autor de *La decadencia de Occidente*, distingue entre *comunidad y sociedad*. A la primera le corresponde la cultura. "Cultura" no se reduce a biblioteca, estudios, conciertos. Cultura es todo lo que emerge del hombre y que el hombre cultiva, sus acciones, sus inventos, sus comportamientos, sus derechos, sus deberes, sus leyes.

Del otro lado está lo que hacemos, construimos, edificamos con las manos, con ladrillos, con chips de computadora, y que son elementos para vivir más cómodamente, y se llama "civilización".

"Mientras el hombre vive de manera simple y natural, evidentemente una cultura en plenitud, su vida tiene una actitud indeliberada. Su moral es instintiva; podrá revestir mil formas discutibles, pero en sí misma no es discutida, porque es hondamente poseída. Pero cuando la vida declina, cuando sobre el suelo de las grandes urbes, que son ahora por sí mismas mundos espirituales, se hace necesaria una teoría para poner la vida en escena y ordenarla. Cuando la vida se torna objeto de la contemplación, entonces la moral se convierte en problema. La moral culta (que emana de la comunidad) es la moral que se posee; la moral civilizada es la moral que se busca... Ahora hay que buscar, hay que inventar, hay que extraer, podrá servir de regla a la realidad, algo que el instinto ya no garantiza. Ahora comienza la ética civilizada, que no es el reflejo de la vida sobre el conocimiento, sino el reflejo del conocimiento sobre la vida."

En el principio fue la comunidad. En la aldea, en los pequeños pueblos, en un mundo mucho menos rico en comunicaciones. Luego, con el surgimiento de las grandes ciudades, las aglomeraciones en pequeños territorios y la creciente globalización, la comunidad se fue disolviendo, la identidad también, y tomó fuerza la estructura de convivencia llamada sociedad.

El factor comunitario esencial, el que la configuraba en todos sus órdenes, era la religión compartida. En la modernidad la religión, como fuerza regente, gobernante, ya no tiene peso y sólo prevalecen los valores económicos y utilitarios.

La sociedad es una relación entre seres humanos motivada por intereses en común y, por lo tanto, una relación sobre todo económica, política. Y si bien puede ser muy democrática, es también muy frágil, transitoria, momentánea y regulada por algún interés que comunique a sus integrantes.

Eso respondería al concepto de civilización que utiliza Spengler: es la vida hacia afuera, el show de la vida, y también manifestación de ideas. La sociedad es una composición de individuos; ellos la hacen, ellos la deshacen. La sociedad es de ellos, ellos no son de la sociedad. Es un producto de ficción.

Eduardo Nicol ha señalado un concepto muy interesante: "En su fase primitiva la relación del hombre con lo divino no es una experiencia individualizada. La religiosidad surge con la comunidad y abarca a todos sus adeptos. Recíprocamente, todo lo religioso es comunitario. El origen de una vinculación religiosa y el de una organización social no son meramente coincidentes. De hecho, sólo podemos distinguir el uno del otro, estos dos orígenes, por la separación que se produce más tarde y a la cual damos hoy por consabida" (*Metafísica de la expresión*).

Crisis de identidad

La crisis actual, por ser crisis de lazos comunitarios, y en consecuencia una quiebra moral, es crisis de la identidad. En realidad, porque hay crisis, porque se cayeron todos los parámetros referenciales, sólo nos queda mirarnos en el espejo y preguntarnos por la identidad.

Cuando algo funciona no se piensa en ese algo. Se piensa en ello cuando algo no funciona o cuando dejó de funcionar. Al decir de Jean Baudrillard, en *El intercambio imposible,* "La identidad es un sueño patéticamente absurdo. Soñamos con ser nosotros mismos cuando no tenemos nada mejor que hacer. El sueño de sí y del reconocimiento de sí llega cuando se ha perdido toda singularidad".

Del Yo portador de valores, tradiciones, deberes, adhesiones, nada ha quedado, salvo el Yo. Y este Yo no sabe qué es. Se busca. No sabe qué hacer, entonces se aferra a lo único que le queda como evidencia: él mismo. Por eso es uno de los grandes temas de nuestro tiempo.

Un cuento infantil para grandes que piensan

Hace unos meses viajaba a San Jorge. Las interminables planicies santafecinas invitaban a que resbalase sobre ellas la mente, fuera de todo estrés capitalino. En esos devaneos de las imágenes recordé el cuento aquel, de mi infancia, ahí, en pleno viaje, y me quedé pasmado por la fuerza de la memoria. Era un relato del libro de lectura que usábamos en primero superior.

Había una vez un niño que llegaba a la escuela siempre tarde. La maestra lo retaba, y el chico, pobre, lloraba.

Un día la maestra le preguntó:

—Eulogio, decime una cosa: ¿por qué llegas siempre tarde?

El jovencito, humillado, bajó la cabeza y empezó a lagrimear. La maestra, que luego estudiaría para psicopedagoga, lo estimuló a que hablara. Lo acarició. Le dio un caramelo. Le preguntó de qué cuadro era. Y Eulogio finalmente abrió la boca y dijo:

—Lo que pasa, señorita —así eran las maestras de antes, fíjense qué antiguo es este cuento—, que cuando me levanto mamá y papá ya se fueron al campo a trabajar, y yo estoy solo, y no encuentro nada, y me demoro mucho buscando, y hasta que recojo todo, llego tarde, eso me pasa.

La señorita lo observó, pensó, le cantó el "Arroz con leche" ("Manuelita" aún no había aparecido), y finalmente le dio este consejo:

—Mira, Eulogio, te voy a regalar un cuaderno, y en el cuaderno todas las noches antes de ir a dormir anota dónde dejas todas las cosas, la ropa, los zapatos, los útiles, la cartuchera, los libros, y a la mañana, cuando te levantas, vas al baño, te cepillas los dientes, bien pero bien a fondo, porque tenemos que luchar contra las caries, y después lo primero que haces es tomar el cuaderno y con él en la mano vas recogiendo las cosas de tu casa, y cuando ya tienes todo a mano, lo pones en la cartera, te sientas a desayunar, que es muy importante, y más vale que tomes leche, por el calcio, y te pones el guardapolvo, llevas la cartera y verás qué temprano llegas a la escuela.

Eulogio miró a la señorita, llenos los ojos de elogio y gratitud. Ella bajó el cachete para que él le diera un beso. Pudoroso, le rozó la mejilla. Y volvió a casa contentísimo con el cuaderno que ella le dio.

Llegada la noche todos vieron cómo Eulogio se afanaba con el cuaderno en la mano y recorría la casa y escribía:

- La cartuchera está en la cocina, al lado de la pileta.
- El libro de lectura está en el pasillo al baño.
- Los zapatos, uno en el dormitorio, otro bajo el sillón de la abuela.
- El guardapolvo, en el desván.
- El cuaderno de clase a la entrada, bajo la percha.

Y así todo.

Cuando concluyó, contento se fue a la cama y estaba ya a punto de conciliar el sueño cuando, de pronto, se sacudió, bajó, tomó el cuaderno y escribió:

– Yo estoy en la cama.

Ahora sí fue y se durmió, plácidamente, como nunca.

A la mañana se despertó radiante, primero el baño, después los dientes, con furia creadora, y después tomó el cuaderno y fue recogiendo cada cosa de su lugar. Luego tomó su porción de calcio y finalmente se iba a la escuela, pero se acordó. Miró nuevamente en el cuaderno, y allí estaba escrito:

– Yo estoy en la cama.

Casi se olvidaba. Fue a la cama a buscarse, y no se encontró. Se sentó en el suelo y lloró largamente. Se buscó por toda la casa, y no se encontró. Finalmente, desahuciado, llegó al colegio más tarde que nunca.

La maestra le preguntó qué pasaba.

Él le contó que había seguido su consejo, y lloriqueando le dijo:

—Encontré todas las cosas, señorita, pero a mí no me encontraba...

La lectura actual

Recuerdo que cuando lo leímos en clase, nos reímos a carcajadas de ese tonto Eulogio y de sus aventuras. Era comiquísimo. ¿Y por qué lo cuento? Porque en ese viaje el recuerdo, lejos de ser alegre, se me hizo triste. Veía la escena de los chicos y yo riéndonos felices de Eulogio. Pero ahora no me reía, lo cómico se me volvió dramático, porque ese relato se llamaba "¿Y yo, dónde estoy?".

Sabemos dónde está todo, el televisor, el celular, el festival de rock, la pornografía en Internet, todo está en algún lugar y ahí puede ser encontrado. El único que no tiene lugar, que no está en ningún lado, soy yo.

No sé dónde estoy, no sé cuál es mi lugar, no sé dónde encontrarme, no sé en qué consiste mi estar en el mundo, para qué estoy. A esto llamamos crisis de identidad.

El ser en referencia a los otros

Ser es ser en referencia a otros. *Esse est percipi*, ser es ser percibido.

Charles Taylor plantea el tema de la identidad: ¿qué dice uno cuando dice Yo? Respuesta: dice cuál es su puesto en un marco referencial de valores, creencias; es decir, conversación, y cómo discierne el bien del mal.

Textualmente el autor dice: "Yo defino quién soy al definir el sitio desde donde hablo. En el espacio de la orientación moral y espiritual dentro de la cual existen mis relaciones definidoras más importantes" (*La ética de la autenticidad*).

Aprendemos primero —escribe Taylor— nuestros lenguajes de discernimiento moral y espiritual al ser introducidos en una conversación permanente por quienes están a cargo de nuestra primera crianza. Los significados que tendrán para mí las palabras clave serán primero los significados que ellas tengan para *nosotros*, es decir para mí y mis compañeros de conversación.

Después de haber absorbido esas conversaciones de valores compartidos, puede uno rebelarse. Gracias a las lecciones y mensajes e imperativos de mensaje yo he crecido y puedo alcanzar la altura de rebelarme contra mi padre. La lucha contra la autoridad sólo puede realizarse si se reconoce la autoridad.

No he nacido para compartir odio, sino amor

A mis alumnos, cuando ingresan en la universidad, suelo darles una clase de introducción que contiene un fragmento de la *Antígona* de Sófocles.

La protagonista dice: "No he nacido para compartir odio, sino amor". Es su respuesta a la orden del gobernante Creonte, un político de mente estrecha, quien tiene establecido definitivamente a quién se debe amar y a quién se debe odiar.

Creonte había ordenado que se discriminara entre los dos hermanos muertos de Antígona. Uno —sostiene el gobernante— merece honores y noble sepultura porque defendió a la patria. El otro, Polinices, calificado de traidor, no ha de ser enterrado en los límites de esa tierra. Era una humillación terrible para toda la familia, una especie de condena y ejecución *post mortem*.

Antígona no acepta las definiciones de Creonte. Tiene sus propios códigos. Los dos son hermanos, sus hermanos, y ella los ama a los dos. No quiere compartir el odio por nadie.

Creonte, en cambio, divide a la humanidad en amigos y enemigos. Porque sin enemigos no se conciben los amigos. Los amigos son aquellos a los que uno ama porque comparten el mismo odio contra otros seres, en la filosofía creontina.

Antígona es culpable. Faltó al mandamiento del odio, codificado, dogmatizado. No se dejó mutilar, no se dejó fragmentar. Pensó por su propia cuenta.

Hemón, su hijo, le habla a Creonte y pretende conmoverlo con este argumento: "No te obstines en mantener en ti, como única, la opinión de que lo que tú dices es lo razonable, y no lo que diga otro; porque los que creen que solamente ellos poseen la sabiduría, la elocuencia y el valor que no tienen los demás, ésos, al ser examinados, se encuentran vacíos. Porque al hombre, por sabio que uno sea, no le es vergonzoso el aprender muchas veces...".

Aprender a aprender

Toda una lección. Escuchar es aprender y alcanzar grados de sabiduría. Sabio no es el que sabe, sino el que sabe que puede saber más, sin cesar; el que escucha a los otros, porque de ese modo puede poner en duda su arrogante yo, y despojarlo de sus cáscaras de autosuficiencia que tanto lo asfixian.

La ética que me vuelca al otro, y ello por vía de normas que facilitan la comunicación, me permite que yo esté en constante trance de ser otro, de cambiar, de eso que llamamos crecer-aprender, y, de ese modo, de vivir con intensidad cada día bajo el sol.

Escucho, aprendo, me modifico, me pongo en duda. Siento la razón que tenía Heráclito cuando decía: no nos bañamos dos veces en el mismo río. Nada ocurre dos veces. Cada momento es nuevo bajo el sol, y con nueva mirada e inédita perspectiva ha de ser encarado.

Ponte en duda, he ahí una receta para crecer.

Y lo primero que se aprende al aprender es que la libertad es la potencia que tiene el ser en calidad de im-perfecto, que significa, del latín, no concluido, no terminado. El que no se libera de sus prisiones interiores, pasionales unas, de ideas petrificadas y creencias mutiladoras otras, no es libre.

Hacer lo que a uno se le antoja, eso es licencia. Ése no escucha, se escucha a sí mismo. Y difícilmente le aporte algo.

Aprender es escuchar lo disonante

Aprender, le dice Hemón al gran Creonte. Escuchar a los otros para aprender. Liberarse de los fantasmas que nos dominan desde adentro. Dejar de estar seguro. Abrirse. Aprender a vivir, a fluir, a dejar de ser y renacer de sí mismo. El otro es mi ejercicio, es mi fiscal, es mi amigo, es mi espejo, es mi alternativa.

¿Qué es, en este contexto estricto, aprender? Escuchar la voz ajena.

Antígona tiene una voz propia. Es imprevista, dice algo totalmente diferente de lo esperado. Si Creonte pudiera escucharla, aprendería, captaría lo nuevo. Pero no puede porque está totalmente sometido a las creencias que lo dominan. Sus voces interiores le impiden atender las voces exteriores. Escuchar.

Volvamos a con-versar

De Sófocles regresamos a nuestros días. ¿Qué tal andamos de la escucha? "La metrópoli es hoy un aula; los anuncios son sus profesores. El aula tradicional es un hogar anticuado, un calabozo feudal." Marshall McLuhan es el responsable de esta afirmación.

Todos sabemos que alude a la realidad. Hoy todos educan, todos informan, todos inculcan: la ciudad y todos sus medios, escritos, orales, televisivos, fílmicos, propagandísticos, y a toda hora y en todo lugar. Está culminando un proceso que se inició varios siglos atrás, según McLuhan. Con Gutenberg se produjo el Big Bang que conducirá a nuestra modernidad. Esa modernidad es matemática, geométrica, razón pura de renglón sobre renglón, organización conceptual. Pienso, por lo tanto existo. Existo, por lo tanto leo. Yo. Sujeto. Soledad subjetiva. Camino a la incomunicación creciente.

"La pluma de ave puso fin a la conversación, abolió el misterio, dio arquitecturas y ciudades, trajo carreteras y ejércitos, trajo burocracias." La burocracia, debe recordarse, no es este mecanismo infame de trámites que conducen a trámites y vericuetos kafkianos para llegar eternamente a ningún lado. Ésa es la perversión de la burocracia.

Cuando cesó la teo-cracia, el gobierno medieval de Dios, advino la razón científica; con ella la técnica, luego los bancos, después el capitalismo, y la demo-cracia, que es la igualdad de los hombres sin jerarquías, y ello condujo a la buro-cracia, al gobierno de la racionalidad interdepartamental, de un mecanismo que debería funcionar aceitado, de un escritorio a otro, logrando el máximo de eficiencia. Eficiencia o eficacia, ése era el ideal. Y lo sigue siendo. Pero las bases de ese ideal están roídas.

Ése es el punto de McLuhan: "...La mano que escribió una página, construyó una ciudad". La misma mano, no otra.

En la civilización todo suele darse armónicamente, como decía Swedenborg, el místico sueco, el arriba es el espejo del abajo. Organizar, razonar es también construir. Un libro, una ciudad, un cine, y el burdel correspondiente, y el templo también.

McLuhan ve en el progreso civilizatorio un orden cartesiano, sintáctico, regido por las palabras escritas ordenadamente unas junto a otras, en inexorable organización y disciplina *bajo el imperio de la visualidad.*

El ojo se lo tragó todo, y desapareció la oreja, el oído, la escucha, la comunicación. El ojo es arquitecto. Ve el espacio. Lo fragmenta, lo mide. Cantidad es el valor de los tiempos modernos. Geometría. Medida. Sólo existe lo que se somete a medida.

"La pluma de ave puso fin a la conversación", observa profundamente McLuhan.

Conversar

Conversar es con-versar, converger de algún modo en el punto donde dos versos o dos versiones se tocan, se cruzan, se palpan, se gustan, sin que deban coincidir. Y se escuchan en un plano que no es espacio, y que, por lo tanto, no es plano, sino dimensión, y tiempo.

El tiempo es vivencia, y la vivencia deriva de la con-vivencia, que es con-versación.

¿Cómo lo haremos sin una ética que nos sirva de puente regulador de nuestras relaciones, de semántica y gramática para nuestros lenguajes, gestos, expresiones? Con-versar. Con-verger. Con-testar. El uno testigo del otro.

McLuhan observa que el mundo está girando hacia la dimensión acústica. El ruido de los jóvenes es visto por él como anticipo de una nueva era en la que el oído recuperará sus fuerzas mientras la galaxia Gutenberg comenzará a declinar.

McLuhan deposita en esta visión una suerte de misticismo electroacústico que nos retrotrae al tam-tam de la aldea primitiva y a una especie de sensibilidad intuitiva. Piense el lector en los megaeventos, como les dicen, los recitales de rock en estadios para cien mil personas. ¿Qué liga a jóvenes y gente de cualquier edad para compartir esos conciertos? ¿La música?

La música es un pretexto para estar juntos, más allá de un lenguaje que nos in-comunica. Es necesidad de calor humano.

Una jovencita me lo dijo una vez, en un programa de televisión que compartíamos: "Para nosotros un recital de rock es un acto religioso, como para ustedes ir a la iglesia".

McLuhan confiaba en estas nuevas religiones y en la caída de ese orden geométrico-cuantitativo de la modernidad. Esperaba una nueva fraternidad, más de tribus que de sociedades, más de comunas que de ministerios burocráticos.

Ocurre que daba por sentado que la ética seguiría funcionando en el nuevo esquema vital, y más que nunca, por mera vía intuitiva-instintiva, amorosa. No sucedió así. No.

La ausencia de normas quizá dio lugar a amores que antes no hubieran aparecido, pero junto con los templos del rock y la religiosidad de los encendedores prendidos al unísono en la noche electrónica, anuló las normas, y de ahí brotó el caos, y los genios individualistas de la vida nueva y buena no aparecieron como estaba previsto.

Heroísmo y erotismo

Éstos son tiempos de pregunta. La pregunta pone en crisis la respuesta ya establecida como rutina sacrosanta. Éstos son tiempos de crisis.

Nos volvemos a la Antigüedad. Solamente desde el hoy podemos entender la Antigüedad como causante de un proceso que llega hasta el hoy.

En uno de los diálogos de Platón se indaga en torno de las raíces de las palabras, y, entre otras, es de relevante importancia el término *ántropos* (= hombre). La palabra denota la esencia que quiere revelar, la definición de la cosa que muestra.

El diálogo se llama *Cratilo*, y su personaje central, Sócrates, explica: "Este nombre de *ántropos* significa que, al contrario de los animales, que son incapaces de observar nada de cuanto ven, de razonar sobre ello y examinarlo, el hombre una vez que ha visto —y *opote* tiene esa significación— aplica su examen y su razonamiento a lo que ha visto. He aquí por qué, a diferencia de los animales, el hombre ha sido llamado con justicia *ántropos*, pues examina lo que ha visto".

Para eso nacimos, pues. Para contemplar el mundo, verlo, examinar lo que vemos y convertirlo en idea, en verdad. Ésta sería nuestra primordial finalidad. Es decir, el cultivo de la cultura, en el sentido intelectualista que vulgarmente se le da al término.

En el mismo diálogo —y una página atrás— es sumamente interesante la etimología que Platón encuentra para la palabra *héroe*.

Estos seres extraordinarios llamados héroes, en la Antigüedad, derivan del *eros*, el amor "de un dios por una mortal o de un mortal por una diosa".

Dejemos de lado la cáscara mitológica para quedarnos con el grano central: el héroe es fruto del Eros, excepcional amor. Pero esto parece no satisfacer al filósofo y entonces echa mano a otra etimología: "Quiere decir que eran sabios, oradores elocuentes y buenos dialécticos, o sea hábiles en el interrogar, *erotai*, y en el hablar, *eirein*...".

En suma, héroes del intelecto, de la palabra. En esta perspectiva lo humano llega a su propia plenitud cuando se atreve a ser heroico, y lo heroico aquí ya no significa escalar montañas, derribar ciudades, sino algo mucho más exigente: atreverse a preguntar.

Más avanzamos en civilización, mayor crisis percibimos en cultura, y crece el mundo de la pregunta. Eso enseña Platón. Reclama heroísmo y erotismo. Erotismo por la pasión que se le pone, ya que en ello va —o se me va— mi vida. Heroísmo porque salirse de encuadres clásicos, firmes, seguros, requiere atrevimiento y coraje.

El ser de la pregunta

Eso es lo que caracteriza a la condición humana. Ni sus máquinas, ni sus avances tecnológicos, ni sus grandes logros científicos. Eso es del hombre y para el hombre, pero no es el hombre. El hombre es el ser de la pregunta.

Preguntas acerca de lo mediato y otras acerca de lo universal, de lo eterno, de aquello que jamás puede ser satisfecho con una respuesta. Como el deseo, somos eróticos —enseña Platón— porque somos insatisfechos. Esa insatisfacción proviene de nuestra complejidad, de nuestra libertad. Razón por un lado, pasiones por otro. La pregunta va hacia afuera, pero también va hacia adentro, para desenmarañar esa complejísima trama de hilos superpuestos, cruzados, anudados, y mientras más avanzamos en el conocimiento, menos nos conocemos a nosotros mismos. De ahí entonces el mandato de Sócrates que ya figuraba en el pórtico de Delfos: *Conócete a ti mismo*. Es el más cercano y el más imposible de los conocimientos.

Insatisfacción, deseo, preguntas. Eso es el hombre. Las cosas son, el hombre no es: siempre está en trance de ser y, por eso, nunca lo abandona la pregunta.

Épocas orgánicas y épocas críticas

En 1807, Saint-Simon, en su libro *Introducción a los trabajos científicos del siglo XIX*, afirmaba que el progreso de la historia se mueve entre las épocas orgánicas y las épocas críticas. Pareciera ser que esa obra, por primera vez, menciona la idea de "crisis" como de ruptura o desequilibrio.

"La época orgánica —explica Nicola Abbagnano en su *Diccionario de la Filosofía*— es la que reposa sobre un sistema de creencias bien establecido, se desarrolla de conformidad con tal sistema y progresa dentro de los límites por él establecidos."

En cierto momento se produce el cambio de ese eje de creencias. Se cambia de modelo de ideas y creencias, y ésa es la crisis, y ahí aparece la época crítica.

Los ejemplos de edad orgánica serían la Edad Media y de la crisis, la Reforma, que más o menos coincide con la ciencia moderna.

La Edad Media estaba regida por el eje teocrático, un mundo estructurado sobre la creencia en Dios, y particularmente regido por el cristianismo. La Reforma ataca ese eje, sobre todo el católico, y aparece un nuevo mundo, que permite también una mayor liberación del hombre del mundo dogmático de la edad anterior, y por lo tanto el pensamiento racional, la ciencia.

A este nuevo estadio Saint-Simon lo denomina el "estado positivo", nombre que adoptó luego Auguste Comte en su curso *La filosofía positiva*. Positivo alude a lo concreto, a lo real, a la afirmación de los sentidos y de nuestra experiencia. En fin, la verdad científica.

Es la gran crisis, que ya venía preludiada por el modernismo de Descartes, de Locke, pero que ahora estalla y, obviamente, erosiona los valores de antes, es decir, la teocracia o el Gobierno de Dios, sobre la verdad. El hombre se independiza. Podrá seguir creyendo en Dios, pero, en cuanto a la verdad, se consolidará en sus propias fuerzas. De más en más, religión y ciencia se irán alejando una de la otra, y la religión habrá de dedicarse a la fe, a la salvación, a la finalidad de la existencia, mientras que la ciencia se dedicará a la existencia misma.

A partir de entonces, dice Abbagnano, la crisis ya se ha instalado en el pensamiento humano. Se ha perdido toda base dogmática, absoluta, y ello conduce a la crisis ya no como estadio pasajero sino como la condición humana y la condición de todo pensamiento.

Aparece, en su máxima exponencia, la cultura del naufragio.

Pero si bien ese naufragio produce angustia e inseguridad, por otro lado potencia la libertad humana, su creatividad, su capacidad de construir y reconstruir el mundo —su idea del mundo— como elemento esencial de su existencia.

Sin embargo, las ideas, los pensadores hacedores de ideas, no son independientes de su tiempo, de su cultura, de su sociedad. Ellos constituyen la atmósfera dentro de la cual respira o contra la cual conspira. Pero esa atmósfera, de un modo u otro, es ineludible.

Todos son filósofos

Esto me recuerda la siguiente reflexión de Karl Popper, estudioso de las ciencias y de las condiciones del conocimiento humano: "Todos los hombres y todas las mujeres son filósofos; o, permítasenos decir, si ellos no son conscientes de tener problemas filosóficos, tienen, en cualquier caso, prejuicios filosóficos. La mayor parte de estos prejuicios son teorías que inconscientemente dan por sentadas o que han absorbido de su ambiente intelectual" (*La sociedad abierta y sus enemigos*).

Efectivamente, un pre-juicio es un juicio que previamente no fue revisado, o una idea o creencia que nunca llegó a ser juicio, que nunca llegó a un entendimiento racional y crítico.

La historia de la filosofía, del pensamiento humano, si alguna hay, es la historia del des-cubrimiento de los prejuicios, de las ideas que nos dominan y que damos por ciertas por lo profundamente arraigadas que están en nosotros gracias a la sociedad y al tiempo en que vivimos.

∾

Pensar es descascarar la cebolla.

Es cierto —eso lo analizó Ibsen, en Peer Gynt— *que al final no hay nada oculto, pero el pensamiento humano consiste primero en armar cebollas y luego, en situación de crisis, descascararlas.*

Todas son cáscaras, pero el acto mismo de descubrir algo como cáscara nos llena de alegría: una mentira menos, otro mito más que hemos logrado deshacer.

Una sensación de liberación.

Y luego la ardua tarea de ver con qué se reemplaza el mito perdido o la cáscara abandonada.

Y después volver a descascarar. Así, eternamente.

2

La modernidad

La modernidad

La modernidad derrumba instituciones, creencias, fetiches, organizaciones, referencias, marcos, falsedades, y, por lo tanto, se derrumba lenta y paulatinamente la identidad. Los ilustrados creían que la identidad provenía del pensamiento, de la rebeldía contra las tiranías múltiples del pasado oscuro y oscurantista. Se equivocaron. Tirar abajo todo ese mundo de falsías bien valía la pena, pero de ahí no iba a crecer identidad alguna. Y así se fue derruyendo el eje de la persona, la identidad, hasta llegar al hombre suelto actual.

Escribe al respecto Erich Fromm, en *El miedo a la libertad*: "Ese hombre piensa, siente y quiere lo que él cree que los demás suponen que él deba pensar, sentir y querer, y en este proceso pierde su propio yo, que debería constituir el fundamento de toda seguridad genuina del individuo libre.

"La pérdida del yo ha aumentado la necesidad de conformismo, dado que origina una duda profunda acerca de la propia identidad. Si no soy otra cosa que lo que creo que los otros suponen que yo debo ser... ¿quién soy yo realmente?". El conformismo es el gran escape de la angustia de la soledad. Pero termina, tarde o temprano, en una nueva angustia de soledad. El ruido, la diversión, el paseo por el supermercado, o por las Bahamas, finalmente no satisfacen. Ésta es la crisis, y mirarse en el espejo y preguntarse: ¿en qué consiste MI identidad?

El hombre que va por la calle, el que tiene o no para comer, el que no saber qué hacer con sus hijos, ni con su esposa, ni con sus padres. Eso somos. El hombre suelto. Se ha soltado de cadenas del pasado, de la tradición, de iglesias, de dogmas varios. Y se encuentra suelto, libre pero desorientado. ¿Qué puede hacer? Orientarse en todos los demás. Adonde todos vayan, iré yo también. Lo que todos hagan, haré yo también. Así me evito la angustia de tener que armar, por cuenta propia, un mundo, una ética.

Me dejo arrastrar, entonces, por el torrente del todos. Salí de la libertad y ahora me metí en una prisión sin barrotes, no se ve, no se nota, ya que te dicen hacé lo que vos quieras, y se sabe que harás lo que todos los demás quieran. Pero sos libre, eso sí. Irónicamente libre.

En términos de Fromm: "Esta pérdida de la identidad hace aún más imperiosa la necesidad de conformismo; significa que uno puede estar seguro de sí mismo sólo en cuanto logra satisfacer las expectativas de los demás. Si no lo conseguimos, no sólo nos vemos frente al peligro de la desaparición pública y de un aislamiento creciente, sino que también nos arriesgamos a perder la identidad de nuestra personalidad, lo que significa comprometer nuestra salud psíquica.

"Al adaptarnos a las expectativas de los demás, al tratar de no ser diferentes, logramos acallar aquellas dudas acerca de nuestra identidad y ganamos así cierto grado de seguridad. Sin embargo, el precio de todo ello es alto. La consecuencia de este abandono de la espontaneidad y de la individualidad es la frustración de la vida. Desde el punto de vista psicológico, el autómata, si bien está vivo biológicamente, no lo está ni mental ni emocionalmente. Al tiempo que realiza todos los movimientos del vivir, su vida se le escurre de entre las manos como arena. Detrás de una fachada de satisfacción y optimismo, el hombre moderno es profundamente infeliz...".

Los medios masivos de comunicación, el lavado constante del cerebro que producen radios, televisores, afiches, y la gente que los repite, incansablemente, obviamente nos colonizan, nos alienan. Uno dice yo soy, pero debería concluir afirmando: yo soy lo que otros quieren que sea.

Y aquí llegamos finalmente al problema que es el origen del problema: la libertad. ¿Qué se nos hizo de la libertad? Que responda Fromm, desde *El miedo a la libertad*: "¿Cuál es, entonces, el significado de la libertad para el hombre moderno?

"Se ha liberado de los vínculos exteriores que le hubieran impedido obrar y pensar de acuerdo con lo que había considerado adecuado. Ahora sería libre de actuar según su propia voluntad, si supiera lo que quiere, piensa y siente. Pero no lo sabe. Se ajusta al mandato de autoridades anónimas y adopta un yo que no le pertenece. Cuanto más procede de este modo, tanto más se siente forzado a conformar su conducta a la expectativa ajena. A pesar de su disfraz de optimismo e iniciativa, el hombre moderno está abrumado por un profundo sentimiento de impotencia que le hace mirar fijamente y como paralizado las catástrofes que se avecinan".

Hacia la reintegración del ser humano

Fromm tiene el coraje de enfrentar esta salida sin salida. No cree que haciendo cursos, que practicando talleres de vida, aprenderemos a vivir y, sobre todo, a con-vivir.

"Creemos que la realización del yo se alcanza no solamente por el pensamiento, sino por la personalidad total del hombre, por la expresión activa de sus potencialidades emocionales e intelectuales. Éstas se hallan presentes en todos, pero se actualizan solamente en la medida en que lleguen a expresarse. En otras palabras, la libertad positiva consiste en la actividad espontánea de la personalidad total integrada."

Personalidad total *integrada*. Lo contrario de *parcial*. Lo contrario de *unidimensional*. Lo contrario de *fragmentaria*. Ser todo lo que uno puede ser. Lo contrario de especialización y de eficacia. En todo caso, sería una eficacia distribuida en todos los aspectos del ser, cognitivos, emotivos, relacionales, políticos.

Pero la solución, tan fácil en el decir y en el poetizar, se vuelve complicada en la vida real. ¿Cómo se hace para ser espontáneo si toda la vida nos hemos educado para no serlo, para ser reflejos condicionados ante situaciones que se presenten, incluso las imprevistas?

Tenemos, pues, que reeducarnos. No hay otra posibilidad.

Teoría de la espontaneidad

¿Qué es la espontaneidad? ¿Cómo definirla?

Fromm la encara así: "Ésta no es la actividad compulsiva, consecuencia del aislamiento e impotencia del individuo; tampoco es la actividad del autómata, que no representa sino la adopción crítica de normas surgidas desde afuera. La actividad espontánea es libre acti-

vidad del yo e implica, desde el punto de vista psicológico, el significado literal inherente a la palabra latina *sponte*: el ejercicio de la propia y libre voluntad. Al hablar de actividad no nos referimos al 'hacer algo', sino a aquel carácter creador que puede hallarse tanto en las
experiencias emocionales, intelectuales y sensibles, como en el ejercicio de la propia voluntad".

La anomia

Anomia es la realidad de la humanidad actual. Significa ausencia
de normas. Todo vale.

El término "anomia" lo acuñó el maestro de la sociología de este
siglo, Emile Durkheim. Descubrió que en las grandes ciudades indus-
trializadas la gente se pierde, su identidad se difumina, y no sabe a
qué atenerse. La desintegración moral hace lo suyo, y al ser cada uno
nadie, sólo la fusión dentro de la masa le da seguridad.

En términos de Tom Campbell: "Cuando la gente pierde el sentido de pertenencia a un grupo, pierde su propia identidad, su sentido
de la situación, su compromiso con las actividades que cree que me-
recen la pena, y por lo tanto, cualquier esperanza realista de una existencia significativa" (*Siete teorías de la sociedad*).

El esfuerzo se devalúa. Porque sólo existe lo inmediato, y la existencia tiene un solo fin, la diversión, para olvidarse de sí misma.

Es para pensar.

Si tuviéramos que marcar un punto en el mapa del tiempo, de la
historia, para jugar a "¿cómo empezó todo?", diríamos que todo empezó con la duda. ¿Y quién nos enseñó a dudar? Descartes.

Vayamos en pos de Descartes. El meollo de la filosofía, crisis de
la filosofía antigua, y padre de la crisis de nuestra actualidad. Llegó el
momento de enfrentarlo.

Los múltiples caminos de acceso a la verdad

Este recorrido, si algo enseña, es que el hombre, desde siempre, ha
albergado la necesidad de certezas, y junto con ellas, agazapada en la
sombra, la presencia ineludible de la duda.

Cualquier idea o creencia de hoy puede ser hallada en la arqueología del pensar, largos siglos atrás. Lo que se modifica es la circunstancia. Decir "llueve" en pleno desierto es anunciar una bendición; lo mismo implica aludir, en tiempos de inundación, a un hecho catastrófico.

Fíjese el lector para mejor captar este tema. Habrá oído la frase "Pienso, por lo tanto existo". Es de Descartes.

Pienso. Ese filósofo francés, un día, en algún arranque de zozobra como el mío, se puso a pensar, y tomó conciencia de que todo lo que había aprendido, todo lo escrito en ingentes bibliotecas era en realidad tradiciones que, a fuerza de repetidas, funcionaban como verdades. Además era una confusión de verdades contradictorias donde cada cual quería ser verdad y despojar del trono a las otras. Un caos, una afrenta para la razón.

Descartes se dijo: si queremos pensar racionalmente necesitamos un punto de partida firme, inamovible, y a partir de ahí, lentamente, iremos construyendo una verdad, la sola verdad, irrevocable. En consecuencia, debemos abstraernos de todas estas bibliotecas de grandes maestros y poderosas autoridades del pasado, ante quienes reverenciábamos. Estoy dotado de razón. Puedo y debo pensar por mí mismo. Empezar todo de cero.

Era un juego, y él lo sabía. Pero pensar es siempre un juego; eso sí, jamás termina, y por eso es fascinante.

Volviendo a Descartes, el juego consiste en: dudemos, pues, de todo. De todo lo que llenaba nuestro magín como absolutos, certezas irrevocables. Eso es la duda metódica, la duda premeditada usada como método para desbrozar la maleza del pensamiento.

Se puso a dudar.

¿Cuál es la evidencia que tengo ante mí?, pensó.

Mi acto de dudar, mi acto de pensar. De ello no puedo dudar. Pienso, in-dudablemente.

Pienso. ¿Quién piensa? Yo pienso. En latín, *cogito*. Ahora bien, si yo pienso es obvio que yo existo. Pensando me doy cuenta de mi existencia, también ella indudable.

Es indudable que pienso. Es indudable que, a tal efecto, he de existir. Por lo tanto, si pienso, existo. En latín, como se hizo famoso: *Cogito ergo sum*. Pienso, por lo tanto soy/existo. Y Descartes siguió, pues, con esa arquitectura de la nueva verdad. Y extrajo su primera consecuencia: pienso, por lo tanto existo. Existo, por lo tanto pienso.

¿Qué me enseña esta verdad indudable?

Que soy una cosa pensante.

Consecuencias de un punto de partida

En términos que no son de Descartes significaría: soy alguien con conciencia, alguien que sabe que es alguien.

Podría haber usado otro razonamiento. Podría haber dicho: dudemos de todo. Pero no puedo dudar de que tengo un dolor de muelas. Si no fuera de muelas, supongamos que me engaño, no me engaño acerca del dolor. Tengo un dolor, sufro. Alguien, pues, está sufriendo. Ese alguien soy yo, otro no hay aquí conmigo. Entonces, *sum*, existo, soy. Sufro, por lo tanto existo, sería la conclusión.

También es un acto de conciencia, una percepción interna de algo que me está ocurriendo o que estoy haciendo y repercute en mi interior. Sin embargo, Descartes no derivó hacia esa costa, la del dolor de muelas. No le interesaba fundamentar su existencia sobre cualquier acto de conciencia, de sentir, de captar, de vivir, sino sobre su duda, es decir, algo que es pensamiento, de duda en este caso, o de afirmación en otro. Le interesaba la conclusión: *Je ne suis q'une chose pensante.*

Descartes jugaba a la duda, pero bien sabía él, de entrada, adónde llegaría. Sabía que era una cosa pensante, ésa es su mayor dignidad, no le cabía duda al respecto pero quería fundamentar ese saber desde un aparente ningún saber y de todo dudar.

Pensar es la dignidad humana suprema.

Necesitaba y quería justificar la racionalidad como la esencia suprema del hombre.

¿Por qué filosofan los filósofos?

A todo filósofo, mientras se lo lee o estudia, hay que preguntarle, constantemente, a qué puerto me quiere llevar. Usted quiere demostrar algo que le es muy valioso, muy caro. Algo sumamente personal, indispensable para justificar y dignificar su existencia.

El pensamiento es, por lo menos para mí, infinito en sus posibilidades y lecturas. Entender, pensar, armar ideas, ése es el motivo de la existencia humana. La inferencia, el paso de una idea a otra depende, insisto, de qué quiere el filósofo demostrar, de adónde quiere llegar.

Aspira a confirmar su propia concepción del mundo. Inevitablemente.

El truco de Descartes

El Yo se afirma con fuerza. Existo. Existo para pensar y lo que yo piense, rigurosamente, ésa será la verdad. El ser humano es el centro del universo.

Veamos qué significa *cogito ergo sum*.

Según Jodl, en su libro *Historia de la filosofía moderna*, lo que expresa Descartes, lo que narra es que descubre rigurosamente la presencia de la conciencia. Me está pasando algo. Sé que me está pasando algo, eso es la conciencia. La consecuencia natural que se impone es: toda conciencia es conciencia de algo. El *cogito* se refiere a algo; tiene algún contenido.

Friedrich Jodl analiza este proceso: "Pero Descartes no desciende a recorrer ese camino naturalísimo, del mundo exterior a base de la esencia de la conciencia, y a determinar críticamente el valor gnoseológico de lo dado a la conciencia como exterior". En lugar de irse afuera, de radicarse en el algo al cual la conciencia se refiere, se queda encerrado adentro, en la conciencia de la conciencia.

Descartes, pues, saca consecuencias de su pensamiento, pero no las consecuencias correspondientes. En lugar de pasar del yo-sujeto al no-yo postulado por el sujeto, Descartes salta del yo-sujeto al yo-Dios. La idea es desvirtuada, pues, por falsas consecuencias. Entiéndase: no se pone en juego la verdad o falsedad de la existencia de Dios; lo que se afirma es la falsedad de la unión aparentemente consecuente entre una idea y otra.

Teoría de la coherencia

No podemos esperar pensamientos absolutamente verdaderos. Pero lo que no está negado es la coherencia ética-interna de un pensamiento. Cualquier "ismo" tiene su razón de ser y su razón de aparecer. Un "ismo" no puede ser demolido por otro "ismo". No hay puentes ni pasajes. Lo menos que se puede pretender es pureza interna y lealtad a la idea y a sus consecuencias. Cuando ello no se da estamos presenciando un fenómeno de falsía y de autotraición. Se nos escamotean entonces ciertas ideas o ciertas consecuencias.

En Descartes somos testigos de un aparente juego libre de la razón donde, en realidad, se filtran ideas o consecuencias foráneas, teológicas. Divaga y nos cuenta cómo habrá de demoler todas las ideas y los prejuicios de la Antigüedad, para empezar una nueva era de pensamiento puro, sin tradiciones, a base de pura razón. ¿Y qué hace? Lo usa, como dice Jodl, para dar un salto metafísico —totalmente ilógico— a la demostración de la existencia de Dios.

Lo que Jodl no avizora es que nada se da accidentalmente en el pensamiento. Por debajo de la lógica y de la racionalidad del discurso se da la *necesidad existencial* del pensante.

La necesidad de Descartes es Dios. Para afirmar su Yo necesita afirmar al Otro Yo, Dios.

Dios no es una consecuencia natural en el pensamiento de Descartes, sino un requerimiento, el as en la manga, en mi decir, que exigía ser ejecutado. Lo que el mismo Descartes no percibe es que ha establecido el reino de la subjetividad o idealismo, si se quiere. Dios es Dios por el razonamiento de mi mente. Al no salir al exterior, "conciencia es conciencia de", como se aprendió en el siglo XX, el del crítico Jodl, se queda adentro. "Conciencia es conciencia de conciencia", y Dios es una idea de mi mente.

Así, sin pretenderlo, Descartes sembró las semillas del futuro ateísmo que sostiene a Dios como creación mental de nuestras existencias. Ya lo decía Jenófanes, un presocrático que reflexionaba sobre los dioses griegos: "Los humanos han atribuido todos sus vicios a los dioses, pero si las vacas y los caballos tuvieran manos, como los humanos, y pudieran pintar, seguramente pintarían sus dioses como vacas y caballos".

Consecuencias inesperadas de un pensamiento

Del *cogito* de Descartes —"pienso, por lo tanto existo"— al "Dios ha muerto" de Nietzsche hay apenas el paso de varios siglos. Varios siglos de despliegue de una idea que se vuelve, inclusive, contra su pensador. El camino del pensamiento suele ser muy lento, porque es muy conservador, pero inexorable al fin.

La premisa es de Descartes; la conclusión, de Nietzsche.

Descartes es el hombre que simboliza el comienzo de la modernidad. Su éxito consiste en que logra expresar una nebulosa idea que flotaba en su tiempo: la independencia de la razón y su rebelión contra autoridades consagradas. *Yo* pienso, *yo* existo, es el lema del mundo moderno. El "yoísmo" que se reivindica a sí mismo. El resto de aquel pensamiento, las demostraciones de la existencia de Dios, está copiado por Descartes de la filosofía medieval.

Es como un pájaro que al salir toma conciencia del frío y de la dificultad y del peligro, y urgentemente regresa a la jaula. En efecto, el Yo moderno es riesgoso, aventurero, libre, feliz pero rodeado de peligros, porque la libertad es in-seguridad, im-previsibilidad.

No obstante, como decía, los tiempos saben decantar en el pensamiento humano qué es grano y qué es paja, qué es sustancia y qué es adorno. Las demostraciones de la existencia de Dios ni fueron leídas; eran letra muerta.

Salvemos el alma con Descartes

Cotejamos tiempos, ideas, visiones. Es siempre el hombre en busca de sí mismo. ¿Qué le pasó a Occidente que perdió su brújula? Su premisa básica, establecida por Parménides, que el Ser es Razón y la Razón es Ser, necesitaba ser revitalizada con urgencia. La ciencia, con esa misma Razón, avanzaba raudamente pero en el mundo de las cosas, de la materia. Se prenunciaba el progreso, iríamos lejos, muy lejos, y nadie se preguntó para qué ir lejos, tan lejos.

Empezó el mundo de objetos, sin objetivos. Por eso quiere salvar Descartes el alma, el reino de los objetivos, de las ilusiones, del sentido de la vida. ¿Pero qué alma? Únicamente el alma que contiene la verdad, el alma pensante, la de la verdad que es absoluta e inmortal. Obviamente, la ciencia no resuelve nada de este tema esencial, angustiante.

En consecuencia, cuando digo "yo", digo mi alma, que contiene mi pensar, y que es mi única certidumbre de mi ser. Pero eso, el cuerpo, ¿qué es? Sentidos, rojo, azul, frío, fiebre. Cambio perpetuo. No es, está siendo, pero sin un ser fijo, firme. Es secundario al alma.

El eje del idealismo: el yo que es alma, y el alma es la que encuentra la verdad, y la encuentra en sí. Esto es lo que vale. Ésta es mi primera verdad. Verdad más allá de toda duda.

Pero aun así, ¿si me estuviera engañando?, razona correctamente Descartes.

Para engañarme tanto debería existir alguna fuerza exterior, algún "genio maligno" que operara sobre mí su maléfica magia y me hiciera caer en la trampa de una verdad que no es verdad. ¿Cómo puedo estar seguro de mis seguridades?

Aquí el filósofo apela a Dios. Necesita que Dios exista, para que él proteja mi verdad de cualquier genio maligno y otras hechicerías. ¿Cómo se demuestra la existencia de Dios? Es mi alma, mi verdad, las que requieren la presencia de Dios en el universo.

Y luego vienen los argumentos para demostrar la existencia de Dios, porque dije Dios pero no aseveré y aseguré su existencia. Debo pues razonar.

El filósofo razona así: encuentro en mí la idea "Dios". Esa idea me sugiere un ente perfecto, absoluto, infinito. ¿De dónde me viene esa idea? ¿Cómo puedo yo, ente finito, relativo, pasajero, y defectuoso, producir una idea así?

La causa nunca puede ser inferior al efecto. Si encuentro en mí la idea "Dios" y yo no pude haberla causado, ni otro como yo, eso implica que existe *realmente* Dios, y que él es el causante de esa idea dentro de mí. Ergo, Dios existe. Y si Dios existe, ya no soy meramente polvo que volverá al polvo, sino algo más. Algo que sobrevivirá, alma eterna, intelectual.

El argumento ontológico

Otra demostración llamada "argumento ontológico", es decir, el argumento de la esencia, dice brevemente así: tengo la idea "Dios". Es el ente perfecto. Perfecto, como todos sabemos, es algo que no puede ser mejor que lo que es.

Si tengo la idea "Dios" y Dios no existe, se está destruyendo la definición de que Dios es perfecto. Sería una grave contradicción.

En el caso de Dios, el ser y el estar configuran una unidad. Por lo tanto, si tengo la idea —la esencia resumida en la idea— ella implica la existencia.

La esencia de todo lo que no es Dios no implica la existencia. Yo podría no existir. Esta mesa en la que me acodo y leo podría no existir. En lugar de ella podría usar otra mesa, o leer en el suelo. No es esencial, su existencia no es indispensable.

La esencia de mi Yo depende de mi existencia. La esencia de Dios, en cambio, exige su existencia, y viceversa. Por eso es perfecto, y por ser perfecto, dado que puedo pensar su esencia, existe. Si Dios existe, y por definición es perfecto, es bueno.

Aquí encontramos uno de los grandes saltos metafísicos, ya tradicional en la historia del pensamiento. Aquí es donde de Aristóteles se pasa a Jesús y las religiones. Se da por supuesto que perfecto equivale a bueno. Y no hay tal consecución lógica. Bueno significa piadoso, misericordioso. Es atributo de seres humanos, mortales, pasionales, morales, inmorales. Para ser bueno hay que ser bueno con alguien, para alguien. Aquí —ve el lector— es donde se produce la mixtura entre la filosofía, la lógica, la razón y la fe, entre Aristóteles y la Biblia. Dios, en estricta racionalidad, no puede ser bueno ni querer nada, ya que es sustancia perfecta y cualquier otro "ser" que se le añada la hace im-perfecta.

Pero Descartes, hombre religioso, criado en la tradición cristiana, no duda de eso. Es evidente que perfecto incluye a bueno. ¿Quién no lo sabe? Es una evidencia. En consecuencia, Él, que también es razón infinita a inteligencia infinita, garantiza —porque es bueno y me protege en su inconmensurable misericordia— que mis verdades halladas por la razón pura no sean engañosas y puedan ser tomadas por verdades.

Sin embargo, quien reflexione sobre estas vías del pensamiento de Descartes notará cómo, a pesar de su aparente religiosidad y respeto por las tradiciones, está provocando grandes revoluciones en el comienzo de la modernidad.

Claro que puedo equivocarme. Pero cuando estoy frente a la verdad, ésta relumbra con luz propia, luz que de algún modo deriva del mismo Dios, y ahí equivocarme sería sugerir que la evidencia de la verdad no está, lo cual es imposible. Dios, en consecuencia, me resguarda inclusive en mi pensamiento.

El drama entre ideas

¿Aprendemos qué? Que el pensamiento humano es el drama entre ideas, interpretaciones, necesidades, preferencias que re-significan esa idea, en cada generación de otra manera, dentro del espíritu de la generación.

Uno piensa. El otro interpreta, el otro-lector. El lector es el que da significado al significante.

Descartes podría levantarse y gritar: ustedes, Jodl y Barylko, son unos infames en la lectura que han hecho de mis textos, yo jamás dije eso, ni mucho menos pretendí sembrar el ateísmo, al contrario, yo...

La respuesta sería: es inútil, monsieur Descartes. Usted habrá leído a Ferdinand de Saussure, que enseña que la realidad se divide en significantes y significados. Lo que usted ha producido, sus libros, que contienen sus pensamientos, son el significante, es decir, la materia prima que al ser interpretada por otros da lugar al significado. Sin esos otros, sus libros se quedan sin significado alguno. Nosotros somos los que hacemos significar a su obra, y todos los que nos precedieron, y los que vendrán después, y podemos, obviamente, discrepar entre nosotros. Porque fíjese, Descartes, significante hay uno solo, por así decir, su libro *Discurso del método*. Único. Significados hay muchos, como muchas son las miradas que pueden aplicarse a un objeto, desde diversos ángulos.

He aquí mi lectura: el *cogito* descubre al ser como existencia y a la conciencia como evidencia. "Pienso, por lo tanto existo" es un círculo claustrofóbico, con mucha angustia y poca salida.

Es la verdad. La verdad que buscábamos para salirnos de toda duda, como nos explica Descartes. Una vez obtenida, uno se pregunta qué hacer ahora con esa y tantas otras verdades semejantes. La verdad responde al "qué" y a mí me apasionaría saber "para qué".

"Hay que confesar que la vida humana propende mucho al error en las cosas particulares; en suma, es preciso reconocer que nuestra naturaleza es endeble y dispone de pocas fuerzas", escribe Descartes en sus *Meditaciones metafísicas*. Exactamente lo que opinaban los teólogos medievales.

Descartes avanza unos pasos, ve el abismo y retrocede. Pero ya es tarde, la verdad fue lanzada al mundo y es imposible retroceder. La fórmula se independiza de su autor y siembra futuras ideas.

Cogito significa pienso y no necesariamente "pienso la verdad". *Sum* indica que existo, sin antes, sin después, condenado a pensar, a pensar mi existencia.

"Mis designios no han sido nunca otros que tratar de reformar mis propios pensamientos y edificar sobre un terreno que me pertenece a mí solo." Solo, a solas, para mí mismo, confiesa Descartes.

Lo que él descubra, por lo tanto, a lo sumo le serviría para él. "No significa esto —continúa explicando— que quiera aconsejar a nadie que me imite." Y más adelante se define: "Como hombre que tiene que andar solo y en la oscuridad".

Solo y en la oscuridad. Así ando yo, así andamos nosotros en este nebuloso comienzo del siglo XXI. La vida, y no la biológica, sino la vida con todas las connotaciones emotivas y axiológicas que el vocablo despierta en nosotros, es oscuridad, porque es misterio.

Descartes, en cambio, analizando su primera verdad, la pone bajo el microscopio de la razón y se pregunta: ¿es ésta una verdad? Observemos qué características tiene y eso nos servirá para detectar nuevas verdades. Reviso mi mente. Esa frase, *cogito ergo sum*, es clara y distinta. Clara porque se entiende sin mayor esfuerzo. Distinta porque no se confunde con ninguna otra idea, se identifica por sí misma. En consecuencia, toda verdad ha de ser clara y distinta.

Nosotros ahora atamos cabos y decimos: si la vida es oscuridad, y la verdad claridad, entre ambas no hay conexión posible. No se puede vivir verdaderamente ni se puede pensar vivencialmente.

Otra pensadora, Hannah Arendt, percibe esta antinomia entre pensar y vivir. Pensar es detener la marcha de la vida. Dejar de vivir, en el sentido activo del término. No puedo correr y al mismo tiempo pensar "estoy corriendo"; primero muevo la pierna derecha, luego la izquierda, la respiración está agitada, los muslos están bien, aunque podrían acalambrarse. El que esto hace obviamente deja de correr.

Hannah Arendt, en su libro *De la historia a la acción*, comenta: "La característica principal del pensar es que interrumpe toda acción, toda actividad ordinaria, cualquiera que ésta sea... Es como si nos moviéramos en dos mundos distintos...".

El ser y la circunstancia

Nada se da en el vacío. Soy significa que aparecí en un mundo que ya venía siendo, y en sus aires, olores, colores, ideas, presunciones, certezas, me fui criando como en la atmósfera natural del aire. Es mi aire. El ser es ser en el mundo.

Principalmente, la circunstancia social. Soy hombre de mi generación, de mi sociedad, de su cultura. De modo que ese yo tan altisonante que dice "pienso" no toma conciencia de que su pensar está siempre condicionado por el medio ambiente de pensares ajenos que se han infiltrado en su sangre y cerebro, y de ahí operan, sin la aprobación de su conciencia.

La sociología del saber es uno de los últimos avances del *cogito* reflexionando sobre sí mismo. Pensamos que somos libres, pero no somos libres para pensar. Hay una compleja red de condicionamientos que nos aprisiona y nos hace marcar el paso en cada ocasión específica. Dice Karl Manheim que todo conocimiento acerca del hombre está siempre infectado de algún punto de vista previo que, subrepticiamente, maneja ese conocimiento y le imprime sello, rumbo, conclusiones.

La fórmula "el hombre es" termina siendo, en esta perspectiva, una mera expresión de deseo de un grupo, una sociedad, un sector del mundo. El hombre es eso que deciden que sea. Ellos, los "otros".

En *Más allá del bien y del mal* Nietzsche demuestra que, en general, es imposible decir "yo pienso". Y más adelante precisa: "Un pensamiento no viene sino cuando quiere y no cuando yo soy el que quiere. Hay algo que piensa, pero creer que este algo es el antiguo y famoso yo, es una pura suposición".

Ni yo, ni pienso.

El personalismo de las ideas

Bajo la inspiración de Descartes, que buscaba un fundamento absoluto para la verdad y lo encontró en la relación *cogito* y *sum*, pienso y soy/existo, alcanzamos otra versión en la que un término excluye al otro. Si pienso en el sentido de búsqueda de la verdad, estoy buscando algo de validez universal, porque una verdad para mí mismo no es verdad; es convicción, deseo, creencia. En cambio, como ser, quiero afirmarme en mi individualidad. Leamos, pues, lo escrito al respecto por un pensador español.

Ortega y Gasset nos recuerda: "Nadie puede tener las mismas ideas que otro si, de verdad, tiene ideas.

"La idea es personalísima e intransferible. Cuando un pensamiento nos es común, corre grandes riesgos de no ser una idea, sino todo lo contrario, un tópico. En su verdad, en su privacidad, los hombres son incomunicantes" (*El collar de la paloma*).

Sólo lo universal, lo que compartimos, puede comunicarnos en cuanto puente *común* que, en efecto, recorremos. Un tópico es un lugar común.

Por otra parte, el tema no intranquiliza a Ortega. "No se trata de que coincidan las ideas, sino las vidas." La vida no se hace con ideas, sino con coincidencias en temas de valores, de creencias, de pensamientos consagrados por una sociedad.

Queremos ser inmortales

No pensamos sino para eludir, en última instancia, el miedo a la muerte. Si buscamos la verdad es porque queremos que haya verdad, que haya consistencia, que haya orden y, si hay orden, esta vida mía, la tuya, no puede disiparse como polvillo cuando al polvo regresemos. Necesitamos ser inmortales, de una u otra manera.

La inmortalidad, obviamente, es uno de los grandes temas, de los temas capitales del pensamiento humano. No lo decimos, no lo proclamamos, pero es una angustia que nos persigue, silenciosa, impalpable: no queremos morir.

El tema es tratado en filosofía, en mitología. Veamos un ejemplo de esta segunda rama, antiquísimo, de origen sumerio. He aquí un mito de la Antigüedad, de Sumer:

En un rincón de la tierra vivía un anciano muy anciano, Utnapishtim. Gilgamesh decidió buscarlo para que le enseñara el secreto de la vida eterna. Largos días y largas noches le tomó ese trayecto hasta los confines de la tierra. Finalmente, llegó a una montaña que alcanzaba el cielo y sus raíces, el infierno. Delante había un portón enorme, guardado por espantosas criaturas, mitad hombre, mitad escorpión. Pero no les temió y ellos lo respetaron.

—¿Qué buscas?

—Busco a Utnapishtim.

—Eso nadie puede hacerlo —respondió el capitán—. El camino que lleva a él ningún humano podría recorrerlo.

Pero Gilgamesch se obstinó y estaba dispuesto a pasar por los peores fríos y los más tórridos calores. Entonces le creyeron y le abrieron el portón.

Transcurrió por un inacabable túnel. Finalmente avistó la luz del sol. Vio una especie de paraíso, piedras preciosas, ríos, flores, árboles, frutas.

El dios sol apareció y le dijo:

—Gilgamesh, permanece aquí, no quieras ir más lejos. Éste es el jardín de las delicias. Ningún mortal antes que tú llegó tan lejos.

Pero el héroe no estaba dispuesto a dejarse convencer por cómodos placeres. Siguió caminando.

Llegó a una casa donde la dueña le hizo saber que era imposible llegar hasta el deseado Utnapishtim, y le aconsejó disfrutar de la vida.

—Vive en una isla lejana y para llegar deberás cruzar un océano, y éste se comunica con otro océano, que es el océano de la muerte. De todos modos, aquí vive un botero que tal vez acceda a llevarte.

El botero accedió pero con una condición:

—No debes tocar esa agua, que es de la muerte.

Llegaron a la isla. Ahí estaba Utnapishtim, asombrado por esa presencia. El huésped le dijo qué buscaba.

—Nunca encontrarás lo que buscas. Nada hay eterno en la tierra. Cuando la mariposa sale de su capullo no vive sino un día. Todo tiene su tiempo y su época.

—Cierto, pero aquí te tienes a ti mismo, mortal como yo, y sin embargo, no mueres. ¿Cuál es el secreto?

—Te diré el secreto.

Y le relató la historia del gran diluvio que los dioses habían enviado sobre la tierra en lejanos tiempos, y de cómo Ea, dios de la sabiduría, le había advertido a través del silbido del viento de lo que vendría. Construyó el arca, con alquitrán, asfalto, maderas y ramas, y allí viajaron durante el diluvio. Al séptimo día encallaron en una montaña. Dejó salir la paloma para ver si habían bajado las aguas. La paloma regresó por falta de lugar donde posarse. Luego una golondrina, y también volvió. Después un cuervo, y no volvió. Bajaron todos. Pero Ea lo condujo a él nuevamente al arca, para depositarlo en esta isla, de la inmortalidad.

Durmió Gilgamesh siete días y siete noches. Al despertar, insistió en conocer el secreto. El anciano le reveló:

—En las profundidades del mar hay una planta que parece una estrella de mar y tiene espinas como una rosa. El que se apodere de ella y la saboree, gozará del retorno de su juventud.

Gilgamesh se fue al océano. Ató pesadas piedras a sus pies y se hundió en las aguas. Y alcanzó la planta. Se subió al bote y la llevó consigo. A la noche, hallaron un arroyuelo en el camino y ahí descansaron.

—Quiero bañarme —dijo Gilgamesh a su botero.

Se desvistió, puso la planta en el suelo y se refrescó en esas aguas, y cuando se distrajo, apareció una serpiente del agua y al olfatear la fragancia de la planta, se la llevó en su boca, y luego la comió, y en consecuencia se desprendió de su vieja piel y recuperó su juventud.

Gilgamesh se enteró luego de su pérdida. Se sentó y lloró, y aceptó el destino de ser humano, mortal, pasajero.

El mundo mago

Destino difícil de aceptar. El Yo quiere sobrevivir.

Antonio Machado, el poeta, plasma esta idea angustiosa de saber que voy a morir y de no querer saberlo, de querer fugarme de ese inexorable destino, en un notable poema:

> *¿Y ha de morir contigo el mundo mago*
> *donde guarda el recuerdo*
> *los hálitos más puros de la vida,*
> *la blanca sombra del amor primero,*
> *la voz que fue a tu corazón, la mano*
> *que tú querías retener en sueños,*
> *y todos los amores*
> *que llegaron al alma, al hondo cielo?*
> *¿Y ha de morir contigo el mundo tuyo,*
> *la vieja vida en orden tuyo y nuevo?*
> *¿Los yunques y crisoles de tu alma*
> *trabajan para el polvo y para el viento?*

El miedo a trabajar para el polvo y para el viento es uno de los ejes de la historia del pensamiento humano. Según dijimos, no hay mayor problema para el yo que el yo mismo. En consecuencia, se busca algo que permanezca, algo que no se torne polvo y cenizas.

Se encontró ese punto de inmortalidad en el alma. Pero en el alma intelectiva. Porque el intelecto se relaciona con verdades, y las verdades son eternas. Así pensaban Aristóteles, Maimónides, Tomás de Aquino, Averroes y hasta Sartre y Habermas. Nacimos para ser intelectuales. En ello consiste el ser del ser.

¿Y los que no lo son? ¿No son acaso la mayoría los que no tienen estudios y/o tiempo para pensar? Averroes y unos cuantos más respondían: ellos, que se recluyan en la fe. Para ellos habló Dios y escribió sus libros, llenos de historias humanas, de amores, crímenes, redenciones.

Semejante también es la explicación que da G. K. Chesterton en su libro *Santo Tomás de Aquino*: "Santo Tomás sostiene que las almas de la gente sencilla y ocupada en trabajos ordinarios son tan importantes como las de los pensadores y buscadores de la verdad, y se pregunta cómo será posible que esa gente encuentre tiempo para la cantidad de razonamiento que requiere el hallazgo de la verdad. La conclusión que saca de esto es que los hombres quieren recibir las verdades morales superiores de una manera milagrosa; de lo contrario, nunca las recibirán".

En cuanto almas, no hay diferencias, entre los humanos son todos iguales. Pero en cuanto al cultivo espiritual del alma para alcanzar la idea de Dios y sus significados, para ello deberían dedicarse al estudio, abandonar sus trabajos, tener el debido ocio aristotélico. Pero no pueden. ¿Los dejaremos perder en el pecado? No. Es menester salvarlos. ¿Cómo? Imponiéndoles la ley de Dios, los dogmas de la Iglesia, y los misterios indiscernibles, como se alimenta a los niños con diversos productos sin que ellos se enteren de que contienen hierro, vitamina B, calcio...

Dos caminos para una verdad

A ellos, a los que no tienen acceso a la cultura, hay que contarles cuentos, historias, para, didácticamente, acercarlos a la cosa divina. Y así fue como Averroes desarrolló la teoría de la doble verdad.

Una es la verdad, la pura verdad o la verdad pura, revelada por Dios a sus profetas, que en realidad no necesita de revelación ya que el hombre intelectual accede a ella gracias a su potencia racional. La otra es la verdad, la misma, pero expresada en historias y parábolas, para que la gente entienda lo que puede entender. Como los niños, empezamos todos oyendo cuentos. Luego, cuando crecemos —los que crecemos, decían esos filósofos—, rompemos la cáscara mitológica y pegamos el salto a la verdad o a Dios, a través del cultivo intelectual que nos conduce al espíritu que se contacta con lo divino.

El tercer camino: el místico

El tercer camino de lo religioso es el místico. El de Santa Teresa de Jesús, por ejemplo, que no era de grandes estudios ni cultura pero que alcanzaba la presencia y la percepción de Dios desde la totalidad de su ser, y no sólo desde el intelecto.

"En toda la oración y modos de ella, como queda dicho, alguna cosa trabaja el hortelano; aunque en estas postreras va el trabajo acompañado de tanta gloria y consuelo del alma que jamás querría salir de él; y así no se siente por trabajo, sino por gloria. Acá no hay sentir sino gozar sin entender lo que se goza. Entiéndase que se goza un bien, adonde juntos se encierran todos los bienes —mas no se comprende ese bien—. Ocúpanse todos los sentidos en este gozo, de manera que no queda ninguno desocupado para poder en otra cosa exterior ni interiormente.

"Antes dábaseles licencia para que, como digo, hagan algunas muestras del gran gozo que sienten; acá, el alma goza mas sin comparación, y puédese dar a entender muy menos, porque no queda poder en el cuerpo, ni el alma lo tiene para poder comunicar" (*Libro de la vida*).

El místico es un religioso individualista, existencialista. Su relación con Dios es sin intermediarios. Quiere la experiencia, la vivencia, el placer de la unión. De ahí que todos los misticismos tienen un carácter eminentemente erótico. Reléase el texto de Teresa y se verá la insistente presencia del verbo gozar. Y lo contrario del gozar es el entender, el comprender y la posibilidad de comunicar. Precisamente porque Dios no se da aquí por inferencia, sino por mero amor, incomprensible amor, y la experiencia es única, incomunicable, y no se puede hacer de ella doctrina para ilustrar a otros.

∾

Reflexión sobre los intelectuales de todos los tiempos

Los intelectuales trabajaron siempre para los intelectuales. Entonces y ahora. Especialmente en los nuevos tiempos, después de la Revolución Francesa, consagrada ya la igualdad, la fraternidad y la libertad, pero sobre todo —insisto— la igualdad y el amor a la humanidad entera, profesados particularmente por los intelectuales, quienes, cuando plantean sus obras, lo hacen con tal complejidad, densidad y oscuridad que, obviamente, demuestran una total ignorancia del pueblo ignorante.

Ésta es una de las tragedias del pensamiento humano. Los altos picos son para pocos elegidos. A la masa se la nutre de ideas que pueda asimilar, imágenes, mitos, miedos. Porque ni Aristóteles ni Marx —que tanto amaba a las masas— son entendibles para las masas. Y mucho menos el Evangelio según San Juan o las epístolas de San Pablo. Solamente el maestro de esos maestros, Jesús, hablaba al pueblo en cuanto pueblo, y lo hacía en forma de parábolas, cuentos, historias, que se pueden discutir en familia y analizar. Sólo Moisés y Mahoma no filosofaron delante del pueblo, sino que les transmitieron ideas claras acerca de este mundo, de dios, de lo que se espera de ellos y de cómo deben purificarse.

A la religión le interesa el pueblo, a los intelectuales les interesan los intelectuales. Drama del pensamiento que dice que ama a todo el mundo, pero cuando habla en conceptos de altura, habla para algunos pocos privilegiados, aristócratas del saber. E inclusive en las religiones, sólo los grandes maestros saben ser humildes y hablarle al otro con amor. Los filósofos de la religión, repito, no se diferencian de otros pensadores, ateos como Marx o Lamettrie, o enamorados de Dios como Spinoza y Leibniz, o Maimónides y Santo Tomás. Ellos se olvidan del amor al pueblo y prefieren el amor a sí mismos, a su ex-

clusividad y diferencia, por encima de los demás. Hablan para sí mismos y para aquellos que comparten su nivel intelectual.

El drama que se aprende en esta historia es que el hombre pronuncia discursos acerca del amor al prójimo pero, en ciertos aspectos, le cuesta mucho practicarlos. El abismo entre discurso, pensamiento y praxis suele ser insondable. Eso, también eso, enseña la historia del pensamiento humano.

Las ideas son para disfrutar

El estudio del pensamiento humano —la propuesta de este breve libro— es aprender a disfrutar de cualquier idea o expresión humana que tenga resplandor, belleza, estilo. Para entender una teoría, un pensamiento, por un momento hay que ocupar el lugar del disertante y procurar identificarse con él, y luego, ensayar repetir sus ideas. Eso significa entender. Después uno puede estar en desacuerdo y atacar furiosamente esas ideas que entendió. En cambio, si de entrada dice "yo discrepo", no oye nada, no entienda nada, y discrepa de la nada. Y ésa no es tarea fácil.

Antes de estudiar a ciertos autores o leer determinados libros, uno ya viene formado, forrado de conceptos, principios, y sale como un caballero armado a la lid a ver si el otro coincide con uno o no. Si no coincide, lo volteo y a otra cosa. Ésta es la mejor manera de no aprender nada.

Hay que aprender a aprender, aprender a pensar, aprender a colocarse en el lugar de cada ideología y apreciarla desde su lógica interna, de dónde viene, adónde va, qué pretende demostrar. Saborearla. Aunque no sea de tu paladar, saborear el mecanismo creativo del pensamiento. Sin sabor no hay saber.

Leamos a Kant desde los presupuestos de Kant. Leamos a Hegel desde su pensamiento. No te opongas a Platón, pero te recomiendo leerlo y estudiarlo y, si encuentras contradicciones entre diversos momentos de su elucubrar, eso sí es un hallazgo, ¡y en ese caso es Platón el que se opone a Platón!

Y vuelvo y digo: es tiempo de aprender a disfrutar de la cultura, de entenderla a fondo y disfrutarla. Entro a catedrales y las disfruto. Leo a Pablo de Tarso y —aunque no soy cristiano— no puedo dejar de *exclamar: ¡qué genio!, ¡qué mente!, ¡qué pensamiento perfecto como obra de arte!*

Todo gran pensamiento es una obra de arte. Por eso produce placer a todo el ser y no solamente al intelecto. Lo grande es para admirar, para disfrutar.

Aprender a aprender es aprender a disfrutar.

3

El auriga

y sus corceles

¿Por qué escribir en diálogos?

Abramos un libro de filosofía antigua, griega. Un libro que sea modelo de lo antes dicho: artístico en su construcción, placentero. Por supuesto, empezaremos por Platón. El nombre del libro, *Fedro*. Platón escribía diálogos. ¿Por qué dramatizaba la exposición de sus ideas poniendo en boca de otras personas razonamientos opuestos?

Platón aprendió el método del pensamiento a través del diálogo y la confrontación de ideas, de su maestro Sócrates. Pero Sócrates no escribía. Quería el pensamiento vivo, en acción, en movimiento. De modo que, leyendo sus obras, estrictamente nadie puede decir con precisión qué pensaba Platón. Sus tesis se juegan en un campo de varios interlocutores y cada uno dice otra opinión, generalmente muy bien fundada y expuesta.

Bien podría ser que Platón refutara a su adversario pero, de paso, nos quisiera filtrar esa idea, transgresora, inadmisible. Este método lo usaban a menudo los antiguos y también en la Edad Media. Citaban, supongamos, a un hereje y sus ideas, lo difamaban e insultaban luego, pero el lector, de paso, se enteraba de esas ideas pecaminosas.

Fatalmente, ocurre que todos los grandes siempre tuvieron sucesores pequeños, que necesitaban resumir las ideas del maestro y, en consecuencia, quitaban la riqueza de la multiplicidad de conceptos, inclusive opuestos entre sí, o tomaban poesías, parábolas, metáforas —el caso de Platón es el más notorio quizás en la historia— y las volvían prosa. Luego, los repetidores posteriores se olvidaban del original o lo leían con los mismos ojos de aquellos pequeños reducidores de la complejidad del pensamiento a un compendio de pensamientos atribuidos, en este caso, a Platón.

A la gente le gusta, aun en el pensamiento, la comodidad. Que alguien pregunte: "Dígame, ¿cuál.es el pensamiento de Platón?". Y el otro le responderá en forma esquemática y seca, y probablemente sin ninguna conexión con el Platón real, el de sus escritos. Lo mismo pasa con otros autores. Ésta es la tragedia del pensamiento en toda época y cultura. Nace en algunas cumbres y termina pisoteado, triturado en bajas llanuras.

Los grandes pensadores, las grandes religiones suelen moverse en círculos de infinitas in-conclusiones, si se profundiza en ellos.

Meditación de los artistas fieles a la ortodoxia

Pensadores y escritores se daban maña para introducir puntos de vista heréticos con la santa intención de combatirlos, pero, de paso, los difundían. Semejante actitud adoptaron los artistas plásticos de todos los tiempos. Eran expertos en mostrar al contemplador lo prohibido bajo el pretexto de la santidad de sus temas o inspiraciones.

Para un artista —por lo menos los de antes— nada es más fascinante que un cuerpo desnudo. Ahora bien, el desnudo era pecado puro. ¿Qué hacían? Se dedicaban a temas sacros exclusivamente, a historias del Antiguo Testamento, y también a personajes de Homero o Virgilio, autores de alguna manera muy venerados.

Estos últimos y la mitología griega y romana adyacente estaban plenos de temas de dioses que perseguían a diosas, de desenfrenado erotismo, de situaciones carnales profusas, y hasta hoy da gusto sensual acercarse a sus representaciones. Estas representaciones, obviamente, rendían honores a la cultura clásica y a su difusión. De paso, muslos, senos, músculos y poses atrevidas se desparramaban en vitraux, alfombras, paneles, frescos, cuadros, estatuas.

Y de la Biblia ni hablar. Al libro de los libros lo respetaban con unción. Y ellos no tenían la culpa de que Betsabé se estuviera bañando y saliendo del baño tal cual Dios la trajo —bellísima— al mundo. De modo que el artista, por difundir los altos valores de la Biblia, siempre se las arreglaba para encontrar temas en los que pudieran esquivar la censura, ya que su labor, aparentemente, era evangélica.

Así es como tenemos una historia del arte cubierta de cuerpos porque, además de la Biblia, eran autorizados los temas del clasicismo griego. Los amores de Zeus, por ejemplo. Afrodita saliendo del mar, otro ejemplo. Las luchas de los titanes en paños menores, y qué decir del David de Miguel Ángel en el centro de Florencia. En fin, siempre hubo censura, siempre hubo transgresores, siempre hubo genios, y siempre hubo discípulos que malentendieron todo.

Entonces, les contaba que lo que tiene de maravilloso el diálogo es que el autor, en este caso Platón, puede poner en boca de su contrincante ideas totalmente rechazadas por la sociedad, pero que dan qué pensar. En el *Gorgias*, por ejemplo, el citado filósofo nos transmite las ideas de Calicles, quien era, realmente, un antecesor del Marqués de Sade, repudiable por cierto... pero interesante.

La vida es diálogo, comunicación

Vayamos al *Gorgias* de Platón. El personaje que recorto de esa obra es Calicles. Sócrates se pregunta en esta obra quién merece ser llamado sabio. La respuesta es: aquellos que son dueños de sí mismos. Entendemos, por lo tanto, que aquí no se habla de saber, de ser experto en cosas o ciencias, sino de sabiduría, que en francés se dice *sagesse*, a diferencia de *savoir*, saber vivir en pos de la felicidad.

Sabio es el que se gobierna, el que gobierna los corceles de sus pasiones desde el intelecto, desde la razón que sopesa, eso que Aristóteles llamara la virtud, el justo medio.

Ahora bien, Sócrates considera que el que se gobierna es el único que puede gobernar a los demás. Pero le pregunta a Calicles su opinión al respecto y le dice:

—Quiero decir que cada uno de ellos es dueño de sí mismo. A menos que tú creas que no vale la pena ser dueño de sí mismo y que lo único que importa es mandar sobre los demás.

Calicles le pide que le explique el concepto de "dominio sobre sí mismo". Sócrates le replica:

—Consiste en ser sabio y dominarse, en ser el dueño absoluto de sus pasiones y caprichos.

Si de eso se trata, implicaría no hacer nada de lo que uno tiene impulso a realizar. En consecuencia, infiere Calicles, "llamas sabios a los imbéciles". Porque —es el argumento— los que se autodominan no disfrutan de los placeres de la vida, y serían más bien tontos.

Calicles, a partir de ahí, sigue explayando su pensamiento hedonista.

—¿Qué es mejor —pregunta—, ser libre o ser esclavo?

—Por cierto, ser libre.

—Pero el que se autodomina es, a su vez, su dueño y también su esclavo, se autoesclaviza en su autorrepresión.

"Para vivir bien es preciso dar libertad en uno mismo a las pasiones más fuertes, en modo alguno reprimirlas; es más, es preciso ponerse en condiciones, a fuerza de valor y de inteligencia, de poder dar satisfacción plena a estas pasiones, por fuertes que sean, prodigándolas cuanto sea preciso.

Disfrutar, vivir, según Calicles, es dejar fluir sentimientos, emociones, gustos, deseos, sin límite alguno. Pero Calicles sabe que ese proyecto no es factible para todo el mundo. ¿Quién puede realizar todo lo que se desea? El que tiene poder, el que tiene dinero. Por eso reconoce: "Claro que esto no está, indudablemente, al alcance de todos: de aquí que la gente censure aquello que no se siente capaz de imitar, con la esperanza de ocultar de este modo su vergonzosa debilidad...".

El lector debe leer estas líneas con sumo cuidado, para apreciarlas en su total magnitud y consecuencias. Calicles sugiere que, puesto que la mayoría de la gente es defectuosa, es decir, le falta algo o no está dotada para todo, nace la moral a fin de poner límites. ¿A quién? A los poderosos, que lo pueden todo.

La moral, según este punto de vista —que repetirá Nietzsche 2500 años después—, es producto del miedo, del resentimiento, de los que son enanos y por eso prohíben a los gigantes, de los que son pusilánimes e incapaces de tomar por la fuerza objetos y personas, contra los poderosos que siempre hacen su voluntad. La moral vendría a ser el mecanismo de defensa de los débiles, que son la mayoría.

Teoría del hombre superior

He aquí la palabra clave: la multitud. Reglas, límites, ética son para la multitud. Nietzsche quiere ir contra esa corriente y dar lugar al Superhombre, al hombre superado que no necesita que la multitud le dicte su ley y su comportamiento, sino que esa ley brotará de su interior.

Calicles tiene un solo principio que lo aproxima al Marqués de Sade: logra todo el placer que puedas aun a costa del dolor ajeno. Nietzsche, en cambio, tiene en común con Calicles la explicación del nacimiento de la moral pero aspira a la grandeza del que se gobierna a sí mismo. Sócrates quiere que el sabio, quien se autogobierna, gobierne a la multitud, como maestro a sus alumnos. Una idea similar fue la de los profetas de Israel y de Jesús el Nazareno. Y cuando San Pablo repudia la ley, la impuesta por la liturgia o la religión considerándola fuente del pecado, lo que dice es que el hombre gobernado por la fe obrará naturalmente bien y no porque se le ordene.

En última instancia, las teorías podrían resumirse en estas variantes.

- La moral es indispensable para que la gente pueda convivir y los tiburones no se coman a los pececillos.
- La moral es el primer paso en el desarrollo humano que, al imponer la ley desde afuera (heteronomía), aspira al crecimiento educativo de cada cual hasta que la ley ya no sea ley impuesta, sino emergencia natural del espíritu humano individual. Y siendo el espíritu humano universal, todos coincidirían. Esta idea la desarrolló Kant.
- A tal efecto, se necesitan maestros, sabios, sostiene Sócrates. Sabios que gobiernen en el sentido original del término, que ayuden a los demás a gobernarse; es decir, sabios que vuelvan a los otros sabios, que los eduquen hacia ese fin.

Desvío hacia los tiburones

Dije tiburones y me acordé de este fragmento de Bertolt Brecht:

"—¿Si los tiburones fueran personas —preguntó la niña al señor K—, se portarían mejor con los pececillos?

"—Claro —dijo él—. Si fueran personas harían construir en el mar unas cajas enormes para los pececillos, con toda clase de alimentos en su interior... se encargarían de que las cajas siempre tuvieran agua fresca y adoptarían toda clase de medidas sanitarias. Si, por ejemplo, un pececillo se lastimara su aleta, le pondrían inmediatamente un vendaje de modo que el pececillo no se les muriera a los tiburones antes de tiempo... Por supuesto, habría escuelas. Por ellas los pececillos aprenderían a nadar hacia las fauces de los tiburones... Se les enseñaría que para un pececillo lo más grande y lo más bello es entregarse con alegría y que todos deberían creer en los tiburones.

"Si fueran personas los tiburones, también habría entre ellos un arte, claro está. Habría cuadros hermosos, a todo color, de las dentaduras del tiburón... Tampoco faltaría religión. Ella enseñaría que la verdadera vida del pececillo comienza verdaderamente en el vientre de los tiburones. Y si los tiburones fueran personas, los pececillos dejarían de ser, como hasta ahora, iguales. Algunos obtendrían cargos y serían colocados encima de los otros. Se permitiría que los mayores se comieran a los más pequeños. Eso sería delicioso para los tiburones, puesto que entonces tendrían más a menudo bocados más grandes y apetitosos que engullir...

"En pocas palabras, si los tiburones fueran personas, en el mar no habría más que cultura" (*Historias de almanaque*).

Por cierto, el cuentito de Brecht es sumamente incisivo. Saque el lector sus conclusiones. Mire a su alrededor y vea en manos de quién está la cultura.

Ejemplo de los toneles

Retornemos a la obra del filósofo, después de este desvío que irónicamente hace ver que si bien la verdad es de Platón, el mundo es de los Calicles.

Sócrates inventa para Calicles el ejemplo de los dos toneles. El sabio dispone de un tonel lleno de vino, miel, leche y otras cosas útiles. Vive tranquilo y confiado. El otro hombre, al que llamamos dionisíaco, apasionado, deja entrar en sus toneles líquidos diversos que finalmente los echan a perder.

—Estas dos maneras de vivir son exactamente las del hombre intemperante y las del sabio. Dime, pues, ¿cuál de los dos te parece más dichoso?

Calicles no duda y le responde:

—El hombre de los toneles llenos no disfruta ya de placer alguno, y es precisamente esto lo que yo llamaba antes vivir como una piedra. Llenos los toneles, ya no experimenta alegría ni pena, cuando precisamente lo que hace la vida grata y deseable es el verter siempre lo más posible.

Sócrates le replica:

—Pero para tener siempre que verter, Calicles, es preciso que las pérdidas sean abundantes y muchos agujeros por donde escape el líquido.

Calicles, sin reparos, admite esa condición. Ganar implica perder, el éxtasis implica la depresión previa. Precios que se pagan.

Pensar se piensa, pero a partir de premisas

Aquí cierro yo este análisis. Quería mostrarle al lector algunas posturas rebeldes frente al concepto clásico de la moral. ¡Claro que totalmente prohibidas! Pero el pensamiento humano, cuando es dialógico o dialéctico, hace ver la razón del bueno y la razón del malo y cómo una razón puede ser sostenida de acuerdo con las premisas que adopte como punto de partida.

Calicles quiere volver —lo reiterará Rousseau 2200 años después— a la naturaleza. Sócrates habla en nombre de los valores humanos, que es *nuestra* naturaleza, muy diferente de la del tigre y del cervatillo. Sócrates gana, aparentemente, la discusión, supera a su contrincante. Pero un buen lector se queda con las dos partes, procurando entender al enemigo, su razonamiento y, sobre todo, advirtiendo que todo pensar se somete a condicionamientos axiomáticos previos, y a partir de ahí se desarrolla.

Conducir o ser conducido, ése es el dilema

Veamos ahora cómo funciona el ser humano leyendo *Fedro*. Platón era un enamorado de las parábolas, de las metáforas, de los mitos.

Eres el auriga de un carro conducido por dos corceles. Cada uno de esos caballos tiene una preferencia por otro camino a tomar. Uno ha visto tierno césped, el otro corre detrás de un río para rociarse de fresca humedad. Uno quiere ir por el camino; el otro, desviarse constantemente. De modo que esos animales pugnan, cada uno, por ir en busca de la satisfacción de su deseo. Y hasta podrían quebrar el carro en esa obstinación que los posee, de realizar su propia voluntad, que conduce a direcciones contrarias, y hasta podrías caer y ser arrastrado por el polvo de la tierra.

Ésa es la vida. ¿Y tú quién eres? Eres —o deberías ser, si quieres tener identidad— el armonizador de esos horizontes que te fragmentan.

El conductor eres tú. Pero si no mantienes las riendas debidamente tensas y ordenadas, no eres el conductor, eres el conducido. Esas fuerzas, esas tendencias, llamadas caballos, se contradicen entre sí. Cada una desea realizar su objetivo, ir hacia su satisfacción. Si así fuera, no conduces nada y tu vida, francamente, no es tuya sino que se despedaza en vientos que te arrastran en distintas direcciones.

Conducir o ser conducido, ése es el dilema.

Ser alguien o ser una hoja al viento, ésa es la alternativa.

Vivir, humanamente hablando, es tener que elegir día a día qué concierto de tendencias opuestas realizaremos. Por eso somos libres, por eso y para eso. Conducir significa lograr un equilibrio entre esas pulsiones contrastantes, porque, sin lugar a duda, todas son valiosas, pero cada una quiere ser absoluta, y tú debes usar debidamente las riendas para orquestarlas en sana armonía, adecuada a tu ser.

Pero ¿en qué consiste tu ser, hermano humano? En ser humano. Los corceles son valores. Cada uno quiere realizarse a sí mismo, y como tal tiene razón. Pero se contradicen, la realización de uno —la toma de un camino— significa el sacrificio de los demás. Elegir es sacrificar. Esta mujer de la que me enamoro y con quien me caso requiere el sacrificio de las demás mujeres que están en el horizonte de lo posible. Elegir es sacrificar. O armonizar, establecer un orden.

Primero, caballo de la educación y del crecimiento espiritual, estás tú. Luego, caballo de divertirme y de salir a pasear o de juerga, estás tú. Después, caballo de la mundanidad, de las zapatillas de marca para lucirme delante de otros, que también es necesidad y es valor, estás tú.

Manejar el carro es establecer una escala de preferencia. Todos valen, pero unos antes que otros. Y para lograr unos hay que postergar otros, aunque fuera momentáneamente. Claro que cuesta, porque los caballos son muy individualistas, muy apasionados, muy rebeldes.

Como dice el máximo estudioso del tema, Max Scheler: preferir es valorar.

Sócrates, el partero de la verdad

Hablamos de Platón y debemos ir a su origen, Sócrates, de quien aprendió el método dialógico. Veamos pues cómo nació ese método de pensar en plena vida, en plena calle.

Sócrates era hijo de una partera. De su madre, decía, aprendió el oficio del pensamiento. Porque pensar, en efecto, es un oficio, una tarea, un ejercicio que ha de perfeccionarse con la práctica y con el conocimiento. Lo denominó *mayéutica*.

Según dijimos ya, el pensamiento brota a partir de la crisis. Sócrates es griego, ateniense, y la crisis, la rotura, se da en la sustancia misma de la vida griega, que era la *polis*, la ciudad. En la ciudad se centraba la vida del hombre, en la cosa pública, en la plaza —en griego el *ágora*— ahí se encontraban, discutían, analizaban qué era mejor para todos.

La ciudad era de todos, todos eran de la ciudad, y por ella y para ella vivían, y en esa forma de existencia encontraban la felicidad, la del hombre perfectamente integrado e insertado en su ciudad, cualquiera fuera su ocupación o casta social.

En tiempos de Sócrates, como dice Ortega, "cada hombre se siente vitalmente —no como nosotros, idealmente— trozo del cuerpo público. No sabría vivir por sí y para sí... El griego de este tiempo hubiera sentido su propia individualidad como una soledad trágica y violenta, como una amputación en que lo amputado fuese quien el dolor y la muerte".

La individualidad es el hombre que se arranca de esa totalidad abarcadora que es el cuerpo público. O, mejor dicho, no es que se arranca, sino que ese cuerpo se desintegra, y ahí nace el individuo, que es el ser en crisis, el ser nacido de aquella rotura de la totalidad, y por lo tanto piensa.

En los pueblos antiguos pensar significa repetir fórmulas tradicionales, inmemoriales; así también en el arte, así todo en la cultura era reproducir, y el autor era *auctor*, el que agregaba, añadía.

El pensamiento filosófico es el que nace de la rotura y ayuda, precisamente, a clarificar que la vieja tradición ya está disuelta o en vías de disolución.

Se piensa cuando se pierde la confianza

Pensar es revolucionar. Eso hace Sócrates. Eso hace el filosofar como actitud frente a lo ya dado y establecido.

Sócrates promueve la catástrofe de pensar cómo derrumbar lo ya pensado. La libertad íntima es el gigantesco invento de Grecia. La libertad es el pensamiento del individuo, en sí, por sí. Porque para ser individuo hay que arrancarse a la totalidad de lo social, de la *polis*, que antes, como gran madre, sostenía a todos en su regazo. Ahora los hijos se quedan sin madre, ya no confían en ella. Está rota la *polis*, y uno es individuo y libre, y debe pensar porque con urgencia uno mismo debe establecer —ya no más la tradición de los padres— en qué consiste vivir y cómo hacer para lograr una existencia feliz.

Cuando la *polis* —el marco sociocultural en que vives— ya no te provee de verdades ni puedes confiar en ella, hay que buscar la razón de ser dentro de uno mismo. Eso enseñó Sócrates. No enseñó a saber, enseñó a pensar.

La vida es una carrera

Somos composiciones sumamente complejas de egoísmo, vanidad, deseo de éxito, amor, envidia. La vida es una carrera. Detente y súbete a alguna nube y contempla tu existencia. A veces yo practico este ejercicio: me voy a un edificio de esos altos muy altos que hay cerca de Retiro, y entro, y tomo el ascensor hacia el último piso. En ese piso me bajo y busco una ventana y desde ahí miro hacia abajo. Los autos chiquitos, los hombres, las mujeres chiquititos. Van, vienen. ¿Adónde van, de dónde vienen?

"Ahí voy yo", me digo. "Ésa también es mi vida", me comento y reflexiono.

Una carrera sucede ahí abajo. La carrera de la vida. Una carrera es una competencia. ¿Contra quién? ¿Con qué finalidad? Éxito, éxito...

El corcel del éxito es el que más empuje tiene y arrastra el carro, contra viento y marea. Ninguno de los caballos está errado. Se necesita a los tres, o mejor dicho, los tres representan necesidades. Entre ellas, el éxito. Pero no nos hace felices. Produce estrés. Y el estrés reclama pastillitas contra el estrés.

No, el éxito no es el valor supremo. Satisface momentáneamente pero la avidez lo caracteriza. Cuanto le des, será poco; más tiene, más quiere. Ansiedad, angustia, soledad. Porque en la carrera estás solo, solo contra todos. Y luego, cuando se descansa, uno se mira en el espejo y se pregunta: ¿para qué estoy?

La competencia

Según Platón, los caballos, dejados a su arbitrio, quieren ganarse entre sí. Yo, auriga, conduzco el carro. Concierto las riendas. Pero ¿adónde quiero ir? ¿A quién quiero ganarle?

Primero, a los caballos. No quiero ser conducido, quiero ser el conductor, el hacedor de mi vida. Segundo, quiero ganarles a los otros aurigas. Competencia, le dicen en sociedad, como si fuera un valor superior. Competencia, digo yo, mirándome desde ese piso 25 y me sonrío levemente, con cierta piedad, pensando: "¿Y para eso vine al mundo?".

¿En qué consiste la competencia? ¿En que yo gane o en que el otro caiga y sea marginado de la carrera? Obviamente, la caída del otro, la competencia, como dicen, es mi mayor ganancia. Pero entonces —razono con Platón—, dependo de los demás. Necesito que otro, desde afuera, contemple esta carrera y diga:

—Jaime es el ganador.

Claro que también puede decir:

—Jaime es el perdedor.

Y así me levanto todos los días, angustiado, ansioso por saber el veredicto ajeno, si gané o perdí. ¿Es esto un ser humano? ¿Hay en todo esto un sentido, un sabor de la vida? ¿Qué es lo que realmente queremos? ¿El tema es de Platón, de 2500 años atrás, o es mío, nuestro, de hoy?

De la moralidad a la escritura

En *Fedro* se trata otro tema, sumamente sugestivo. En Egipto había un dios, Theuth, que "fue el primero en descubrir no sólo el número y el cálculo, sino la geometría y la astronomía, el juego de damas y los dados, y también las letras". Theuth fue a verlo al rey

Thamus, llamado Ammón, a mostrarle sus artes y le dijo que debían ser entregadas al resto de los egipcios.

Le preguntó entonces Thamus cuáles eran las ventajas que tenía cada una. Theuth exponía y Thamus criticaba o elogiaba. Finalmente, cuando llegó a la escritura, dijo Theuth:

—Este conocimiento, oh rey, hará más sabios a los egipcios y aumentará su memoria. Pues se ha inventado como un remedio de la sabiduría y la memoria.

El rey le contestó:

–Ahora, tú, como padre que eres de las letras, dijiste por cariño a ellas el efecto contrario al que producen. Pues este invento dará origen en las almas de quienes lo aprendan al olvido, por descuido del cultivo de la memoria, ya que los hombres, por culpa de su confianza en la escritura, serán traídos al recuerdo desde afuera, por unos caracteres ajenos a ellos, no desde dentro, por su propio esfuerzo. Así que no es un remedio para la memoria, sino para suscitar el recuerdo, lo que es tu invento. Apariencia de sabiduría, no sabiduría verdadera, procuras a tus discípulos. Pues habiendo oído hablar de muchas cosas sin instrucción, darán la impresión de conocer muchas cosas, a pesar de ser en su mayoría unos perfectos ignorantes; y serán fastidiosos de tratar, al haberse convertido, en vez de en sabios, en hombres con la presunción de serlo.

Después Sócrates —maestro de Platón— seguirá sacando consecuencias de la palabra escrita. "Basta con que algo se haya escrito alguna vez para que el escrito circule por todas partes, lo mismo entre los entendidos que entre aquellos a los que no les concierne en absoluto."

Dice que el discurso oral, en cambio, se inscribe en el alma del que lo aprehende. Pero permite el cambio, una nueva interpretación, está siempre abierto a nuevas perspectivas.

Saber no es igual a información

Este planteo hace años que lo llevo conmigo. Por tanto desarrollo externo se achica el alma, se va encogiendo. La escritura, clásicamente, nos ha conservado los datos de la historia, el pensamiento de los grandes textos de la humanidad. Pero a menudo la repetición de conceptos los transforman en verdades sacrosantas, y tal vez no lo sean.

En efecto, la escritura ha sacralizado la información. Cuando apareció la computadora en mi casa, gracias a las aficiones de mi hijo Amir, durante años me fue insistiendo en que dejara la máquina de escribir y apelara a este nuevo y maravilloso artefacto. Finalmente, sucumbí. Me costó varios infiernos aprender a no perder archivos. Pero luego supe dónde radicaba la gracia de esta tecnología. Escribir se escribe a lápiz y sigue siendo buena escritura. La computadora no es para eso. Su mayor aporte es la memoria. La acumulación y recopilación de información.

Ya es tarde para quejarse. Esa memoria eterna es un bien y es un mal. Quieres recordar un párrafo de Stirner, ahí lo tienes, en segundos. Pero, de pronto, me encuentro con frases en la cabeza y no sé de dónde ni de quién, y no me preocupo demasiado porque pulso algunas teclas, pongo la frase, y me da el autor, el libro, la edición. ¡Es fantástico! ¡Ya no tengo que pensar! Basta con atesorar información y arrojarla al fondo de la memoria técnica, y cuando quiero, la encontraré. No tengo ya que esforzarme en movilizar mi propia mente para recordar quién lo dijo o qué escribió.

¿Es bueno?, me pregunto a menudo. Claro que lo es. Pero siguiendo a Platón, y a mi propia meditación, es también malo. Dos caras de una moneda. Porque el peligro consiste en que uno se vuelva mentalmente perezoso. Las teclas te lo resuelven todo. Y lo que la memoria electrónica no da, te lo ofrece Internet.

Dos tipos de memoria

Hay una memoria, dice Platón, que viene de adentro, elaborada y trabajada en tu interior. Tiene un valor muy especial. La otra, en cambio, es fría, automática, apelas al texto escrito y ahí está la idea, ésa que no fue conservada en tu interior y que, por lo tanto, es en realidad ajena, objetiva pero ajena.

La tradición oral, por el contrario, permite la elaboración perpetua. Eso que habíamos hablado de la hermenéutica, de la interpretación, del sabor que cada generación encuentra en la misma historia o imagen. Es vital.

Una vez que algo se escribe, se imprime, circula por todas partes y la mente poco se molesta en descifrarlo. Se vuelve público, pierde personalidad de lectura, y se torna repetitivo, rutinario. Da presunción de sabiduría, pero es falsa sabiduría. Repetir no es sabiduría, es robotismo inconsciente. Sólo lo que sale de tus adentros, de tu elaboración, en contacto con la palabra ajena, pero con la libertad de que esa palabra te fecunde a tu manera, sólo eso es, y puede ser, sabiduría.

¿Cómo es el mecanismo de la comunicación?

En la teoría platónica este tema de la memoria interior es fundamental. Se admira Platón acerca de la comunicación. ¿Cómo es ésta posible? ¿Cómo puedo yo enseñarte algo? ¿Cómo puedo penetrar en tu cerebro, oralmente o por escrito, e implantar ahí ideas? ¿Cómo puedes leer este u otros libros y captarlos, internalizarlos?

Tú estás ahí, yo aquí y cada uno inscribe frases en la mente del otro. ¿Cómo sucede tan extraño e imposible fenómeno?

Usamos las mismas palabras, es cierto, crecimos en idénticos ambientes, y tuvimos cultivos didácticos semejantes. Pero tu mente es tuya, y yo estoy afuera. Las palabras son sonidos, nada más que sonidos. Adentro debería haber una máquina de conversión de los sonidos en ideas. ¿La hay?

Platón imagina una vida anterior a esta, en la que el alma sin cuerpo se nutría intelectivamente de las verdades eternas. Al nacer, el alma se in-corpora. Ingresa en un cuerpo y la materialidad de ese cuerpo la contamina y le hace olvidar esas ideas aprendidas en aquel mundo, llamado *mundo inteligible.*

En esta existencia, la física, mundana, te vas encontrando con acontecimientos, cosas, situaciones, palabras. Ese exterior, ya lo dijimos, no puede penetrar en tu interior. ¿Qué sucede entonces? Eso que te pasa es algo así como un estímulo que va a tu memoria pre-natal y hace aparecer la idea que alguna vez habías aprendido. Estrictamente, pues, del exterior al interior nada ingresa. El exterior estimula, y el interior reacciona y trae de su reservorio la idea evocada.

¿Qué es educar, pues? ¿Meter ideas en el otro? No. Es estimular la mente ajena para que ella produzca su saber, desde dentro. Ésta es la idea socrática del conocimiento como parición.

Sócrates era hijo de una partera y él fue el que inventó el diálogo como mecanismo para despertar el conocimiento. Por eso las obras de Platón —discípulo que tomaba notas de las enseñanzas de su maestro— están escritas en diálogo.

El parto del conocimiento

En el diálogo, el intercambio de frases produce un intercambio de estímulos, y éstos ayudan a producir el parto del conocimiento. El conocimiento está en el otro, pero aletargado, olvidado, y lo que el maestro o escritor o interlocutor hacen es despertarlo.

Por eso, en griego verdad se dice *a-letheia*, negación de lo oculto, de lo olvidado. La verdad está ahí, pero hay que des-cubrirla, des-taparla, des-pertarla.

"Recuerde el alma dormida", escribía Jorge Manrique. En esos versos, de antiguo castellano, re-cordar es des-pertar. Claro que, aclaremos, estamos hablando de las verdades de la razón, no de la experiencia. Química, física y otras materias no están en tu interior, ni quieras buscarlas. Están afuera. Hay que ver caer manzanas para descubrir la ley de la gravedad. Pero la coherencia lógica, el razonamiento, e inclusive las matemáticas —según Platón, Sócrates, y los pitagóricos— están adentro.

Por eso Sócrates filosofaba en la calle, en el ágora, en la plaza. Se acercaba a cualquiera y se ponía a hablar con él. Para despertarlo. Y así fue el famoso caso de su encuentro con Menón, un esclavo, es decir un theuthal ignorante en aquellos tiempos, y dialogando le fue haciendo parir los principios básicos de la geometría de Euclides.

Volviendo a *Fedro*, pues, la confrontación entre tradición oral y escritura tiene una trascendencia notable. El que encuentra todo escrito, lo lee, lo repite y cree que sabe. Sabe, pero no piensa. Repite, pero no crea. Dice, pero no vive lo que dice. Se cree sabio, pero es una mera grabadora.

Por otra parte, el diálogo es confrontación de ideas y no sólo uno estimula al otro, sino que el segundo lo hace con el primero, y eso conduce a multiplicidad de puntos de vista. Un diálogo es pensamiento abierto, jamás se cierra en una conclusión definitiva. La escritura, en cambio, es un intento de grabar a fuego ciertas ideas o creencias. Pierde vida porque, repetida como letra muerta, gana muerte.

La inmortalidad del alma

El partero filosófico Sócrates, maestro de Platón, consideraba que la filosofía no es una materia que se estudia como se estudia derecho o economía, en institutos o universidades. Su teoría es que el acto de pensar se produce en cualquier lugar; allí donde dos personas se encuentren, entra a funcionar el pensamiento.

Habla Sócrates y le explica a Fedro, el joven discípulo dialogante, la teoría del alma: "Partiremos, pues, de este principio: todo espíritu es inmortal porque todo lo que está siempre en movimiento es inmortal, el ser que comunica y recibe el movimiento deja de vivir cuando éste cesa. Solamente el ser que por sí mismo se mueve, no pudiendo dejar de ser él mismo, no cesa nunca de moverse y, lo que es más, es el origen y el principio del movimiento para todos los seres que participan del mismo".

El tema es el alma y el tema es la inmortalidad.

¿Qué sería algo inmortal? Sería algo viviente. Y ¿qué significa viviente? Que tiene movimiento, movimiento aunque sea interno pero movimiento; por ejemplo, una planta es un ser viviente porque crece, porque se desarrolla, porque las células, las clorofilas, todo eso, es movimiento; entonces, vida es movimiento.

Inmortal significaría, por lo tanto, algo que nunca deja de moverse. Ahora estamos mirando la realidad en una foto, nosotros somos seres vivientes, el árbol que está afuera, el gato que vimos, eso es movimiento que está dentro del ser. Una piedra puede estar en movimiento, pero el movimiento no está dentro de la piedra. El agua tiene el movimiento que se le da al agua, pero si no se le da movimiento, de repente se mueve y de repente no se mueve. Entonces, habría un tipo de movimiento, el recibido, que es el que tengo yo cuando fui engendrado, se me traspasó ese movimiento y algún día va a cesar, por lo tanto, no soy inmortal.

El único que sería inmortal es el movimiento que no tiene un origen exterior, es decir, que no lo ha recibido de algún lado sino que es, diría yo —no en el lenguaje de Platón—; pero sería un movimiento perpetuo, algo que desde siempre y hasta siempre se mueve.

El *motor inmóvil*

A esto se lo llama *el motor inmóvil*. Motor deriva del verbo mover. Mueve a otros entes. Pero alguien enciende el motor, alguien lo mueve, lo pone en movimiento. Todo motor es movido y produce movimiento, como ser el motor de un auto, alguien lo moviliza y éste mueve las ruedas, alguien lo detiene y entonces se para. Es un motor, pero es un motor móvil porque está movilizado y por eso moviliza a otros, pero depende de una causa que lo active, porque si la causa no lo hace moverse, no se mueve ni mueve nada, ni a nadie.

Entonces, el motor inmóvil sería la causa de todos los movimientos de los átomos, de los astros, de lo que quieras, de nuestras vidas, y todo lo causado por ese movimiento es mortal. Mortal significa que no tenemos ninguna garantía de que la Luna, el Sol o Venus, o vaya a saber qué planeta o sustancia en el universo, sean eternos.

El movimiento que no tiene causa exterior, que se origina desde su propio interior, es eterno. Nadie lo inició, nadie o nada podrá detenerlo, porque de nadie o de nada depende. Su fuerza es interior, absolutamente. Ése es Dios.

Ahora bien, a nosotros nos interesaba saber si somos terminantemente mortales, o si podemos alcanzar cierta inmortalidad. Esto lo va a aplicar Platón al tema de la única inmortalidad posible, la inmortalidad del alma. Veremos cómo se compagina dentro del mundo mortal que nos pertenece.

"...Un principio no puede producirse, porque todo lo que comienza a ser debe necesariamente ser producido por un principio, y el principio por nada es producido, porque si lo fuera dejaría de ser principio..." Lo que existe es causado por otro existente. Un principio debería ser el comienzo de esa cadena y no tener causa; mover, pero ser inmóvil, no movido, porque si no dejaría de ser principio.

"... Pero si no tiene principio, tampoco puede ser destruido... entonces, lo que no tiene principio es principio, y si es principio, no tiene principio y tampoco tendría fin. Si algún principio fuera alguna vez destruido, no podría renacer de nada, y nada podría nacer de él, si, como ya hemos dicho, todo es necesariamente producido por un principio de movimiento, y no puede ni nacer ni perecer; pues, en otro caso, el cielo todo, y los seres que recibieron el nacimiento, se fijarían en una sombría inmovilidad y no tendrían otro principio para darles este movimiento una vez destruido. Hemos, pues, demostrado que lo que a sí mismo se mueve es inmortal."

Recuerde el lector: "lo que a sí mismo se mueve es inmortal" y lo que es movido por un principio exterior es mortal.

Hechas estas observaciones preliminares, el filósofo ingresa en el específico tema del alma y de su posible inmortalidad. Aquí retomaremos la imagen del auriga y el carro y los corceles, pero conviene releerlo en lenguaje de su autor:

"Digamos, pues, que se parece a las fuerzas unidas de una alada yunta y un conductor... una yunta de corceles, de caballos, el carro, y un conductor... los corceles y conductores de las almas divinas son todos excelentes y de buena raza... de las almas divinas", pero los demás seres, su naturaleza, participan del bien y del mal.

Así es como en nosotros el conductor dirige dos corceles, uno excelente y de excelente raza, otro muy diferente del primero y también de diferente origen.

"Ahora bien, semejante tronco —se refiere al tronco que está en el medio de los dos corceles— tiene forzosamente que ser penoso y difícil de guiar." Porque al ser los corceles, uno de excelente raza y el otro, no un pura sangre, al ser de razas diferentes, uno superior pero no en el sentido racial sino de una factura superior, y el otro inferior, cada caballo tira para un lado, para su lado, y son lados opositores, y en el medio está el yo que tiene que manejar, y es una tarea muy difícil conducir. El conductor, obviamente, tiene alma, y todas las vicisitudes, elecciones, pasiones, luchas entre corceles, suceden en su alma.

El alma, ¿de dónde proviene? Del Alma Universal. Y está muy embrollada entre corceles diferentes, propios y ajenos. Esto es lo particular, lo que te pasó esta mañana cuando te agarraste a gritos con tu esposa porque el café estaba quemado, o el dulce diálogo que mantuviste ayer con tu alumno, o tu risa en una película cómica. Eso es circunstancial. Sucede y hay que manejarlo. Pero está y se va. Es mortal en el mismo momento que nace. En cambio, el elemento del Alma Universal en el alma de cada cual no es circunstancial, ya que proviene de la misma eternidad.

El alma alada

Dentro de las manifestaciones del alma estaría la manifestación superior, que es lo que Platón llama "el alma alada", que tiene alas y que, por lo tanto, se mantiene o puede mantenerse en lo alto. Eso le permite recordar aquello que olvidó al caer en el cuerpo. *Anamnesis* —es decir, memoria— se llama esta teoría del conocimiento. Situaciones de la vida. De pronto, si estoy consciente y atento, despiertan en mí reminiscencias de la vida anterior, donde el alma se nutría sólo de ideas, y así se vuelve alada.

Wordsworth escribió un poema que, hermosamente, lo dice:

> *Nuestro nacer no es sino un dormir y olvidar;*
> *El alma que se eleva con nosotros, estrella de nuestra vida,*
> *Tenía en otro lugar su sitio,*
> *Y vino de lejos.*
> *Ni en completo olvido,*
> *Ni en total desnudez,*
> *Sino como nubes con estela venimos*
> *De dios, que es nuestro hogar:*
> *El cielo nos rodea durante la infancia!*
> *Sombras de predio empiezan a cerrarse*
> *Sobre el muchacho que crece*
> *Pero él mira la luz y cuando fluye*
> *la ve con alegría!...*

Pero esto es así siempre y cuando las alas puedan desplegarse libremente. A tal efecto, el auriga debe acallar, sostener a los caballos, para que no le saturen el alma con sus múltiples pasiones, porque entonces la achican o destruyen sus alas.

¿Y qué le pasa? Cae, como un ave de alas cercenadas.

Primero —ésta es la parte más oscura del mito—, idea, mito, porque tiene momentos de fantasía, de relato, para expresar una filosofía —caen las almas de su sitial divino en el mundo inteligible, y al caer ingresan en cuerpos—. De manera que, si mi alma está aquí, es porque perdió las alas; entonces, el caído soy yo. ¿Se dan cuenta? Nosotros estamos caídos.

Ahora bien, ¿cuál es la idea de caído?, ¿adónde conduce la idea de caído? Conduce a que te tenés que levantar. Eso se llama filosofía: una idea conduce a otra. Si pasara que alguien se cae en la calle, eso es un acontecimiento, un suceso; pero acá hablamos de una situación de caído. Si yo tomo conciencia de ello, como lo hace Platón, entonces tomo conciencia de que tengo la posibilidad, la capacidad y el deseo de levantarme.

El mito entreteje un relato, como el cuento del carro y sus dos corceles, donde el carro es el símbolo del alma, en permanente contradicción.

El cuerpo, cárcel del alma

En griego, cuerpo se dice *soma*. Platón lo equiparaba con *sema*, que significa prisión. El cuerpo es la prisión del alma. Para liberar el alma es menester que el corcel del cuerpo sea muy, pero muy controlado.

Mi caída me envuelve en contradicciones entre el mundo inteligible, algo que resuena en mí, y el mundo material, sensual, pasional, pleno de odios y amores, pasajeros, mortales. Para levantarme necesito tener un rapto de conciencia que me diga: "Existir es estar caído".

Si me he caído, puedo querer levantarme y averiguar cómo recupero esas alas tan absorbidas por el cuerpo.

Dos corceles. Un corcel con alas y el otro sin alas. El corcel con alas sabe adónde quiere ir. El otro se maneja según las circunstancias, su camino es momentáneo. En el afán de elevación buscamos la verdad.

El intelecto supremo

Hay verdades que llamaremos accidentales: todo lo que está sucediendo en el mundo, todo esto que dicen los noticieros, esta mesa donde leo, todo es accidental. El intelecto supremo, en cambio, contiene verdades necesarias y absolutas. Por ejemplo, las verdades matemáticas, dos más dos no es accidentalmente cuatro, dos más dos es cuatro en chino, en japonés, en días de sol, en tormenta. Es una verdad necesaria, o sea, son verdades como la Ley de Newton y todas las leyes que no se descubrieron todavía que están ahí, en la esfera de la inteligencia cósmica.

Al respecto, dice Platón en *Fedro* que en el intelecto supremo está la Verdad, con mayúscula: "Solamente la inteligencia, guía del espíritu, puede contemplar la esencia sin color, sin forma e impalpable; en torno de la esencia está la morada de la ciencia perfecta que abraza toda la verdad". Entonces, la inteligencia contempla las esencias.

¿Qué es la esencia?

Dice Platón que "la esencia es sin color, sin forma, es impalpable".
Tomemos como ejemplo una mesa. La mesa tiene color, puede tocarse, tiene forma. Ahora pensemos en el número cuatro. Al número cuatro nadie lo puede palpar, ni fotografiar, ni ver su color, ni saber qué forma tiene. Sabemos cómo se simboliza, un símbolo del número cuatro, pero no es el número cuatro. ¿Qué es, entonces? Es una esencia. Incorpórea pero mucho más que lo llamado real, ya que permite ordenar esta vida de cosas y cuerpos. Cuatro manzanas, cuatro señoras, cuatro libros. Las manzanas, las señoras, los libros son reales; el cuatro es *ideal*.
Lo que llamamos real es la experiencia cotidiana que es pero podría no ser. El cuatro, en cambio, es esencial, eterno, idea, y por eso siempre será aunque en algún momento no haya cuatro elementos. Eso es lo que capta el alma con alas.
En realidad, lo recaptura en la memoria que tiene de aquel cuatro esencial que vio en su existencia en el mundo inteligible. "Solamente la inteligencia, guía del espíritu, puede contemplar la esencia sin color, sin forma e impalpable; en torno de la esencia está la morada de la ciencia perfecta..."
Ésa es la ciencia perfecta. Las otras, la física, la química, la biología, son todas ciencias imperfectas porque tratan con seres físicos, concretos, accidentales, que están y podrían no estar. La que vendría a ser la ciencia perfecta es la filosofía.

Noche serena

Para que veas, querido lector, cómo las ideas van rodando por la historia y, finalmente, la poesía las recoge y hace de la verdad belleza, te invito a leer un poema de fray Luis de León, para mí el más atrapante que se haya escrito sobre la teoría platónica.

> *Cuando contemplo el cielo*
> *de innumerables luces adornado,*
> *y miro hacia el suelo*
> *de noche rodeado*
> *en sueño y en olvido sepultado...*

En esa situación, el poeta siente amor y pena a la vez. Pena por lo que no tiene, amor por lo que desearía tener. ¿Y qué desearía tener? Aquello que está sepultado en sueño y en olvido. En consecuencia, el amor quiere des-enterrar aquello que está vivo pero tapado por la tierra del olvido. Y ahí exclama el poeta:

> *Morada de grandeza,*
> *templo de caridad y hermosura,*
> *mi alma, que a tu alteza*
> *nació, ¿qué desventura*
> *la tiene en esta cárcel, baja, oscura?*

Aquí fray Luis se remonta a la teoría platónica que antes explicamos. El alma nació a la alteza de aquella morada, el cielo, el intelecto, la vida anterior sin cuerpo, donde era plenamente feliz contemplando las ideas.

Al nacer vino a caer en esta cárcel, que es baja, que es oscura, porque las ideas están tapadas, enterradas bajo las pasiones e intereses y gustos del cuerpo. Y por eso se queja. Sin embargo, como analizamos antes, encuentra en este mundo y en esta cárcel la conciencia de mundo y de cárcel, y esto le permite estar en el camino de la liberación.

El alma se sabe encarcelada, y por eso quiere salir y buscar las ideas que se le perdieron, la libertad, porque ya no es una cosa hermosa ni aquella otra, sino la hermosura en sí, que es la plenitud de la hermosura.

Todo esto que nos rodea, dice, es engaño. Porque es y no es, porque la materia muestra algo de la idea, la sugiere, alude a ella, pero predomina. Deberíamos educarnos para liberarnos, aunque fuera de tiempo en tiempo, de tanta pasión material envolvente.

¡Ah, despertad mortales!
Mirad con atención en vuestro daño;
las almas inmortales,
hechas a bien tamaño,
¿podrán vivir de sombra y solo engaño?

∽

Todo esto se liga bien con el término que los griegos usaban pa-
ra decir verdad: a-letehia. *Leteo era el río de la muerte, del eterno*
olvido. A-letheia *es la negación del olvido, el rescate de aquello que*
parecía muerto, porque estaba enterrado bajo basuras varias —si se
me permite—, derivadas de la materia sin alma, que aplasta al alma
y la quiere aplastada.

Por eso hay que despertar. Porque todo lo que queremos, el mun-
do del tener, del adquirir, de comprar, de consumir, de viajar, de fo-
tografiar, de eternizar, es sumamente pasajero y mortal.

Fray Luis busca la inmortalidad. Pero ahora, aquí, en esta vida
mortal. ¿Y cómo hallarla, cómo lograrla?

El alma es inmortal, vino y se irá de vuelta a su morada de gran-
deza primigenia. Fray Luis quiere, por así decir, treparse al alma, afe-
rrarse a ella, salvarla de la escoria que promete brillos y placeres, pe-
ro termina siendo engaños, y nosotros vivimos en el desengaño.

Claro que es una teoría que tiene tono religioso. Por eso no lla-
ma la atención que un católico como fray Luis encuentre en Platón
a un digno maestro.

Pensar es una actividad que, siguiendo los ejemplos dados, puede
centrarse en cualquier cosa: una mesa, una naranja, la hojita de un
árbol, el movimiento de una nube, y sin embargo, lentamente te das
cuenta de que te transporta, te lleva como a otro cielo, a otra esfera.

4

Para salir

de la caverna

Una realidad hecha de sombras

Ese hombre alado, iluminado, ese hombre que va sembrando su propia inmortalidad, sigue viviendo en esta sociedad, en esta muchedumbre de seres presos de sus sentidos y de sus apariencias.

¿Cómo convive con ellos? ¿Le cabe alguna función que cumplir o ha de satisfacerse hacia sus adentros diciendo: "Hago lo mío, cultivo el alma, soy feliz. Y los demás... allá ellos"?

Para responder esta pregunta apelaremos, siempre con Platón, a otro mito suyo, muy famoso, el de la caverna, que figura en su libro *La República*. A ese mito se refiere el poeta español citado cuando se pregunta sobre cómo seguir viviendo "de sombras y sólo engaño".

En una caverna hay gente sentada frente a un fuego. Entre la gente y el fuego pasan personas transportando objetos. La luz del fuego los proyecta en forma de sombras. ¿Qué ven los prisioneros? Sombras.

Ésa es toda la realidad que alcanzamos a percibir, y digo "alcanzamos" porque —como habrá advertido el lector— los prisioneros somos todos. Vivimos como prisioneros en una caverna, atados, encadenados al suelo desde la infancia, con la cabeza, es decir la vista, orientada hacia el mismo punto. Pero no lo sabemos.

Creemos que pensamos, sentimos, percibimos por espontánea naturalidad del ser. Pero lo cierto es que desconocemos el mecanismo de la existencia. Por detrás de nosotros arde un fuego, pero no podemos darnos vuelta para verlo directamente. Incluso, no sabemos que está ahí —porque está detrás de nosotros—, no conocemos su existencia. Creemos que esas sombras son la realidad sin saber que son sombras.

Dice Platón en *La República*: "Considera lo que naturalmente les sucedería si se los librara de sus cadenas a la vez que se los curara de su ignorancia. Si a uno de esos cautivos se lo libra de sus cadenas y se lo obliga a ponerse súbitamente de pie, a volver la cabeza, a caminar...". Si eso sucediera —imagina el filósofo—, ese individuo arrojado fuera de la caverna sufriría por el exceso de luz del exterior. Un lento y largo proceso le tocaría vivir hasta acostumbrarse a esa luminosidad y, por fin, vería directamente, sin mediaciones, la luz del sol. Ésa es la luz de la verdad: ver los objetos directamente y no sólo sus sombras.

Pero ese hombre no puede vivir a solas. Ser hombre es ser con otros, de otros, para otros. Ese hombre des-lumbrado por la luz de las verdades eternas (ideas, las llama Platón) no puede prescindir de los demás. En consecuencia, volverá a la caverna, es decir al mundo dominado por los sentidos y los sentimientos, todos aparentes, de los demás. Volverá a la caverna. La alegoría de Platón imagina ese regreso; su captación psicológica estremece a cualquier lector.

Y si alguien se ofreciera a sacarlos de la caverna, y conducirlos hacia las verdades supremas, las ideas inmutables, las que dan paz y serenidad, belleza y dicha, ¿no se expondría a que se rieran de él? ¿No le dirían que por haber subido a las alturas ha perdido la vista y que ni siquiera vale la pena intentar el ascenso? ¿Y si alguien ensayara libertarlos y conducirlos a la región de la luz, y ellos pudieran apoderarse de él y matarlo, no lo matarían?

Con toda seguridad.

El maestro y la masa

La masa prefiere la comodidad de la sombra o del engaño antes que la luz de la verdad, comprometedora, exigente. Ese hombre que salió a la luz es dichoso por un lado, y desdichado por otro. Su orden es el de la soledad. La muchedumbre no ama a los grandes. Quiere que todos sean pequeños. Los grandes le quitan el sueño. El hombre liberado le recuerda que son esclavos y ellos no quieren recordarlo. Prefieren seguir en el delirio de su libertad. Como nos pasa a nosotros en pleno siglo XXI, que nos vanagloriamos de nuestra libertad cuando en realidad miles de hilos manejan nuestra existencia subrepticiamente, y nos automatizan al máximo. Destino de soledad, del que se libera.

Esto me recuerda un poema de Henri Michaux:

> *Esos sí sabían lo que es esperar. Yo conocí a uno*
> *y otros también lo conocieron, que esperaba. Se*
> *había metido en un agujero y esperaba.*
> *Si tú mismo buscaras un agujero para cualquier uso*
> *más valdría, créeme, buscar en cualquier otra*
> *parte otro agujero, o bien sentarse al lado de aquel*
> *agujero a fumar las largas pipas de la paciencia.*
> *Porque su ocupante no se movía de allí.*
> *Le arrojaba piedras, y se las comía.*
> *Ponía cara de asombro, pero se las comía. Permaneció*
> *así durante el sueño y la vigilia, más tiempo*
> *que la vida de un prejuicio, más que un cedro, más*
> *que los salmos que cantan a los cedros talados;*
> *esperó así, achicándose paulatinamente hasta volverse*
> *nada más que el dedo pulgar de su propio pie.*

En este poema, el agujero evoca la caverna de Platón. Ésta, a su vez, ha sido asociada con el útero materno, la pre-vida de la vida, la existencia dormida, calma, sin zozobras.

El agujero. La cueva. La caverna. Permanecer dentro. No nacer. No aceptar la luz que te obliga a ser.

Visión platónica de la existencia

Platón imagina al hombre en el mundo como en una caverna. Radiaciones ralas de luz exterior se filtran dentro de la caverna y producen, por cierto, sombras, esbozos de figuras, imágenes.

El hombre nace en la caverna, ahí se cría, y toma esas sombras como La Realidad. Hasta que, si tiene suerte, alguien se levanta y decide salir de la caverna, y afuera descubre la verdadera realidad, y el sol que, proyectado sobre ella, venía gestando las sombras, las ficciones. Ese hombre queda deslumbrado por tanta luz y vuelve a la caverna, un poco para mitigar el efecto luminoso terrible, y otro poco para comunicarles a sus amigos La Verdad. Pero ellos lo rechazan, en principio, porque están cómodos con sus sombras, y no quieren romper la rutina de toda una vida.

Según Platón, es tarea humana romper, justamente, la rutina de falsas imágenes —*idola* las llamará Francis Bacon—, los prejuicios, las ideas que por imposición de la sociedad nos tienen colonizados, y ascender a la verdad. La verdad es la fuente de todo ser. No es verdad esta flor, que hoy nace y mañana se deshace, sino La Flor, la esencia flor, y esta flor que estoy tocando o que te estoy dando es sombra de aquella, la esencial, la fundamentalmente real, la para siempre, y la que está presente en toda flor posible.

El hombre, según Platón, debe ascender por vía de las sombras —simulacros, apariencias— a la Luz Verdadera, la de La Verdad. El ascenso, en Platón, es puramente espiritual, interior, místico. Según esa postura dualística, todo se divide entre mayúsculas y minúsculas, el gran Sol y la mísera caverna en que estamos; la Verdad y las apariencias que nos envuelven.

El Sol de la Verdad está todo hecho, armado, constituido, eterno. Nosotros somos los pasajeros, los argonautas que debemos recorrer el arduo tramo de las apariencias para arribar a lo Inmutable. El camino es todo soledoso, del alma, de uno mismo dentro de uno mismo, no necesita de nada ni de nadie, monólogo absoluto que conduce a la paz absoluta del ser absolutamente uno solo.

Todo pensamiento humano conduce hacia algún horizonte predeterminado. Las sombras pasajeras son la suma de la existencia pasajera. Somos sombra, somos polvo, somos nada, como decían los poetas renacentistas. Somos transeúntes y lo que hacemos adolece de fragilidad elemental. Esto, por lo tanto, no satisface.

La alegría, como la tristeza, vienen, van, se alejan, se pierden. No puedo, no debo colocar en ellos la razón de mi existencia. Entonces, busco algo sólido. Eso busca Platón, eso buscan todos los filósofos, los religiosos, los artistas, los novelistas, los hombres. Si lo sólido y lo definitivo no está a la vista, debe estar en otro plano. Platón imagina toda una serie de mitos para poder salvar ese otro plano, con el cual él podría contactarse y redimirse de su caducidad.

Sombra y sólo engaño.

Hay un plano superior al cual iré, en el futuro, y donde me encontraré con la verdad; el de las ideas puras, el del mundo inteligible.

Pero para alcanzar ese mundo es menester que haya venido de esas esferas. Por lo tanto, no hago más que retornar a mi origen.

La realidad según Aristóteles

Platón consideraba que este mundo es sombra de un mundo auténtico, real, inteligible, *otro mundo*, y que aquí estamos caídos de aquel mundo puro, en cuerpos corruptibles y pasajeros, procurando recordar las ideas que alguna vez vimos.

Aristóteles, en cambio, es totalmente terrenal. Éste es el mundo, ésta es la realidad. Otra no hay. Y el conocimiento, que nos toca a nosotros en cuanto seres humanos, como particular definición, es lo que debemos practicar. No venimos —como decía Platón— de un mundo ideal, pero sí debemos aspirar a subir a un mundo ideal.

En Platón hay un movimiento tripartito: a) el alma cae en un cuerpo; b) el alma entre las sombras busca luces que la remonten al mundo anterior; y c) la recuperación y el ascenso al mundo perdido. En Aristóteles hay solamente dos movimientos. Uno es el aquí estoy, aquí nacimos, y el segundo es el pensar y el conocer.

Hay dos conceptos clave en el pensamiento occidental, *sustancia* y *esencia*. Esta distinción influyó profundamente en todo el pensamiento filosófico posterior.

Substantia, dicho así, en latín, significa "eso que está debajo de todo estar", lo que sostiene las distintas manifestaciones del ser. Esencia es todo lo que se dice acerca de la sustancia, la suma de los predicados que se le aplican. Estos predicados o cualidades de la sustancia se dividen en dos: a) aquellos sin los cuales la sustancia no podría subsistir; b) aquellos que, si faltan, no dañarían al ser de la sustancia.

Los indispensables, los que no pueden faltar, porque destruirían el ser de la sustancia, constituyen su esencia. Los otros, los que no son indispensables, los que podrían ser o no ser, son los accidentes. El alma es esencia del hombre. Que mida 1,80, que juegue al truco, no son esenciales, son accidentes.

Tú eres una sustancia. Una unidad de ser. Que tiene esencia y que tiene existencia. Los predicados imprescindibles son esencia, alma e intelecto. Lo demás es lo que te ocurre porque existimos.

Lo real está hecho de elementos particulares

La sustancia es individual, concreta. En Platón era idea. En Aristóteles es esta mesa, este niño, y no el concepto mesa o el concepto niño.

Aristóteles escribe un tratado de las *categorías*. Eso implica jerarquías en el ser. La sustancia es la primera, sin ella todo lo demás (rojo, lindo, alto, cuatro patas) se esfuma. Es la categoría más alta o más profunda, según se prefiera decir. A partir de ahí se van acumulando sobre ese ser —Juan, mi vecino— toda suerte de apreciaciones. Grande, bueno, perezoso, piel ajada.

Por otra parte, Juan no está solo. También están Pedro, Ignacio, y yo. Somos en relación, y la relación establece el ser en función del otro. Frente a Pedro, Juan es alto; en relación con Ignacio, es bajo. Y otras categorías en relación con el tiempo, el espacio, y demás. Lo importante es que el conocimiento va desde las categorías exteriores y accidentales en busca de la esencia, como quien descascara un fruto en busca del carozo.

Dios, el motor inmóvil, es la sustancia sin la cual no puede haber ninguna sustancia. El motor inmóvil genera movimiento, y por lo tanto produce vida.

Ahora bien, ese motor, según dijimos, es inmóvil. Es la sustancia de todas las sustancias, el origen del ser y de todo existir. La existencia de Dios se demuestra fácilmente: si algo existe, Dios existe. Porque si algo existe, ha de tener una causa, y así nos remontamos a la primera causa, Dios.

Las cuatro causas

Según Aristóteles, hay cuatro causas: la causa material, la causa formal, la causa eficiente y la causa final. La causa material, obviamente, alude a la materia de la que el objeto está hecho. La causa formal constituye la esencia de ese ser. Yo soy de carne, la vaca es de carne. Compartimos la causa material. Pero yo tengo alma, pienso, y la vaca no; esta diferencia de cada ser está dada por la causa formal, la humanidad en mi caso, la vacuidad en el otro caso.

La causa eficiente es la que hace a la cosa, la efectúa. Y la causa final es aquello para lo cual la causa eficiente la hace ser, la configura.

Tomemos una casa de madera. La madera es la materia. El hecho de que de la materia se haga una casa y no leña es causa formal. Que quien la hace sea arquitecto, ingeniero, persona, es la causa eficiente. La finalidad: vivir en ella, protegerse de vientos, fríos, calores, etcétera.

Tal vez la más importante, en cuanto eje de la filosofía posterior y que actuará durante toda la Edad Media, es la causa formal. El ser tiene materia y esa materia está modelada en una forma. Pero atención, no se entienda forma como redondo, cuadrado, triangular. No, forma es esencia. El alma es la forma de mi cuerpo. Es la idea universal impresa en la materia particular.

La causa eficiente primera es Dios y su movilización de los seres —al no ser él mismo materia— se produce a través de la mente. Dios es mente, es decir pensamientos. La Biblia dice que cuando Dios creó la luz, dijo: "Sea la Luz".

En Aristóteles ni se dice ni se hace, se piensa. Ese pensar se traslada a su vez al mundo por él causado y eso lo vuelve inteligible. En consecuencia, eso es lo que permite el conocimiento intelectual del universo, porque el universo mismo está confeccionado con pensamiento.

En la Edad Media todo este esquema de relación intelectual entre Dios, el mundo y el hombre encuentra su base en la frase bíblica de que el hombre fue hecho a imagen y semejanza de Dios. ¿Qué imagen? ¿Qué semejanza? Intelectual.

Los religiosos, cuando *pensaban* a Dios, seguían las pautas platónico-aristotélicas. Mientras en la Biblia *conocimiento* (en hebreo *daat*) significa también *erotismo, amor de fusión*, la escolástica jugaba a dos puntas, y finalmente algunos terminaban fusionando el saber intelectivo con el saber erótico-amoroso.

Spinoza, según veremos más adelante, estampa la fórmula *"amor dei intellectualis"*, amor intelectual de/a Dios. Claro que ese conocimiento es el más alto, y muy pocos llegan a él. El resto de la población ha de contentarse con el conocimiento técnico o utilitario. Muchos son los llamados, pocos los elegidos. Éste es el *leitmotiv* de los pensadores en religión, en arte, en ciencia, en literatura. Aun cuando profesaran amor a la humanidad, el amor puede ser para todos, pero el conocimiento —y sigue siendo una verdad sociológica actual, que se zafa del marco de la igualdad— es para algunos pocos.

Esos algunos pocos intelectualmente alcanzan al *Intelecto Agente*, como explica Aristóteles en *De anima*.

El anhelo superior del alma

El hombre, de esencia intelectual, se busca a sí mismo, y en ese buscarse busca la causa original de ese impulso al saber de las ideas, y ahí descubre a Dios. Por su parte, el Dios de los filósofos es frío, indiferente y lo mismo le da que alguien llegue a él.

En *Ética a Nicómaco* Aristóteles se expresa con toda claridad, y espero que les guste este párrafo del maestro Magno: "No hay que tener, como algunos aconsejan, sentimientos humanos, puesto que se es hombre; ni mortales, ya que se es mortal...".

Eso ya está, está dado y no tienes que esforzarte por ser lo que ya eres. Eso es el acto. Sale solo, no cuesta trabajo. Aristóteles nos propone que nos esforcemos por dar a luz la potencia que no está aquí, y la volvamos acto.

"Lo que hay que hacer es inmortalizarse en cuanto es posible y hacerlo todo para vivir de acuerdo con lo más excelente que hay en uno mismo... Sería, por lo tanto, absurdo no escoger la propia vida, sino la de algún otro. Lo propio de cada cosa, por naturaleza, es lo más excelente y agradable para cada cosa; y para el hombre, por consiguiente, la vida según la inteligencia, si el hombre es esto primariamente. Esta vida es, además, la más feliz."

Los llamados y los elegidos

Muchos son los llamados. Los llamados tienen alma, el alma está dotada del intelecto pasivo que puede comunicarse con el intelecto agente.

Dijimos "puede". Aquí debemos entrar en otras dos categorías capitalísimas en el pensamiento del estagirita: puede significa que potencialmente el alma está dotada para ello. Eso es la *potencia*. Pero la potencia, que es parte constitutiva del ser, una entre tantas otras, es apenas una promesa; para volverse realidad tiene que ser actualizada, es decir, *volverse acto*.

La semilla contiene en sí la potencia de llegar a crecer, ser planta, ser árbol. Si prospera y germina debidamente; si no, esa potencia jamás llega a ser acto, es decir, a realizarse.

Del mismo modo, hay en la nube la potencia de hacerse lluvia, pero si no se dan las condiciones para tal efecto, esa potencia, la de la lluvia, en este caso no llega a acto, se frustra.

La potencia es el poder ser. El acto es el ser.

El intelecto es potencia innata en todos los seres. El que lo cultive lo transformará en acto y alcanzará de esa manera su propia perfección, porque ésa es la causa final de la existencia humana, hacerse acto en la potencia del conocimiento.

Es un esfuerzo. En la religión hay gracia, un regalo de Dios, un don. Aquí, en el pensamiento racional, no hay regalos, sólo hay esfuerzos para crecer, pulirse, dominar las otras potencias —odio, envidia, pasiones, como aquel corcel de Platón que se desviaba para cualquier lado—, y alcanzar la altura debida en la pureza del concepto.

Aquí se liga la ética con la teoría del conocimiento. Hay que dominarse para liberar al intelecto de interferencias. Ésa es nuestra esencia, dice Aristóteles, y el que la realiza llega realmente a ser hombre, a marcar su diferencia en el marco de los otros seres que existen en torno.

Conocer, dominarse, gobernar

Conócete a ti mismo, insistía el griego. Contémplate en la postura sujeto-objeto y aprehenderás la circunstancia de sentimientos, pasiones, intereses y complejos que te colonizan y te mueven como un títere.

Para ser yo mismo, pues, debería independizarme, dejar de depender de eso que me habita, pero desde la ajenidad, y por lo tanto me aliena (dicho con cierto toque marxista de aristocracia intelectual).

Platón, por eso, quería que los gobernantes fueran filósofos, es decir, seres pensantes. Por eso a todo lo que es ideal, absurdo, totalmente irreal, se le dice "platónico".

Así lo formuló Aristóteles, su discípulo: "No debe el sabio recibir órdenes, sino darlas, y no es él el que ha de obedecer a otro, sino que ha de obedecerle el menos sabio".

Usted dirá que eso es imposible. Que los sabios, por sabios, no suelen ser políticos. Y que los políticos, aunque hayan sido sabios, cuando están en la política se olvidan de la sabiduría abstracta y manejan los intereses creados y el negocio de los votos. Y dice bien. Pero Aristóteles le respondería: no importa; aunque nadie nos necesite, nosotros nos necesitamos.

La sabiduría tiene el deber ético de transmitirse. Pero si nadie la quiere se queda consigo misma y es feliz, porque es, justamente, independiente de consecuencias ulteriores, exteriores. Sabio es el que piensa, por lo tanto se conoce y, en consecuencia, domina sus pasiones y, como tal, resulta un ejemplo y una doctrina para los demás, un modelo.

El sistema aristotélico, por más que se aleje del platónico en los caminos, se identifica con él en los fines, el conocimiento, la ética, y finalmente se entrelazan en la política.

Nuevamente aparece Dios en el horizonte. Dios es el único ser en quien potencia y acto constituyen una unidad. Si Dios pudiera ser tal o cual cosa, y no lo fuera, sería una imperfección total. Lo cual queda descartado del ser perfecto. En Dios, pensar, poder y ser se identifican. El Dios de la filosofía nada quiere. Funciona. Es. La Verdad —totalidad de las verdades— es su ser.

La potencia y el acto

Descendamos ahora a la realidad palpable. Esta realidad está regida por leyes. Una de las leyes es la del acto y la potencia. Acto es lo que ahora sucede. Potencia, lo que podría llegar a suceder.

Este árbol que ahora contemplo en el bosque es acto, es árbol. Como potencia es la suma de todo lo que le podría ocurrir y que de algún modo, en forma de posibilidad o potencia, ya está dentro de él. Puede llegar a ser madera, leña, techo de una casa o escultura. Todo eso está en el árbol ahora mismo, pero como simiente, como posibilidad. De modo que el árbol mismo es el acto de la semilla que lo contenía y que, cuando fue sembrada, fue semilla en acto y árbol en potencia.

Veamos otro ejemplo: compro una bola de billar y la coloco en una vitrina. Un mes más tarde compro una mesa de billar y varias bolas y los correspondientes palos. Tomo la primera bola, la coloco en el paño verde. Esa bola será golpeada por otra. Se mueve, corre, choca. Ese movimiento lo tenía dentro de sí en potencia. Al ser golpeada, se vuelve acto. En otro momento me enojo, tomo la misma bola, la arrojo contra el suelo y se parte. Su potencia era ser partida, por eso cuando la arrojo termina partida.

Nada puede ser sino lo que estaba durmiendo dentro de eso como posibilidad, como potencia. Lo que es, es, porque pudo haber sido. No hay azar, no hay milagro, sólo racionalidad.

La realidad, por lo tanto, es dinámica, movediza, cambiante. Pero no se produce nada nuevo. Lo que parece nuevo, lo que es nuevo es la aparición de lo que ya estaba, pero oculto, dormido. Y esa, justamente, es la palabra verdad, *a-letehia* en griego: *a*, privación, anulación; *letheia*, dormido, olvidado.

Y lo dicho anteriormente también podría aplicarse al hombre. Cada niño es lo que es en acto y es lo que podría llegar a ser en potencia: sus vocaciones, sus habilidades, sus capacidades en la multiplicidad de sus facetas. Algunas potencias se despliegan y otras no. Algunas vocaciones tienen ocasión de crecer y hacerse acto, y otras, no ejercidas, se pierden.

Ahora bien, para que el árbol se torne madera es necesario que una fuerza exterior lo corte o lo derribe y arranque de raíz. El paso de la potencia al acto, por lo tanto, requiere de un elemento exterior que movilice o motive ese cambio. Ese elemento exterior debe estar en acto.

Si todo se mueve, si en todo hay potencia que se vuelve acto y acto que se torna potencia de otros actos, debe haber un factor exterior que sea el movilizador de ese movimiento. Ése sería un motor que está siempre en acto, que es todo lo que puede ser ya; por lo tanto, es perfecto. Ése es Dios.

El motor inmóvil

El motor inmóvil, le dice Aristóteles. También lo explicó Platón en *Fedro*, como vimos. Ahora revisemos la versión de Aristóteles.

Él mueve todo pero él no es movido por nada. Por eso es perfecto. Porque es todo lo que puede ser, porque no puede cambiar, y por lo tanto es eterno, y al no ser potencia, tampoco requiere de nada ajeno a él para ser movido. No se mueve pero mueve todo.

Esta idea de Dios, de Aristóteles, es muy diferente de la idea que tenemos en Occidente bajo la influencia del judaísmo primero y del cristianismo después, y lo mismo cabe decir del monoteísmo islámico.

En las religiones Dios contempla al hombre, lo juzga, espera de él buenas acciones, interviene en los destinos de los pueblos, es misericordioso o iracundo. No viene al caso establecer ahora las diferencias entre esas religiones. Lo importante es destacar que en ellas Dios es objeto de rezo, de culto, de esperanza, de relación personal.

Nada de ello se encuentra en Aristóteles.

Dios es intelecto puro

El Dios de Aristóteles es representado como la inteligencia suprema que pone en movimiento toda la máquina del cosmos. Es indiferente al cosmos, ni juzga, ni condena, ni aprecia, ni hace milagros, es inútil rezarle.

En Aristóteles se purifica la idea de Dios al máximo. Hasta ese momento los griegos tenían una galería de dioses en cuyo punto supremo estaba Zeus. Sócrates habla todavía confusamente de los dioses pero obviamente no los toma demasiado en serio y entre las acusaciones que lo enviaron a prisión y a la muerte ulterior, figuraba la de descreer de los dioses y traer nuevos dioses a la ciudad.

Platón se maneja con mitos y la idea de Dios todavía está entre el mito antiguo y la razón filosofante. Aristóteles, por su parte, inicia el concepto de Dios desde la pura filosofía, la razón y el entendimiento.

En esta perspectiva no concibe ni puede concebir que haya habido una creación, como sostiene la Biblia. Directamente es una idea que no le entra en la cabeza, eso de un Dios que hace algo de la nada, por simple gusto de su voluntad. Todo lo que es tiene una causa y ésa, a su vez, tiene otra causa, y por lo tanto ha de haber una primera causa sin causa que moviliza a todas las demás.

La idea de un Dios que quiere, que ama, que espera, le hubiera sido directamente imposible, absurda. Esto —veremos luego— le causará graves problemas a las filosofías emergentes de las religiones durante la Edad Media.

En su tratado sobre el alma Aristóteles sugiere que ésta, en potencia, posee todos los conocimientos de todos los objetos. Pero es pasiva, es potencia. Necesita ser activada. Se divide, en consecuencia, en intelecto pasivo e intelecto activo. El segundo, a través de su trabajo de pensamiento y conocimiento, va tomando la potencia del pasivo y la transforma en acto.

Ésta es la parte superior del alma, la intelectual, y es propiamente la que nos hace humanos. Debajo de ella está el sector animal o sensitivo, y más abajo, el vegetativo que compartimos con animales y plantas.

¿En qué consiste lo diferente del hombre? En el intelecto. ¿Qué es crecer? Crecer intelectualmente y, según las enseñazas socráticas y platónicas, dominar los sectores inferiores que sólo están al servicio del superior.

Ese sector, el intelectual, es el que nos conecta con la inmortalidad, con lo divino, con ese primer motor que, si bien nada tiene que ver conmigo y no se interesa por mí ni por mi destino, y le da lo mismo que yo exista o no, sin embargo, es inteligencia y eternidad.

La inteligencia se liga a las verdades y éstas son eternas y universales. Por lo tanto, cuando cultivo el intelecto en sus puntos más altos, sugiere Aristóteles, alcanzo la altura de la inmortalidad.

Intelecto e inmortalidad

Hemos arribado al tema de la inmortalidad.

El origen del alma, en cuanto intelectiva, es inmortal. Al caer —por alguna deficiencia de las almas— a este mundo, entra en el cuerpo. El cuerpo, que es materia, sensibilidad, capricho, momentaneidad, lucha con el alma intelectiva y no le deja crecer las alas. Si ella logra recordar su origen divino, doblega al corcel perverso y toma el camino hacia lo alto, anamnesis, recuerdo de las verdades vistas. En ese camino va recogiendo y se va reintegrando a la inmortalidad perdida. En consecuencia —este punto es confuso, quizá premeditadamente, en todos los autores que siguieron esta línea—, según interpreto, no somos inmortales, únicamente el sector del alma que se ligó a la inmortalidad será inmortal.

Semejante es la postura que asumirá Aristóteles, el opositor de

Platón. Opositor en mil temas pero que finalmente, llegando al tema capital, la muerte que anula todo esfuerzo cosechado, arriba más o menos al mismo resultado, aunque sin la argumentación mitologista de Platón.

Los filósofos medievales siguen fundamentalmente a Aristóteles y también a Platón. Entre ambas fuentes terminan creando una solución semejante, en cuanto a la inmortalidad, y también en cuanto al motor inmóvil, tomada de los griegos.

La materia y la forma

Lo que llamamos potencia y acto también puede ser considerado, según el filósofo griego, como materia y forma. Volviendo al ejemplo del árbol, la madera es la materia. También es la materia de la silla donde estoy sentado. Pero la forma, es decir la diferencia sustancial entre uno y otro, es otra.

La forma determina qué es el objeto ahora, el acto. La materia contiene posibilidades de múltiples formas, es decir, potencia de diversas realizaciones. Le quito una pata a la silla y la vuelvo objeto para atacar enemigos, arma ofensiva; es la misma materia pero otra forma, otro ser.

El primer motor, por ejemplo, es pura forma. Es acto absoluto. Es inteligencia. Por eso no es materia. Si fuera materia tendría potencia, podría ser de otra manera, y dependería de otro objeto o fuerza que lo moviera. Dios es forma pura.

La forma es el alma. El alma es la forma del cuerpo. También se le dice idea. La idea informa a la materia. Sin la materia no aparece; la materia sin forma tampoco es posible. Todo lo que es, es materia con forma, forma materializada.

Mi cuerpo tiene carne, piel, hígado, materia que puede compartir con incontables animales, y otros sectores biológicos o químicos; con vegetales también. Sin embargo es hombre, por el alma, es decir la forma especial o la idea que lo habita.

Eso nos lleva nuevamente a la teoría de que el deber humano es cultivar su alma, su forma, aquello que es lo humano propiamente dicho, ya que lo demás, la materia, lo comparte con otros seres.

A tal efecto, ¿qué es lo mejor que el hombre puede hacer en su quehacer? Practicar la vida contemplativa: no dejarse arrastrar por deseos, sensaciones, sentimientos, que son móviles y dependen de la materia y sus posibilidades; sino adherirse a través de su forma, en su punto superior, del alma en el intelecto, a la contemplación de las verdades superiores y eternas.

Pero nosotros vivimos en la tierra, con otros seres y no podemos evitar los deseos, las pasiones, ya que la convivencia no hace sino encenderlos constantemente. ¿Cómo aislarse? ¿Cómo dominarse?

La propuesta de Aristóteles no es huir de la realidad, pero sí controlarla. La sabiduría de la vida consiste en encontrar el justo medio, eso que en latín se llamó luego la *laurea mediocritas*, el camino del medio, el más valioso, como el oro, el que nos aleja de los extremos opuestos, de la ira y de la indiferencia, del amor absorbente y de la frialdad extrema, de la exagerada generosidad y de la mezquindad, de la severidad y de la indulgencia.

El justo medio

En el medio está el bien. ¿Y cómo se hace para lograr ese justo medio, de oro, tan valioso? Practicándolo. Pedagogía de la práctica, del training. Hay aerobismo del cuerpo y hay aerobismo del alma. Es necesario adquirir buenos hábitos.

Eso nos produce la virtud (*arete* en griego), que significa la fuerza para oponernos a las tentaciones varias. Aristóteles lo sabía cuando señalaba que el camino hacia la razón pasa previamente por la constitución de hábitos, es decir *mores*, o en griego *ethos*.

Dice Aristóteles en su *Ética a Nicómaco:* "Obtenemos las virtudes ejercitándolas en primer término como ocurre también en el caso de las artes... Las cosas que debemos aprender antes de hacerlas, las aprendemos haciéndolas; los hombres se vuelven constructores construyendo y ejecutantes de la lira tocando la lira; también nos volvemos justos ejecutando actos justos; moderados, ejecutando actos moderados... los legisladores crean buenos ciudadanos formando hábitos en ellos... ejecutando ciertos actos en nuestras transacciones con otros hombres nos volvemos justos o injustos. Así pues, es muy importante que formemos hábitos de una u otra clase en nuestros jóvenes".

La razón es posterior y se ejerce desde esos hábitos e, inclusive, podría ejercerse contra esos hábitos, pero siempre gracias a ellos.

Somos nuestros hábitos, la acumulación de nuestras acciones, como dice William James en su libro *Principles of Psychology*. Todo ingresa en nosotros y nos moldea. James dice que Dios podría perdonar lo que hacemos, pero que el organismo vital no perdona; registra, imprime y estimula acciones futuras sobre la base de esas improntas anteriores.

Esto es bueno recordarlo y ésta es la grandeza de los filósofos grandes, que siempre pueden ser insertados en situaciones actuales para hacernos pensar. Porque en el siglo XX se ha caído, tanto en la vida societaria como en la pedagogía, en la errónea idea de que lo importante y valioso es la espontaneidad, y que cada cual exprese su interior cuando así lo desee o necesite.

No, la vida no es libre expresión; es ante todo educación. Y educación es formación de hábitos y virtudes. Ésa será la plataforma esencial. Sobre ella, luego, podrá cada individuo ejercer su creatividad particular. Pero sin hábitos no hay educación. Y sin educación la libertad no es libertad, es meramente chasquido de pólvora en el vacío.

Porque se ha creído que uno puede educarse sin hábitos, sin rutinas, y eso es falsear toda realidad. Si, por ejemplo, uno realmente llegara a pensar "¿debo o no ayudar a la viejita a cruzar la calle?", mientras realiza tamaña hazaña del intelecto, la viejita es pisada y pisoteada por sucesivos vehículos o arrojada al espacio cósmico. Se piensa cuando no se sabe qué hacer, cuando están en crisis los usos y costumbres de la sociedad que deberían ser el piso firme para toda actuación.

"Normalmente —dice Julián Marías en su *Biografía de la filosofía*— los hombres saben lo que tienen que hacer porque está establecido por unos usos que tienen fuerza de ley y ejercen su influjo automático sobre los individuos; en las épocas de crisis, en que esto no ocurre, sólo se puede vivir recta y humanamente y ser feliz, averiguando lo que las cosas son y lo que ha de hacerse con ellas, descubriendo su verdad y logrando que esta filosofía restablezca un sistema de creencias con vigencia social, que haga posible la convivencia en las ciudades."

La vida contemplativa

Hay una sola manera de ser libre. Esto lo afirma Aristóteles y 2500 años después lo ratifica Bertrand Russell, aunque decía que odiaba a Aristóteles, y es el hilo que recorre todo el pensamiento humano, en Oriente y en Occidente: no involucrarse en los pequeños temas de la vida. Eso que Fromm llamaba libertad negativa, la que niega las prisiones del menester cotidiano. Liberarse de la sociedad, la materia, los problemas físicos.

A uno esto lo deja pensando: para ser libre, se olvidaron de decirlo, hay que ser rico. Solamente un rico puede vivir des-preocupado. Y Aristóteles lo sabía. Libertad es ocio. Y ocio es vivir contemplando las esencias inmortales, las combinaciones de los números, las reglas de la lógica. Eso mientras otros se ocupan de vestirte, de alimentarte. Sólo así puede uno des-preocuparse del dinero para comprar ropa y alimentos.

En Oriente, en cambio, el mecanismo es el mismo, pero la vía es muy diferente. Ahí el argumento sería: ya que no somos ricos, vivamos en la suma pobreza y, desde ahí, procuremos a través de la contemplación, no ser. Nirvana. Si te anulas, nada deseas, nada quieres, nada y nadie eres. Ésta es la gran diferencia entre ambos hemisferios.

Occidente busca en la vida contemplativa la afirmación del Yo como ser libre, autónomo y, eventualmente, inmortal. Es el Yo soberbio, el que quiere ser aristócrata por encima de las masas, lejos del mundanal ruido del mercado y de la suba y la baja del dólar. En Oriente sólo es libre el que se libera de sí mismo, en general, de su propia voluntad de vivir que es tener, querer.

Dice Aristóteles: "Al hombre sabio y al justo les hacen falta, como a los demás, las cosas necesarias para la vida; pero una vez provistos suficientemente de estas cosas, el justo necesita personas con las cuales y para con las cuales practique la justicia, y del mismo modo el hombre moderado o el valiente o cualquiera de los demás. Mientras que el sabio, aun aislado, puede ejercitar la contemplación, y cuanto más sabio, es más". Y agrega: "Es el hombre más suficiente —nosotros podemos decir más auto-suficiente—. Porque esa actividad —la vida contemplativa— se ama por sí misma, pues no tiene ningún resultado fuera de la contemplación, mientras que en la vida activa procuramos más o menos algo aparte de la acción.

"Parece también que la felicidad consiste en el ocio (recuerden el *sjolé*), que es la paz que tanto deseamos...".

❧

Idea de la felicidad

¿Quién es sabio? El hombre feliz. ¿Quién es feliz? El auto-suficiente, el in-dependiente. Esa independencia, obviamente, lo acerca a Dios. Porque Dios es acto puro, nada puede moverlo ni hacerlo cambiar. De la misma manera, el hombre sabio es feliz porque es él mismo siempre, en cuanto se mantiene en actitud contemplativa y se dedica a las verdades supremas, que son siempre las mismas.

El hombre en calidad de justo es el hombre de la virtud, alejado de los extremos, en el justo medio, pero viviendo entre hombres, afectado por ellos, y necesitado de ellos. En el grado de sabio, el hombre alcanza algo que va más allá del ser moral y del bien, la felicidad.

Pero debemos notar lo siguiente: esa felicidad consiste en la soledad del que nada necesita de nadie, el autosuficiente, el de la autarquía, el que se gobierna a sí mismo. Una especie de imagen y semejanza de Dios.

En nuestro siglo, el filósofo francés Jean-Paul Sartre dirá: "El infierno son los otros". Yo, por mi parte, cuando estudié Sartre escribí al pie de página del libro: "El paraíso también son los otros".

Aristóteles está defraudado, igual que Platón, igual que Sócrates, de la sociedad ateniense, de toda sociedad en general, y de todos los otros. Los otros molestan; a veces te hacen feliz, pero suelen también decirte cosas desagradables, fallarte en tus expectativas.

Aristóteles busca un refugio intocable, inapelable. "¿Cómo ser feliz sin depender de los otros?", se pregunta. Y responde: sin los otros. Uno consigo mismo, en la vida contemplativa. Con los otros puede hallarse un compás de vida buena, que es la vida Ética, la del justo medio. Pero aun así es una existencia llena de zozobras, esperanzas, anhelos que se cumplen y se frustran.

Esto lo cantó el poeta romano Horacio, varios siglos más tarde, en un famoso poema que empieza diciendo: Beatus ille qui procul negotiis... *Feliz aquel que lejos de los negocios... Lejos de la negación del ocio, encuentra el ocio, la paz, la vida contemplativa.*

Y dicho en términos de Luis de León, suena así:

> Qué descansada vida
> la del que huye del mundanal ruido
> y sigue la escondida
> senda por donde han ido
> los pocos sabios que en el mundo han sido...

A nosotros, ese ideal de descansada vida no nos atrae; sabemos que no es posible, que el mismo Aristóteles y el mismo Platón pocas veces pudieron disfrutarlo. La vida es torbellino y el ser con los otros es el ser humano. Inclusive, cuando buscamos a Dios, lo buscamos entre los otros.

De todos modos, filosofamos cada vez que los otros nos fallan, y cada vez que nosotros les fallamos, cuál podría ser la salida alternativa. Y ahí está Aristóteles con su propuesta: la vida contemplativa, el ocio, la autosuficiencia.

Y uno dice sí, me gustaría por lo menos descansar un poco, lejos del mundanal ruido. Y ahí, creo yo, en mi pequeñísima filosofía, está la única solución posible: no anular el ruido, ni anularse ante el ruido, sino encontrar, de.tiempo en tiempo, la escondida senda; quiero vivir conmigo para luego mejor vivir contigo, en retorno al bullicio de esta existencia, tan feliz y tan angustiante a la vez.

Durante largos siglos, prácticamente hasta hace ciento cincuenta años atrás, Aristóteles, mezclado con Platón-Sócrates, dominaron el panorama del pensamiento humano en cuanto a la idea central de que lo humano prototípico es la inteligencia y el ideal, la contemplación; el resto es mero accidente, y cuanto menos atención se le preste, tanto más feliz se llegará a ser.

Sólo en estos últimos ciento cincuenta años, con el romanticismo primero y luego con Freud y otras tendencias reivindicadoras de la afectividad, de las emociones, empezamos a recuperar esa dimensión tan menoscabada del ser humano. Y, obviamente, como en toda tarea de reconquista, se nos ha ido bastante la mano, creyendo en la santidad absoluta del sentimiento, y en el furioso impera-

tivo de las pasiones que deben ser respetadas al pie de la letra. De modo que equilibrarnos hoy con un poco de Aristóteles no nos viene mal, para nada.

5

Sabiduría y saber

Sabiduría y saber

El "pienso, por lo tanto existo" que será el comienzo de la modernidad es una fuga hacia el interior frente a un mundo crecientemente dudable en sus valores éticos y cognitivos. ¿Por qué? Porque la modernidad ve que los valores de la vida, el bien y el mal, lo santo y lo profano, comenzaron a quebrarse. Entonces no me pregunto ya qué hacer sino cómo pensar, y luego, cómo pensar el pensar, y más tarde...

Eso permite, justamente, que la ciencia despegue ardorosamente, y con ella, la técnica. Mientras el pensador, el religioso, siente que afuera sopla el viento de la intemperie que con el tiempo será de vacío, el científico se libera de filósofos y teólogos y tiene el campo libre para investigar. La subjetividad del "pienso", del "yo", es, por otra parte, liberación de la institucionalidad.

Liberación, libertad, ciencia, progreso. El mundo del saber. Adán y Dios que casi se rozan los dedos en la Capilla Sixtina sugieren, simbólicamente, que la creación, antes en manos del Uno, ahora puede ser propiedad del otro.

Se empieza a pensar cuando se produce la crisis de valores y cuando, dentro de esa crisis, se pierde la sabiduría de la vida. La duda carcome la sabiduría de la vida, mientras despliega sus alas el saber de estrellas, moléculas, plantas, átomos. Lo humano —la sabiduría— paulatinamente se desploma; lo in-humano, el mundo de las cosas, de los objetos, crece con toda potencia.

En el saber todo es cognoscible. En la sabiduría el tema es qué se hace para vivir y en qué consiste vivir, y, en última instancia, qué nos aporta lo cognoscible.

Sabiduría y saber desde la versión de Piaget

El biólogo y epistemólogo Jean Piaget explica la diferencia entre sabiduría y saber, conocimiento.

La sabiduría es la vida en su ritmo social consuetudinario, donde los roles, los deberes, los derechos, las funciones están claramente establecidos. Esa sabiduría se aprende naciendo, simplemente, viendo qué hacen los otros, oyendo las historias y los mitos de los otros. Cuando eso se rompe, cuando una sociedad empieza a desintegrarse hay que reconstruir la sabiduría desde el saber.

Es lo que ahora está sucediendo. La filosofía viene o proviene de los físicos y de los químicos. La omnipotencia, su total liberación de valores y de Dios, finalmente la vaciaron de razón de ser.

Sujeto pensante y pensamiento

La verdad filosófica es siempre la verdad de su portador. El *cogito ergo sum* apunta ante todo a la existencia filosofante. Por eso decía San Agustín que *in interiore homine habitat veritas*: en el hombre interior habita la verdad.

La ley de la gravedad es independiente del nombre de su descubridor. Uno podría contar cómo caen las manzanas y no conocer el nombre de aquel inglés, Newton. En el pensamiento, en la religión, cuentan las personas; detrás de ellas vienen las ideas. No se puede hablar de "la duda metódica" sin aludir a Descartes, o del *dasein* sin referencia a Heidegger, ni de las "Confesiones" sin mencionar a San Agustín. El criterio de verdad se inserta en el núcleo original —hecho de asombro, desesperación, naufragio, angustia—, de donde arranca la aventura de la existencia en procura de su sentido.

El temario de meditación puede ser de lo más policromo, pero siempre desemboca en la misma "sorge" (angustia, cura, en lenguaje de Heidegger): la razón-de-ser. Este anhelo de saber es puramente ético, personal. La ciencia es para divulgar, la sabiduría, la fe, el arte son, ante todo, para satisfacer una angustia personal.

¿Por qué decía Sócrates que no sabía nada?

Investigador, *scholar*, científico, todos gente de saber. Sabio es la traducción casi literal del antiguo *philosophós* helénico. El sabio es el mismo *philosophós*, en cuanto ideal, es su heredero, pero no se le exige una actividad filosófica específica.

En *El banquete* de Platón, el protagonista, Sócrates, discute el tema del amor. Ahí está presente Alcibíades, ebrio, ya que el banquete era filosófico pero rociado de alcoholes, al modo griego. Alcibíades está ahí presente, reluciente en su belleza. Está enamorado de Sócrates, y considera que el filósofo sería una excelente pareja erótica, y así se lo ofrece.

Sócrates le responde, a su estilo:

—Estamos intercambiando bienes. Tú crees que mi bien es mi sabiduría, mi mundo interior, y es obvio que tu bien, a la vista de todos, reside en tu belleza física. El mundo interior no es visible, ni medible. Un trato, un intercambio tiene que ser justo. Me estás ofreciendo algo evidente a cambio de algo dudable.

Alcibíades, no obstante, pasa la noche junto a Sócrates a la espera de que "algo suceda". Sus expectativas no se cumplen.

Alcibíades se resigna y sigue amando a Sócrates, deseándolo.

Comenta este episodio Jean-François Lyotard, pensador de la posmodernidad que retoma el tema en su libro *Por qué filosofar,* y hace ver que Alcibíades realmente arriesga por pretender cambiar lo evidente por lo dudoso. "No había manera de enfadarme —confiesa— y dejar de frecuentarlo, ni de descubrir de qué modo podría conducirlo hacia mi propósito... Yo era su esclavo como nunca nadie lo ha sido de alguien, no hacía más que girar en torno a él como un satélite."

Es que cuando Sócrates decía que lo único que sabía era que no sabía nada, se refería a que la sabiduría no tiene fin, no avanza, o si es que avanza, lo hace en el camino a su propio vaciamiento, el des-conocimiento, y por eso en realidad sólo el que sabe es el que es consciente de su in-sapiencia.

"La sabiduría —cito a Lyotard— no puede ser objeto de intercambio porque jamás está segura de sí misma, constantemente perdida y constantemente por busca, presencia de una ausencia..."

El sabio es la persona moral. No es cosa. Es irremplazable en cuanto existencia que se sabe. Pero que nunca termina de saberse.

El sujeto moral. La salida kantiana

Este tipo ideal fusiona en sí ideas grecorromanas con doctrinas judeocristianas. Kant, en su *Crítica de la razón práctica*, fundamenta filosóficamente este concepto de persona. El complejo aparato metódico y especulativo del pensador alemán tiende a desprender el hecho moral de determinaciones empíricas. A Kant le urge salvar la moral de las contingencias de la experiencia inter-humana, inter-subjetiva.

Para Kant lo moral se manifiesta como ley a priori. La ley moral está en todos los sujetos y, por lo tanto, dictada por la universal razón práctica, es universal.

La razón de ser del sujeto-persona radica en su sometimiento a esa ley, a ese imperativo categórico. Un imperativo es una expresión lingüística que usamos con la intención de influir sobre otra persona, o de hacer que la otra persona haga algo que nosotros queremos. Es un tema de voluntad. Inclusive, el famoso axioma de Kant termina diciendo: "Quiero que todo el mundo se comporte como yo lo hago, es decir que me atengo al imperativo categórico que encuentro en mí. Y no está en mí solamente, porque es la razón práctica, una corriente de la razón, y al ser la razón universal la ética ha de ser universal".

El sometimiento a esa ley y no a otras es la libertad. La persona es autónoma, se rige por su propia ley. La persona es ser en sí. La persona como ser-en-sí es el sucedáneo de la cosa-en-sí inasequible al conocimiento.

Persona

Kant formaliza lo humano y olvida que persona es un concepto prestado de la representación dramática y que, en efecto, persona es el sujeto en función del drama.

En latín, persona era la máscara del actor que caracterizaba a su —valga la raíz— personaje. Es por lo tanto un ser dramático.

En el drama cuentan los actos y no las intenciones, mientras que la persona kantiana se guía únicamente por las intenciones de su voluntad. La voluntad es buena, no los actos. Es el clásico concepto de sabiduría. El sabio, hombre libre, se abstiene de actuar. Todo actuar es comprometerse con pasiones irracionales que terminan dominándote. De ahí el ideal antiguo del *bios theoretikos*, la vida contemplativa.

Como lo decía Plotino en sus *Enéadas*, se puede ser feliz sin actuar y no menos feliz sino mucho más feliz que actuando. La acción de por sí no produce bien alguno; son nuestras disposiciones interiores las que hacen que nuestras acciones sean correctas. El sabio, cuando actúa, recoge el fruto, no de sus acciones y de los acontecimientos, sino de lo que él poseía en sí mismo.

La persona, en fin, cuanto menos dramática más persona, y cuanto más persona, más impersonal. La razón práctica en relación con el bien soberano es denominada por Kant "weisheitslehre", doctrina de la sabiduría.

El personalismo

Emmanuel Mounier, pensador contemporáneo, escribe el *Manifiesto al servicio del personalismo,* un texto que trata del arte de ser persona, de ser alguien con identidad y autenticidad, y dice: "La alegría es inseparable de la vida valorizada, pero no lo es menos el sufrimiento, y este sufrimiento, lejos de disminuir con el progreso de la vida organizada, se sensibiliza y se desarrolla a medida que la persona se enriquece de existencia".

Estos conceptos de Mounier son para releer y repensar. Porque, o no aspiramos a nada, y entonces para qué educar, o aspiramos a algo y ese algo, obviamente, no puede ser el éxito de inserción en el mundo del trabajo. Porque aun si fuera un ideal digno, la sociedad actual se sonríe irónicamente ya que el "mundo del trabajo" se está volviendo un concepto arqueológico.

Mounier, y yo, y todos los que algo piensan, queremos ser personas, educar personas. Eso nos coloca en el principio de la responsabilidad, de responder al otro, ante el otro, y viceversa.

La persona es el individuo consciente y libre, el que sabe elegir y hacerse responsable de su elección. Ése es el valor mayor, y el que determina todos los otros valores.

Eso cuesta. Y más se crece, dice Mounier, más se exige. Y cuesta más. Sufrir, en este caso, no es masoquismo ni elogio del dolor estúpido, significa encarar obstáculos, atreverse a ir contra la corriente, para lograr una vida "valorizada". Y de ese modo alcanzar una alegría más alta, menos dependiente de los avatares de la economía, los gobiernos, o la publicidad.

Objetivos no; un solo objetivo: la persona, una vida valorizada.

¿Y por qué tanta crisis?

Si los conceptos son tan claros, si la felicidad es lo que más queremos, si la vida buena y dulce es la aplaudida, ¿por qué hay tanta crisis? ¿Qué es lo que nos ha fallado?

La respuesta la encontré en Charles Brauner y Hobert Burns, en su libro *Problemas de educación y filosofía*: "La tragedia consiste en que el hombre del siglo XX no ha logrado desarrollar ideales por sí mismo. Ha tomado los ideales que heredó del siglo XIX o de siglos anteriores. Ni el que tiene talento académico ni el que abandona la escuela recibe suficiente ayuda como para formar, por sí mismo, los ideales que lo convertirán en un hombre. Antes, al contrario, tanto el uno como el otro devienen lo que la sociedad hace de ellos... Y la sociedad, abandonada a sus propios recursos, no hace prácticamente nada que no pueda utilizar inmediatamente".

El bien soberano que alcanza el sabio está más allá del bien y del mal, es el bien del no-actuar, del no ser. Si bien Kant no innova en nada en particular, de su planteo se desprende una lección revolucionaria: no es que la moral se fundamente a priori, sino que no tiene otra alternativa: o es a priori o deja de ser en general.

Esto se corrobora con otro hecho: la identidad del concepto sabiduría en las más diversas concepciones del mundo; o sea que el sabio, de ser, no puede ser de otro modo.

El gran ataque a la moral, Nietzsche

Nietzsche, con otras armas, también hace temblar la torre de marfil del sabio.

Con Nietzsche lo humano queda recluido en sus propios límites, sin salidas trascendentes. Antes la existencia de Dios era el fundamento del hombre. Nietzsche, en cambio, concede la existencia del hombre sólo y cuando Dios no exista. Es menester que muera Dios para que renazca el hombre. En consecuencia, también ha de desmoronarse todo el edificio ético arraigado en bases extrahumanas. No hay fenómenos morales sino la interpretación moral de los fenómenos. Nueva inversión de valores.

En este aspecto Nietzsche concuerda con Kierkegaard: "La firmeza de tu juicio moral bien podría ser, después de todo, precisamente una prueba de insuficiencia personal, de impersonalidad; tu fuerza moral bien podría tener su raíz en tu obstinación, o en tu incapacidad para concebir nuevos ideales".

La obra crítica, demoledora, de Nietzsche es de un empuje formidable; aún no nos hemos resarcido de ella. Él veía en los valores un lastre que solamente aplastaba al hombre. El sabio se liberaba por medio de los valores. Nietzsche supone que la liberación depende, al contrario, de la supresión de los valores del sabio. Decadencia de la sabiduría, como dice G. Marcel hablando de los nuevos tiempos.

Pero faltan los nuevos ideales exigidos por Nietzsche. Falta el nuevo lastre, en función del cual se defina al hombre. Mientras tanto, ha quedado la existencia a solas, con su libertad velada a un lado por *la filosofía existencialista*, y en otro flanco por la *teoría de los valores*.

Nietzsche quería destruir la moral de esclavos, de rebaño, de todos haciendo lo mismo en una suerte de automatismo ciego. Su moral, por así decir, era la de la persona que decide ser su propia existencia, establecer sus reglas, respetarlas y juzgarse en ellas. Lejos de predicar un *laissez faire*, Nietzsche predicaba un heroísmo que muy poca gente podría soportar.

¿Libre? ¿De qué? ¿Para qué?

Friedrich Nietzsche fue el acérrimo detractor de la moral clásica. Se le atribuye el desmoronamiento de Occidente, Dios, la Verdad, y todos los ideales y mayúsculas. Y es cierto que Nietzsche destapó todas las heridas para mostrar que todas esas mayúsculas no las habían curado. Sólo la masificación o el aborregamiento del hombre le hizo construir templos y objetivos y religiones de fe o de ciencia. Decía que era cosa de masas y él quería ser él mismo. Ser libre.

Pero al respecto, en *Así hablaba Zaratustra*, hacía ver que este ideal, el de salirse de la masa y de su moral, de sus valores, no es tan fácilmente realizable.

"¿Te llamas libre? ¿Dime qué idea te domina y no que has escapado de un yugo?... ¿Libre de qué? Esto no le interesa a Zaratustra. Tu mirada, empero, es la que me debe manifestar claramente: ¿ser libre para qué? ¿Puedes otorgarte a ti mismo tu Mal y tu Bien y suspender sobre ti tu voluntad como una ley? ¿Puedes ser juez de ti mismo y el vengador de tu ley? Es terrible estar solo con el juez y el vengador de la propia ley. Eso es arrojar una estrella a los espacios yermos, en el gélido aliento de la soledad."

Un ser absoluto. Que reemplace al Dios de la religión. Un ser que fuera su propio dios, pero en el sentido más exigente del término. No un libre caprichoso llevado por sus antojos, sino un libre liberado de sus demonios interiores que se diera la ley a sí mismo, y que luego se juzgara por el cumplimiento de esa ley y fuera su propio juez y hasta su propio verdugo. La persona está en ese camino.

"La mayor parte de los hombres, independientemente de lo que piensen y de lo que digan de su egoísmo, no hacen nada a lo largo de su vida por su ego, sino sólo por el fantasma de su ego que ha llegado a formarse en la época de quienes los rodean... todos viven una nube de opiniones impersonales y semipersonales... todos esos hombres que no se conocen entre sí, creen en ese ser abstracto al que llaman 'hombre', que es precisamente sólo el resultado de aquellas opiniones personales, difusas y envolventes, que se desarrollan y viven con toda independencia de los individuos".

"¿Quiere usted ser egoísta?", pregunta Nietzsche. "Séalo", responde Nietzsche.

Significaría ser ego, yo. Yo y no los otros; yo y no lo que dicen en la televisión, en la radio, en la prensa, y en las revistas de fin de semana, que enseñan a lograr el orgasmo, a alcanzar la felicidad con los hijos, dónde ir a pasear para incrementar el placer, qué aparatos comprar para aumentar la placidez de días y noches.

¡Sea egoísta! ¡Pero séalo! ¡Hágase su propio mundo y rechace en principio ése que constantemente le están vendiendo y usted está comprando! ¿Quién se atreve a ser egoísta?

∾

Difícil libertad

Ése es el título de un libro del pensador del último decenio, Emmanuel Levinas.

Sí, difícil libertad. Fácil de declamar, de reclamar, pero luego, cuando ya la tienes, aparece el miedo —idea de Erich Fromm— a la libertad.

Porque hay que hacer algo con ella, darle un objetivo, apostarla a un horizonte, es decir, jugarse por una serie de valores.

El hombre actual quiere la libertad pero no sabe para qué la quiere, y finalmente la pierde. Porque, al no saber qué hacer, se somete a la masificación y a la globalización, que le ordenan cómo vivir, cómo ser para ser.

Muy dura tarea. Rechazar los valores vigentes implica reemplazarlos. Tú, desde tu soledad, y quedarte en ellos, sin poder compartirlos con otros, ya que cada cual podría erigir sus propias torres estimativas.

Toda gran idea —y considero que la de Nietzsche lo era— reclama heroísmo, y nunca convoca a la facilidad, y a dejarse arrastrar por accidentales corceles. En ese universo tienes que hacerte el carro, trazarte el camino, inventarte el corcel, y ser tu amo y tu juez al mismo tiempo.

Nietzsche pedía mucho y para muy pocos. Porque muy pocos están dispuestos a tanto sacrificio de fáciles impulsos y livianas tendencias, la abulia de dejarse llevar por el torrente del hormiguero. Habría que hacerse, trabajarse, cincelarse.

Mucho trabajo. Por eso decimos que el programa nietzscheano era para pocos, ya que es demasiado exigente: requiere que pienses por ti mismo y te autodetermines.

6

Un paseo por Oriente

De Occidente a Oriente

La sabiduría tiene prevalencia en Oriente, donde el pensamiento no divaga en abstracciones, sino que se interroga acerca del saber vivir. Eso es sabiduría.

El saber objetivo de la verdad no es su objetivo. Ni tampoco la indagación acerca de cómo podemos saber. Son evasiones.

Oriente tiene un solo objetivo, la existencia humana asolada por el mal, la enfermedad, la miseria. En la India, China, Japón, se desarrolló un mundo de guerras crueles junto a un mundo de una filosofía retirada del mundo, de una vida retirada de sí misma.

Como se cuenta en el *Mahabharata*, libro de epopeyas de luchas y derramamientos de sangre majestuosos, Arjuna, en momentos de descanso, se relaja y piensa profundamente acerca de lo que sería una existencia ética y sin dolores. Se pregunta cómo podemos ser felices después de haber asesinado a nuestros hermanos. Y así inicia un largo diálogo con el dios Krishna. Este diálogo es la base de doctrinas hindúes y budistas, y es generalmente conocido como el *Bagavadgita*.

Esa característica de un pensamiento que se detiene en meditaciones tiernas y amorosas creció en todas las culturas, y en todas al margen de masacres, persecuciones, miserias. Cosas del hombre.

El erotismo religioso

El libro que sirvió de base a las expresiones místicas es el bíblico *Cantar de los Cantares*. Allí se narran aventuras entre pastores y pastoras, momentos de encuentro, de desencuentro, de abrazos, de besos, de carnalidad y de angustia cuando no se consuma.

Ese libro entró al canon bíblico justamente porque el sabio Akiva, en el año 130 aproximadamente, le dio un vuelco interpretativo diciendo que es un libro santo, totalmente alejado del sexo y de la sensualidad, y que lo que narra es una metáfora o parábola de las relaciones entre el ser humano y Dios. Dios es el amado; el hombre, "la amada" o "la esposa".

Y por cierto, la máxima expresión lírica para estos conceptos la dio el inspirado San Juan de la Cruz. Véase un ejemplo de su *Cántico espiritual*. Habla ella, la esposa:

> Gocémonos, Amado,
> y *vámonos a ver en tu hermosura*
> *al monte, y al collado,*
> *do mana el agua pura; entremos más adentro en la espesura*
> *... Allí me mostrarías*
> *aquello que mi alma pretendía*
> *y luego me darías*
> *allí tu, vida mía,*
> *aquello que me diste el otro día*

Místicos, de este calibre, hubo pocos. Pareciera ser que el amor necesita de la poesía y no de los conceptos, análisis, inferencias, deducciones, en los que se regocijaban Maimónides, Tomás, Avicena y el resto de los pensadores.

El misticismo es el arte de vivir con Dios, y su consecuencia, la dicha, la felicidad, el gozo. La alegría. "Toda ciencia trascendiendo", es decir, fuera de todo conocimiento. El místico huye —valga el verbo— de la vida intelectual, porque ésta petrifica los conceptos, y Dios ingresa en el mundo de los conceptos, fríos, el mundo de las verdades, pero in-dependientes de mí. El místico busca la dependencia, el éxtasis de la fusión.

Esto se logra con ejercicios múltiples, ya que cada místico es individualista y busca su propio camino o método. En el caso de Teresa, como vimos, son las oraciones las que la elevan a un plano superior.

De todos modos, la tristeza del místico se da en que no puede permanecer en esa altura, en ese deleite. Pasa la experiencia y retorna a la vida cotidiana, a la espera de otro momento de iluminación.

En este punto Oriente y Occidente encuentran contactos muy relevantes. Oriente es particularmente místico, y el mismo estado de nirvana, de pérdida del yo, es semejante al "Amada en el amado transformado" que decía San Juan de la Cruz. La fusión es un placer, pero el placer de la autosupresión del mundanal ruido. El no ser se vuelve el verdadero y supremo ser.

El budista aspira a ser, no a tener. El místico occidental, igualmente, anhela a Dios en una tensión de amor para perderse en Él en éxtasis, intraducible al orbe de las palabras, y de las ideas.

Acerca del budismo, del orientalismo y en general de todos esos seres que, según se cuenta, han logrado un grado superior de abstracción, de colocarse por encima de las tentaciones de la vida, y fuera de toda guerra de corceles, acerca de esa santidad siempre tuve mis dudas. ¿En qué medida podían esos seres humanos, por así decir, dejar de ser humanos? Y he aquí que me encontré con un libro de Jack Kornfield, *Entre el éxtasis y la vida cotidiana*. El éxtasis es un momento, una exaltación del alma, una manera de descorporizarse y entrar en otro campo, divino, eterno. Pero el éxtasis es pasajero.

Luego viene la vida, la cotidiana vida, de ese hombre que tiene su carácter, su temperamento, sus pulsiones. Y lo que el autor del citado libro enseña, con múltiples ejemplos, es que el éxtasis emerge de la vida, influye en ella, pero no puede torcerla del todo.

Les cito un fragmento reflexivo de un maestro budista que narra sus experiencias, dentro de la obra mentada, de esta manera: "En muchos sentidos la transformación espiritual de estas últimas décadas es diferente de lo que yo había imaginado. Sigo siendo la misma persona esquiva, en gran parte, con el mismo estilo y manera de ser, de modo que por afuera no soy esa persona asombrosamente transformada, iluminada, que esperaba volverme. Pero hay una gran transformación por dentro. Años de trabajar con mis sentimientos, mis patrones familiares y mi temperamento, suavizaron la manera en que los contengo a todos. Tengo los muebles viejos, pero no me limitan como antes".

El cambio interior produce cambio exterior pero atemperando tendencias, vislumbrando nuevos caminos. La persona, esa persona genética, se controla pero no se modifica.

Es bueno saberlo: hay que cultivar el interior para incidir en el exterior. Y ese trabajo jamás cesa.

Buscando la luz en el Oriente

Con el orientalismo, hoy en día, ocurren muchas mixturas y mistificaciones. Ésta es la era del "todo es válido" y no faltan corrientes, autores, líderes, guías llamados espirituales, que le "guisan" a la gente salvaciones cómodas y tranquilas para que sigan siendo lo que son, mientras, en algún lugar del alma, se sienten diferentes cuando no superiores a otra gente. John Updike, en su novela *S.* trata el tema con suma ironía.

Sarah, protagonista de este libro, se va de su casa, abandona esposo e hija, y va a vivir a un *ashram* en el desierto de California, donde se nutre de espiritualismo y cultura oriental. Escribe cartas a todo el mundo, y eso es el libro de Updike, el compendio de sus cartas, con las cuales el lector va componiendo su vida.

En una de las cartas a Charles, su esposo, compara el estilo de vida que ella lleva *versus* el "estúpido" mundo occidental de éxitos y luchas de su esposo, y le dice: "Para ti, lo mismo que para nosotros, aquí, en el Ashram, el trabajo es un culto; sólo que tú rindes culto a un dios estúpido, un dios abúlico y mofletudo de respetabilidad y signos externos, de apariencias, de coche caro, zapatos de firma y barrio residencial, de adquisiciones que se degradan y se convierten en desperdicio, mientras los que toman la senda del yoga y la negación del ego se subliman en la *samadhi* y el vacío gozoso del Mahabindu. Te compadezco, tesoro".

Parábola del mosquito

Entremos al concepto de sabiduría, en lenguaje del Antiguo Oriente. Viene al caso una parábola de la sabiduría oriental, la lección del maestro a un alumno engreído que creía ya saberlo todo, haber alcanzado la perfección: "Tú te pareces a un mosquito que se cree alguien importante. Al ver una brizna de paja flotando en una charca de orina de asno, levanta la cabeza y se dice: 'Hace ya mucho tiempo que sueño con el océano y con un barco. ¡Aquí están!'".

Esa charca de agua sucia le parece profunda y sin límites, pues su universo tiene la estatura de sus ojos. Tales ojos sólo ven océanos semejantes. De repente, el viento desplaza levemente la brizna de paja y nuestro mosquito exclama: "¡Qué gran capitán soy!". Si el mosquito conociese sus límites, sería semejante al halcón. Pero los mosquitos no tienen la mirada del halcón.

El hombre puede contentarse con ser mosquito, cerrarse en su limitado mundo, y sentirse muy seguro y cómodo. Pero jamás será halcón, jamás sobrevolará su propia estatura ni conocerá la inmensidad de los océanos ni la grandeza del cosmos, dentro de la cual habrá de percibirse, pero esta vez creativamente, honestamente, como mosquito.

Siempre el pensamiento es necesidad de consuelo. Los samurais afilaban espadas mientras el pueblo agonizaba de hambre. Se requería una filosofía para el hambre. Una filosofía de resignación que, a diferencia de Occidente, no sueña con tiempos mejores, sino que lejos de postergar el problema para otra vida quiere solucionarlo aquí, en esta vida. Hay que eliminar el sufrimiento. Ésa es la sabiduría única.

Países muy sufridos buscan esencialmente el sentido del sufrimiento. Mejor dicho, no anhelan la felicidad y la sonrisa y el bienestar como lo hacemos nosotros en Occidente. Nosotros preguntamos cómo hacer para estar bien. Ellos preguntan cómo hacer para no estar mal, para evitar el dolor.

En realidad, la respuesta final ata las dos oraciones anteriores: si dejas de preocuparte por estar bien, no estarás mal porque los bienes se pierden con el tiempo, y eso es lo que produce el sufrimiento.

El tiempo fue construyendo, sobre esas ideas, rituales, liturgias, prácticas como el yoga, templos, inmersiones en el Ganges y múltiples divinidades. El pueblo no puede subsistir con puras teorías. Necesita rezar. Necesita visitar a sus muertos. Necesita ceremonias, concreciones a las que pueda aferrarse, porque la mente sola conduce a la desesperación.

Veamos cómo empezó todo.

El crecimiento de Buda

Ésta es la historia del crecimiento del Buda.

El joven príncipe Gautama fue protegido por su padre de todo conocimiento de los males de la vida, de la vejez, de la enfermedad, de la muerte, y de otras miserias. El padre quería que su hijo creciera en pura felicidad y bienestar.

Le regaló tres palacios, multitud de bailarinas para que su dicha fuera total. De modo que Gautama supo de todos los placeres del mundo, de la belleza, del sexo, de la poesía, y de la buena comida y el gran espectáculo.

Cuando ya fue maduro, pudo salir a conocer el mundo.

Ordenó a sus siervos que prepararan su carroza, las más rica de la comarca. Cuatro hermosos caballos la conducían. Subió a la carroza.

—Llévenme a los parques de la ciudad —ordenó.

Así lo hicieron.

En uno de los parques hizo detener la carroza. Por el sendero andaba un anciano maltrecho, desdentado, de cabello gris, cuerpo torcido.

—¿Quién es este hombre? —preguntó el príncipe Gautama.

Le dijeron:

—Un pobre anciano.

—¿Entonces también yo llegaré a ser como él?

—Así será.

Urgentemente volvió al palacio.

—He visto a un anciano. No sabía que el hombre se volvía anciano y deplorable. No quiero estar más en el mundo, quiero retirarme del mundo.

—No lo hagas, hijo, no lo hagas —replicó el padre—. Olvídate de lo que viste, fue nada más que un accidente, olvídate.

De inmediato, ordenó el padre una representación teatral, con cómicos, bailes, canciones, todo para alegrar el alma y disipar el ánimo.

Días más tarde volvió a salir Gautama del palacio. En el viaje vio a una persona arrojada en el suelo, revolcándose de dolor.

—¿Qué es? —preguntó.

—Un enfermo —le dijeron.

—¿Qué es eso?

—Eso le pasa a todo ser humano alguna vez, la enfermedad, el deterioro de su cuerpo.

El *iluminado, el que despertó*

Regresó al palacio y dijo que quería retirarse del mundo. El padre nuevamente lo retuvo con deleites y placeres múltiples.

En su tercer salida Gautama descubrió a un hombre que yacía sin vida. Descubrió la muerte.

En la cuarta salida vio a un hombre que caminaba descalzo por el camino, con la cabeza erguida, ignorante de lo que sucedía alrededor. Era un monje. Había abandonado el mundo, sus placeres y sus deleites. Ese camino eligió Gautama.

Después lo llamaron Buda, que significa el iluminado, el que despertó, y fue maestro de la sabiduría de la vida; de la vida que lo comprende todo, el sol y el eclipse.

La realidad. Quien conoce la realidad en su multifacetismo sabe vivir en ella y alcanzar con menos frustraciones el camino de la felicidad. Eligiendo. Optando por valores. Vislumbrando que es momentáneo aunque muy agradable, y que es parte de la eternidad pero asequible sólo a través del tiempo, con estudio, con esfuerzo.

Los latinos decían *Per aspera ad astra*. Por los caminos ásperos se llega a los astros. Lo fácil es sabroso, pero no conduce a ninguna parte. No es una ley de Newton, pero forma parte de la sabiduría de la vida.

La realidad. ¿Qué es la realidad? Las suma de tus elecciones.

Buda eligió el despertar. Se hizo. Nadie nace. Todos se hacen. Hacerse es educarse. Para eso estamos.

Christmas Humphreys, en *La sabiduría del budismo*, cita las enseñanzas de Buda: "¿Cuál es, hermanos, la raíz del Mal? La codicia es la raíz del mal...". Cuanto más queremos tanto más sufrimos, porque nunca alcanzamos a obtener lo que queremos, ya que esa codicia es insaciable, infinita. ¿Qué hacer? Quitarse la codicia, aplacarla, anularla. Sacarse la flecha que nos desangra.

"Es, hermanos, como si un hombre fuese atravesado por una flecha emponzoñada y sus amigos, compañeros y allegados, llamaran a un cirujano y él dijera:

"—No quiero que me saquen esta flecha mientras no conozca al hombre que me hirió, mientras no sepa si es de casta real o de casta sacerdotal, un ciudadano o un sirviente.

"Oh, si el hombre que busca su bienestar pudiera arrancar esta flecha, esta flecha de lamentación, de dolor, y de pena".

El Buda ironiza aquí sobre la gente que privilegia el conocimiento por encima de la vida misma. La vida, aun matizada, es fundamentalmente dolor, una flecha que se incrusta en el flanco, algún flanco, de la persona. El dolor es la flecha, y no cabe indagar de dónde viene y de quién. Saberlo no mitigará el dolor. Suprimir la flecha es la única solución. Divagar en conocimientos, causas, de dónde viene, por qué motivo, es especular inútilmente, ya que eso, finalmente, no reduce el dolor, sólo lo incrementa.

Lo decía el Eclesiastés: "El que aumenta saber, aumenta dolor". Hay que arrancarse la flecha. Eso significa tener la decisión de apagar la voluntad, ya que ésta, en su constante querer, choca con obstáculos o con decepciones. Nunca logra del todo su objetivo y, en consecuencia, el sujeto humano se autovulnera, es decir, se clava flechas constantemente.

No es la conciencia cognitiva lo importante sino la volitiva, que ha de desear su propia supresión o represión.

Metáfora de la flecha

Creo que la metáfora de la flecha nos toca de cerca particularmente a los occidentales, que entre tanto saber y discurso sofisticado y dialéctica, nos perdemos en consideraciones laterales, aparentemente profundas, pero que al final nos arrancan de la realidad, y así logramos vivir en perpetua crisis de un pensamiento que flota entre sutiles nubes y una realidad que, desde siempre, se hunde en hambre y tragedia cotidiana. De manera que, cuando decimos *El Hombre*, nos estamos refiriendo a algunos pocos hombres que disfrutan del ocio que les permite alejarse del mundanal ruido hacia la contemplación de la eternidad. El resto, el noventa y ocho por ciento de la humanidad, no cuenta para la reflexión sobre *el hombre*.

Esto me trae a colación una famosa anécdota sobre Tales de Mileto, uno de los filósofos llamados presocráticos, que más que escribir vivían el pensamiento, y lo poco que nos quedó de ellos son fragmentos donde se confunden el pensamiento con la poesía, y por lo tanto son de difícil entendimiento.

En fin, el tal Tales iba un día por la calle, sumido en profundas meditaciones acerca de la raíz del ser y la sustancia del mundo, y cómo el agua, según él, era probablemente la base y esencia de todo. Estaba caminando por la tierra pero, obviamente, no veía la tierra, de modo que sus pies, en pleno automatismo, lo hicieron caer en un considerable pozo de la tierra, esa sobre la que deambulaba. Por cierto que despertó y se puso a gritar pidiendo ayuda.

Pasaba por ahí una rústica mujer, que se quedó mirándolo y riéndose de su torpeza, y le dijo:

—¡Por mirar las cosas del cielo dejaste de mirar las cosas de la tierra, y por eso te pasó esto!

Gran lección. El pozo está aquí, delante de tus pies, ahí debes ahondar, esto debes estudiar y no los remotos misterios de los cielos. En todo caso, hay una prioridad: primero tu entorno inmediato, físico, histórico, existencial, y luego, cuando tengas esto resuelto, pregúntate cuál es la sustancia del universo.

Eso hace falta, al menos lo sentimos con urgencia en nuestros tiempos: la bajada al pozo concreto en que estamos inmersos. La eternidad se alejó ya de nuestros objetivos. El hoy apremia. El hoy y sus hombres reales.

Hagamos una bajada didáctica de los grandes conceptos universales y hegelianos a nuestra realidad, nuestra sociedad. Ortega y Gasset decía que nunca, al salir a la calle ni en otra circunstancia, tuvo la suerte de encontrarse con *El Hombre*, siempre encontró este hombre, aquel hombre, sujetos, personas, individuos.

Algo semejante suele repetirse en *La condición humana* de la brillante Hannah Arendt: no hay hombre; hay hombres, pluralidad, multiplicidad. Y en otro de sus libros, *Hombres en tiempos de oscuridad*, medita refiriéndose al espacio público, al espacio humano: "Este espacio es espiritual; en él aparece lo que los romanos llamaban *la humanitas*... la humanidad nunca se adquiere en la soledad: jamás resulta tampoco de una obra entregada al público. Sólo puede alcanzarla quien expone su vida y su persona a los riesgos de la vía pública...

"Pues el mundo no es humano por haber sido hecho por hombres y no se vuelve humano porque en él resuene la voz humana, sino solamente cuando llega a ser objeto de diálogo. Por muy intensamente que las cosas del mundo nos afecten, por muy profundamente que puedan emocionarnos y estimularnos, no se hacen humanas para nosotros más que en el momento en que podemos debatirlas con nuestros semejantes.

"Todo lo que no puede ser objeto de diálogo puede muy bien ser sublime, horrible o misterioso, incluso encontrar voz humana a través de la cual resonar en el mundo, no es verdaderamente humano. Humanizamos lo que pasa en el mundo y en nosotros al hablar, y con ese hablar aprendemos a ser humanos".

Nirvana

Retornemos a Oriente. Ahí el tema fundamental no es la esencia del universo, ni la pregunta por el ser, aunque también de esto se hable. Tampoco se plantea el tema del diálogo, del yo y de su circunstancia. Lo fundamental es este yo que, lejos de Descartes, no encuentra en su experiencia como primer dato el pensar.

Recuerden el "pienso, por lo tanto existo" de Descartes. Para ese mundo la primera evidencia es "existo, por lo tanto sufro". La existencia es sufrimiento, constante pérdida, eso que Buda descubrió en su origen. Mucho llorar y poco reír, como dice el pueblo. En consecuencia, la pregunta no es universal, ni pretende salvar a la humanidad, ni predicarle mensaje alguno, como en Occidente. Ahí se imponen yo y mi sufrimiento como eje de cualquier reflexión.

Entonces, ¿qué me cabe hacer? Quitarme la flecha, eliminar el sufrimiento. Para ello debo eliminar aquello que es la causa del sufrimiento. ¿Qué causa es esa? La voluntad. Quiero, por lo tanto sufro. Quiero, por lo tanto me decepciono. Nunca logro lo que quiero, y si lo logro, descubro que podría querer más y mejor. Sufro. Querer es querer sufrir.

El estado ideal de la supresión de la voluntad se llama *nirvana*, que significa la vela que se apaga. Se refiere a la llama de la codicia, aquella que produce siempre, como último resultado, el dolor, el mal.

El *Bagavadgita* dice: "Eliminación de la inclinación natural a los objetos de los sentidos, eliminación del egoísmo, eliminación de la entrega a las cosas externas, a la familia y al hogar, la lúcida visión de la inestabilidad de la vida del hombre con su dolorosa sujeción al nacimiento, a la muerte, a la enfermedad y a la vejez; la ecuanimidad en los acontecimientos agradables y desagradables. Esto es lo único que puede llamarse sabiduría, todo lo demás es ignorancia".

No estar sujetado a nada, a nadie, es no querer, es estar fuera del tiempo, es decir, fuera de la espera y de la esperanza, y de ese modo no se sufre.

Schopenhauer

En Occidente estos temas orientales fueron asumidos, fundamentalmente, por dos filósofos. Schopenhauer desarrolló sobre todo la teoría de la voluntad, fuente de todo dolor, mientras que Friedrich Nietzsche, "el asesino de Dios", desplegó el tema del "eterno retorno".

El libro capital de Arthur Schopenhauer, nacido en Danzig (Alemania) en 1788, se denomina *El mundo como voluntad y representación*. El nombre lo dice todo. El mundo es la representación que nos hacemos del mundo. Y el motor de la existencia es la voluntad.

"De hecho la ausencia de toda meta, de toda frontera, pertenece a la esencia de la voluntad en sí, que es un tender infinito... esto se manifiesta de la manera más simple en el grado más bajo de la objetividad de la voluntad; a saber, en la gravedad, cuya tendencia constante está a la vista con una imposibilidad evidente de una meta final. Por eso el tender de la materia puede ser siempre sólo obstaculizado, nunca jamás realizado o satisfecho... Cada meta alcanzada es a su vez el principio de una carrera nueva, y así hasta el infinito."

En otro momento de su obra comenta el filósofo: "Los hombres se asemejan a mecanismos de relojes a los que se da cuerda y caminan sin saber por qué". La frustración y el sufrimiento son la realidad última, y la única manera de curarlos es negando la voluntad de vivir, lo cual nos conduce a la filosofía hindú, al nirvana.

En el comienzo del libro dice: "El mundo es mi representación: esta verdad es aplicable a todo ser que vive y conoce, aunque sólo al hombre le sea dado tener conciencia de ella; llegar a conocerla es poseer el sentido filosófico. Cuando el hombre conoce esta verdad estará para él claramente demostrado que no conoce un sol ni una tierra y sí únicamente un ojo que ve el sol y una mano que siente el contacto de la tierra; que el mundo que lo rodea no existe más que como representación, esto es, en relación con otro ser: aquel que lo percibe, es decir, él mismo".

En Oriente esto es *maya*, ilusión. La voluntad, pues, se nutre de la ilusión.

El budismo y otras variaciones

Leo las obras de Joseph Campbell, especialmente *El héroe de las mil caras*, y ahí me sumerjo en mundos lejanos, de Oriente y Occidente, multiplicidad de culturas y de visiones, donde se nota claramente la línea, finísima, que enhebra todas las aspiraciones humanas: ¿cómo vivir la vida más dichosamente, cómo superar la muerte?

El camino hacia la iluminación, el que conduce al *nirvana*.

Nirvana es una especie de Paraíso. Es pacificar el alma, colocarla más allá de las contradicciones y de las pasiones que la agitan y de los miedos que la atosigan.

La raíz *nir* —dicen los filólogos— podría ligarse al vocablo de las lenguas semitas, *ner*, que es "la vela". Nirvana, en efecto, significa en sánscrito "extinguir de un soplo el fuego". ¿Qué fuego?, el de la pasión, el del anhelo, el del deseo.

Campbell cita estos versos tibetanos, y nos recuerda que fueron compuestos "en los tiempos en que se predicaba la primera cruzada":

> *Huye, hijo mío de los gustos y de las repugnancias.*
> *Si conocéis el vacío de todas las cosas, la Compasión*
> *se producirá en vuestros corazones;*
> *Si perdéis toda diferencia entre vosotros y vuestros*
> *semejantes, estaréis preparados para servir a otros.*

El vacío es el ideal de la dicha. Es el no ser. La anulación de cualquier lleno, de cualquier contenido como valedero. Algo semejante predica en nuestro siglo el sabio Krishnamurti.

El vacío del ser y la dicha

¿Qué son los contenidos de la conciencia? Estados del hombre que se sustancian y que adquieren consistencia, y se definen *contra* otros estados, o deseos, o personas, o naciones. El ser se manifiesta siempre en-contra-de. Todo ser es oposición frente a otro ser.

Objeto en latín significa "lo que está enfrente". *Satán* en hebreo es "el obstáculo". El ser se focaliza en contenidos que lo hacen ser enemigo de otros seres, de otros contenidos. Hay que vaciarse, sostiene la filosofía oriental, des-ligarse, des-apegarse, dejar de estar atados a afectos, situaciones que se tornan propiedades, todas relativas al *tener* (tenemos dinero como tenemos ideas, y viceversa), que nos esclavizan.

También lo masculino y lo femenino son oposiciones ficticias y, en calidad de oposiciones, como enseña la Cábala, constituyen el mal, el daño. Shiva es una divinidad que está unida a Shakti, su esposa, en un mismo cuerpo según el hinduismo. Yang y Yin son dos caras de una realidad que es una, indisoluble en el taoísmo, y somos nosotros los que aprehendemos los principios por separado y los contraponemos. Son dos polos de una misma corriente fluida y total.

Yang es el polo del principio masculino, activo, y Yin es el oscuro (Eva, la misteriosa, recuérdese...), pasivo, dador de formas. En su fusión constituyen el Tao, que es la fuente y la ley del ser. Tao significa camino; es el absoluto, por lo tanto, también la verdad, también la ética. Tao es la realidad oculta. Se la percibe a través del vacío, ahí se da con plenitud. Cuando los árboles se desdibujan surge el bosque.

Comenta Campbell: "Las ceremonias del té en el Japón están concebidas dentro del espíritu taoísta del paraíso terrenal. La sala de té, llamada residencia de la fantasía, es una estructura efímera construida para encerrar un momento de intuición poética. Llamada también residencia del vacío, está desprovista de ornamentos".

En la casa del té se procura lograr, con la enseñanza de los maestros, el asombro divino. En lenguaje de Occidente es el éxtasis místico. En ese instante de iluminación se percibe la totalidad del cosmos sin divisiones, inundado de divinidad. El paisaje es un santuario. Los ríos y las aves. Los cielos y el pez.

Algo semejante descubrió Morris Edward Opler en sus estudios de los mitos de los apaches: "Las plantas, las rocas, el fuego y el agua: todo está vivo. Nos observan y ven nuestras necesidades. Ven el momento en que nada nos protege —declara un viejo apache narrador de leyendas— y en ese momento se revelan y hablan con nosotros" (*Apache odyssey: a journey between two worlds*).

Es el esplendor de la iluminación. "La soledad sonora", decía un místico español. El Paraíso es, entonces, la inefabilidad de la experiencia de la Totalidad, y en silencio.

Así lo percibió el profeta Elías a Dios: "He aquí una tempestad que arranca árboles y despedaza montañas. Pero no está en la tempestad Dios. Y luego, una voz de silencio fino...". Voz de silencio.

La síntesis de Krishnamurti

Jiddu Krishnamurti nació en 1897 en la India meridional. Profundamente influido por las filosofías y religiones de su país y del Oriente, saboreó los platos más sazonados del pensamiento occidental, y procuró armar su propia reflexión. Traemos a continuación sus reflexiones, aunque él se consideraba alejado de ese mundo de budismo e hinduismo. Sin embargo, su pensamiento, en el fondo, bebe en aquellas fuentes. ¿En qué estaba alejado? En cuanto a que de aquellas mismas fuentes originales luego surgieron cultos, deidades, rituales que niegan, en verdad, al propio Buda.

Uno de los maestros decía:

—Quien diga que encontró a Buda no encontró a Buda.

Creo que Krishnamurti tomó el mejor polen de aquellas flores orientales, y les sacó su esencia más pura y su aroma más decantado. Por eso considero —contra la voluntad de ese autor— que es un excelente puente comunicativo de aquel mundo lejano a éste, el nuestro, el occidental.

Uno se pregunta: ¿por qué la crisis actual de lo humano? Porque estamos saturados de ideas, opiniones, adhesiones, identificaciones.

"Las ideas siempre engendran enemistad, confusión, conflicto. Si dependéis de libros de izquierda o de derecha, o de libros sagrados, entonces dependéis de meras opiniones, sean ellas las de Buda, de Cristo, del capitalismo, del comunismo... Son ideas, no son la verdad. Un hecho nunca puede ser negado. La opinión acerca del hecho puede negarse" (La libertad primera y última).

El bien mayor del hombre es que genera ideas. El mal mayor consiste en que se atiborra de ellas, depende de ellas, se mata por ellas.

Ideas. Opiniones. Se imponen y nos envuelven a tal punto que se tornan sangre de nuestro torrente interior. Y sin embargo no son más que eso, ideas, imágenes, lucubraciones de la mente, ilusiones. Ésta es la teoría central de Krishnamurti. Somos lo ajeno.

Esas ideas suelen no ser nuestras. Nos invaden y someten con autoridad de santas. Luego nos manejan. Krishnamurti se niega a respetar santidad alguna.

El monoteísmo bíblico, el original, en última instancia sostiene idéntica posición. No tendrás otros dioses, dice el Decálogo. Y Dios, en sí, tampoco es tenible, definible. En consecuencia, no hay divinidad posible en tu existencia.

La necesidad de seguridad, raíz de nuestros fetiches

Es la necesidad de seguridad la que nos impele a someternos a un sistema de ideas, al cual le somos fieles para lograr nuestra propia estabilidad. Son nuestra coraza, la cueva donde nos ocultamos por miedo a quedarnos desnudos, a la intemperie.

Al decir de Krishnamurti: "No buscáis la verdad, no buscáis a Dios. Lo que buscáis es satisfacción duradera, y a esa satisfacción la revestís de una idea, de una palabra, de sonido respetable tal como Dios, la verdad. Mientras la mente busque satisfacción, no hay mucha diferencia entre Dios y la bebida".

Embriagarse para sosegarse. Con bebida, con droga, con ideas que funcionan como bebida o droga. Dios o marihuana o el partido ecologista o el movimiento en defensa de los animales. Apolo o Dionisos, el llenarse de ideas o el llenarse de vino báquico, producen el mismo efecto: drogarse, alienarse, dispensarse de pensar auténticamente y de liberar a la conciencia de todos sus muebles que la hacen tan pesada y tan inútil. Vaciamiento es la idea.

Si discrepamos, tú y yo, respecto del método más válido para embriagarse, nos consideramos en bandos opositores y en el deber de odiarnos, combatirnos.

Krishnamurti no niega la existencia de Dios. Niega que eso que la gente "usa" para su satisfacción personal y para tranquilizar su ánimo sea divino. Rezarle a Dios para que te cure, para que tus hijos aprueben los exámenes, o para que tu esposo consiga trabajo, es destruir a Dios, transformarlo en un elemento mágico que debe ocuparse de mí.

Dios es lo indecible, el infinito, el no yo de mi yo.

¿Somos libres?

Krishnamurti no desprecia la validez de las ideas. Considera que no son, en su mayoría, emergentes de la realidad o del enfoque intelectual de la realidad, sino excrecencias de necesidades íntimas de cada uno. Es el baluarte del yo el que requiere envolverse, cobijarse, pertrecharse de palabras, conceptos, cosas que lo sostengan.

El yo es, en este caso, el enemigo de uno-mismo. Para mejor estar se somete a todo lo que tiene. Eso no le alcanza jamás. Necesita tener más. Más ideas. Más cosas. Más amigos. Más posesiones. Más mundo. Para ser más. Y en ese camino logra ser cada vez menos: dependiente, temeroso, tenso, in-seguro.

Este yo conquistador y defensivo a la vez se cree libre. ¿Es libre? ¿Somos libres?

Ser libre es ser in-dependiente. Y nosotros nos distinguimos por todas nuestras dependencias. En lenguaje de Krishnamurti: "Libertad significa libertad con respecto al temor. Significa libertad con respecto a cualquier forma de resistencia. La libertad implica un movimiento en el que no existe aislamiento alguno...".

Usted sólo puede ser libre cuando ha comprendido lo profundamente condicionado que se encuentra y está libre de ese condicionamiento.

El sentido de la libertad

La libertad requiere espacio. Espacio es "vacío de". Lo contrario de "ocupado". Liberarse es des-ocuparse.

Krishnamurti cita los famosos experimentos realizados con ratitas apiñadas dentro de un espacio muy reducido. Desataron los animalitos una tremenda agresión los unos contra los otros. El espacio es vital para el desarrollo de cada ser.

En lo que toca al hombre, el tema no radica en el espacio exterior. Nos falta espacio en el interior, dentro de uno mismo: "Nuestras mentes están tan atestadas con miles de ideas, que no hay espacio en absoluto, ni aun entre dos pensamientos". Esa información que tenemos adentro no es aprendizaje. Se acumulan los datos bancariamente, diríamos recordando a Freire. El cambalache del yo. No hay orden. No hay organización. Ciencias y fetichismos. Humanismos y barbaries. Estamos tan llenos, tan caóticamente llenos, y tan tensos por estar seguros, que estamos vacíos.

"Donde no hay afecto en uno mismo se busca el afecto de los otros" (*Principios del aprender*).

Cómo lograr una mente joven

Ese otro es el Ello, que decía Martin Buber. La relación más común es la de Yo-Ello. La palabra "Ello" indica lo impersonal. Si es impersonal es cosa, materia, objeto, utensilio. Un otro cosificado, un instrumento para el uso. Que me sirva de compañía, que me proporcione afecto, alguien que yo pueda tener. Pero al no haber afecto interno, no hay afecto que satisfaga.

Según Krishnamurti, yo soy mi esclavo. Esclavo de todos mis condicionamientos, los que se me imponen y los que me impongo. Para ser libre, el primer paso sería tomar conciencia de cuán condicionado estoy-soy. Liberar-me; de lo mío, de esos pertrechos que me rodean y sitian para defenderme. Liberar espacio dentro de mí.

Libertad y aprendizaje son, en Krishnamurti, conceptos correlativos. Si no soy libre no hay aprendizaje, si por este vocablo se entiende crecimiento. Hasta ahora lo que tengo son datos encimados, informaciones, informes. El aprendizaje no atesora conocimientos. Aprender es crecer, vivir lo nuevo en calidad de nuevo, sin reducciones. El aprendizaje es un éxtasis vital. Pero, si estoy ocupado, estoy pre-ocupado y no puedo aprender.

"Sólo aprende la mente joven, la mente que no está atiborrada de conocimientos." Mente joven. No alude a la edad. Alude al estado. La consigna es, pues, mantener la juventud de la mente.

¿Significaría ello cerrar las compuertas de la percepción, del entendimiento, de la memoria? Esta tarea sería imposible. Pero todo lo que percibimos, pensamos, recibimos, podría pasar por la mente sin ocupar en ella espacio, si tomásemos todos esos elementos por lo que son: pasajeros, momentáneos, y jamás sustancias definitivas que definitivamente deben ocupar mi interior.

En este proceso se da la apertura de la mente, su fluidez natural, y se deja de ser un yo enclaustrado en una torre de ataque y defensa.

Vivir es aprender

"Estamos acostumbrados a una sociedad, a una moralidad, que se apoya en la violencia. Desde la niñez somos criados para ser violentos." Debemos reeducarnos. Liberarnos. Ello implica abandonar la posición "yoísta"-dominadora-temerosa. Renegar de las divisiones yo/otro, yo/mundo. Abrirnos a la experiencia. A la violencia la necesitan los que existen para combatir.

En lugar de combatir por, Krishnamurti se propone otro objetivo: leer dentro de sí. En Krishnamurti es la conciencia de no ser libre, de estar condicionado, dividido, enfrentado, fragmentado. La conciencia de que todo aquello que venimos adquiriendo como factores de seguridad —cosas, ideas, relaciones— es sumamente endeble, inseguro: "Cuando usted descubre que no hay seguridad en nada que haya buscado, que no hay seguridad en la muerte ni seguridad en el vivir, cuando ve todo eso, entonces el mismo ver... es inteligencia. Esa inteligencia le da seguridad completa".

Inteligencia en el sentido que tiene el vocablo latino *into-legere*, leer dentro de sí mismo. Es el aprendizaje primero, y la puerta para todo aprendizaje ulterior. No de cosas, ni de ideas, ni de técnicas. De vivir. Aprender la novedad. El deslumbramiento cotidiano. Todo es nuevo bajo el sol, contrariamente a lo que opinaba el Eclesiastés.

Eso produce el aprendizaje del aprendizaje, el de la libertad, una constante liberación que impide la sustantivización de sentimientos, pensamientos, relaciones. Sería la revolución perpetua. El anti-conformismo sin panaceas, irrestricto.

"Que no se te hagan callo las cosas", decía León Felipe.

El mal de la deshumanización

Krishnamurti ve en la fragmentación del hombre, en sectores de vida, en importancias, en valores, en divisiones, el mal de la deshumanización.

"Ustedes han dividido la vida en especialidades. Han separado la política de la religión, la religión de los negocios, el hombre de negocios del artista, el profesional del lego, y así sucesivamente. Es esta división la que hace estragos no sólo en la religión sino en la educación. Lo único que les interesa es que sus hijos obtengan un título."

Un título. Una etiqueta. Y el padre que no lo haga, que no procure eso para su hijo, más tarde será odiado por su hijo, porque la sociedad rechaza a los hijos-sin-título, inclusive la sociedad de los hombres de vanguardia, revolucionaria y antiburguesa.

Hay que re-integrar a la persona, sostienen los pensadores. Re-integrar al hombre dentro de sí mismo, en apreciación de todos los momentos valiosos de su ser.

Los de arriba y los de abajo

Veamos una versión moderna, la de un eminente pensador hindú del siglo XX, Sri Aurobindo.

Si bien el hombre es social, primero —dice Sri Aurobindo— está el individuo. Él es el principio de todo. Pero el individuo aún no es hombre, sino proyecto de hombre. La vida es proyecto, la historia es proyecto.

Aurobindo representa una síntesis entre Oriente y Occidente. Busca al hombre. Y lo encuentra en el alma, un alma que tiene que realizarse, que no nace, que se hace. Alma que debe crecer. Crecer hacia lo divino. Aurobindo prefiere hablar de lo divino, no de Dios. Sus raíces son hinduistas, su mirada no elude la realidad actual del mundo, aprisionada por la globalidad del consumismo.

"El Ser-Esencial del hombre es algo recóndito y oculto; no es su cuerpo, ni su vida, ni su mente tampoco, por más que en la escala de la evolución el hombre sea el ser mental, el Manu" (*El ciclo humano*).

Manu es la potencia mental, creadora. Ahora bien, muy pocos en la historia han ascendido al grado superior de ese ser esencial. La mayoría se queda abajo, lejos.

Esto me recuerda cómo, simbólicamente, tanto Moisés como Jesús hablan al pueblo su mensaje esencial desde un sitio superior. Necesitamos, pues, evolucionar. "Pues el Alma Suprema que conduce nuestra evolución —medita Aurobindo— tiene sus dilatadas cadencias de tiempo, sus grandes eras, sus espacios de lenta expansión y sus vías de rápido florecimiento. Y por encima de todo ello puede pasar el individuo fuerte y semidivino, pero no la especie, todavía semianimal en su conjunto. Procediendo del vegetal al animal y del animal al hombre, el curso de la evolución parte de lo que es infrahumano."

Empezamos desde el mineral, ascendemos al vegetal, luego al animal, más tarde a la conciencia básica de lo humano, pero todavía no se realiza ahí lo humano, sino hasta que alcance la plenitud de su altura espiritual, iluminada, intuitiva.

El *nuevo bárbaro*

En el ínterin, mientras no se alcanza el desarrollo de la individualidad como autonomía activa y autosuficiente, la existencia personal se vuelve un peso, un vacío, y esa misma libertad-para-nada busca perderse en el rebaño, en la masa, en el todos, eso que Heidegger llama *"Das man"*, el "se": se vive, se compra, se va, se ríe, se baila, se hace lo que todos hacen.

Nuestra condición es de rebaños que necesitan guía y siguen a ese guía ciegamente por la incapacidad de discernir, que aún no ha crecido porque no se ha educado debidamente.

Educado, ascendido significa para Aurobindo acceder a lo divino. Lo divino se manifiesta de tiempo en tiempo a través de individuos excepcionales, y eso va produciendo la lenta evolución de la humanidad: Buda, Cristo, Ramakrishna, entre otros. Por ahora estamos en estado de barbarie, reducidos a la vida física y a la vida corporal con la que nos identificamos.

Los términos de Aurobindo, si bien tienen viejos sones medievales y de predicador de templo, aluden sin embargo a la modernidad, a nuestro mundo, al único que apreciamos de cosas físicas, de materia, de aparatos, y al cultivo esencial del cuerpo, con total olvido del alma.

"Considerar el cuerpo y la vida física como lo único importante, juzgar al hombre por la fuerza física, por su desarrollo corporal y sus proezas materiales, estar a la merced de los instintos surgidos del inconsciente físico, despreciar el conocimiento como debilidad e inferioridad o considerarlo como una singularidad y no como parte esencial del hombre, tal es la mentalidad característica del bárbaro"(*El ciclo humano*).

Civilización *y cultura*

El hombre actual glorifica el conocimiento científico y el tecnológico, y eso en sí es positivo, y es un paso hacia el conocimiento superior, esencial. A éste aún no hemos llegado. La materia nos aprisiona y no alcanzamos todavía nuestro destino propiamente humano, que es la divinización en la tierra.

Así es como Sri Aurobindo contempla la historia y su desarrollo y llega a esta conclusión: "La antigua civilización helénica o grecorromana pereció, entre otras razones, por haber generalizado imperfectamente la cultura en su propia sociedad y por encontrarse rodeada de enormes masas humanas dominadas todavía por hábitos mentales bárbaros. La civilización no está jamás a salvo en tanto limita la cultura mental a una exigua minoría y mantiene en su seno una multitud, un proletariado, una masa formidable cuya ignorancia alimenta.

"El conocimiento debe ampliarse por arriba, de lo contrario estará siempre en peligro de verse absorbido por la oscuridad ignorante de las profundidades. La civilización está todavía mucho más amenazada cuando permite que una masa enorme de hombres se mantenga fuera de su seno, ignorantes de su luz, llenos del vigor natural del bárbaro, y con la posibilidad de apoderarse en cualquier momento de las armas materiales del civilizado sin haber experimentado la transformación intelectual de su cultura".

Encuentro en este tema reminiscencias de *La decadencia de Occidente* de Oswald Spengler, quien, en los primeros decenios del siglo XX, distinguía entre cultura y civilización. Cultura, decía, es la ética, los valores superiores, el afán de santidad, la organización comunitaria en responsabilidad recíproca, el amor al prójimo. El espíritu, en síntesis. Civilización es todo lo que la mente humana construye y hace en el mundo de la materia, la técnica, los puentes, las rutas, la potencia constructora del Coliseo y el resto de las obras en técnica, en avance de conquistas en el mundo del tener. No se oponen, entiéndase, como el bien y el mal.

La civilización no merece reproche alguno. Es cuerpo. Y si tiene alma, la armonía es perfecta. Si carece de cultura, de valores, la civilización es un derrumbe del hombre que está fuera de sí y se aleja de su propia esencia.

Lo que las religiones se olvidaron de hacer

Aurobindo considera que, en efecto, Roma cayó por ese vacío interior, por esa barbarie que la envolvió. "Ofreció al proletariado un cierto nivel de comodidades y diversión, pero no lo elevó hacia la luz. Cuando la luz alcanzó a las masas, lo hizo desde fuera, por medio de la religión cristiana, que llegó como enemiga de la antigua cultura. Dirigiéndose al pobre, al oprimido, al ignorante, la religión trató de cautivar el alma y la parte moral del individuo, pero se preocupó muy poco o nada de la mente pensante, sintiéndose satisfecha de dejarla en la oscuridad si el corazón podía ser llevado a sentir la verdad religiosa."

Esta crítica es digna de ser tenida en cuenta. Las religiones, en general, se interesaban por conquistar pueblos, almas, pero con el yugo de la ceguera sometida a un Dios desconocido y dentro del marco de rituales fetichistas y mágicos.

Aurobindo reprocha al cristianismo —y se aplica, creo yo, a todas las religiones— que a esas almas conquistadas por vía del sentimiento y de la entrega no las haya cultivado hacia una mente superior, hacia la superación. Las conservó en su estado de bajos niveles, sin elevarlas espiritualmente en plenitud de conciencia.

La barbarie es la situación del hombre intelectualmente sometido.

Aurobindo considera que la evolución del hombre hacia su propia altura no se realizará mientras los poderes, sobre todo los religiosos, se contenten con congregar rebaños. Inclusive considera que el enorme progreso de la ciencia, también él, fue puesto al servicio de las armas y otros instrumentos que sirven para subyugar gente, pueblos; es decir, que también la ciencia está al servicio de la barbarie. Aunque, indirectamente, promueve el crecimiento de la conciencia hacia el desarrollo intelectual que pueda conducir a una vida superior, ligada a lo infinito.

La dramática hegemonía de la fuerza vital

Aunque no se lo hubiera propuesto y no fuera ésa su finalidad, estamos viendo "La barbarie de la edad industrial, comercial y económica que avanza ahora hacia su apogeo y su fin. Esta barbarie económica es esencialmente la del hombre vital, pues confunde el ser vital con el ser esencial y considera que la satisfacción de dicho ser vital es el principal objetivo de la vida".

El hombre moderno quiere salir de los claustros, quiere vivir, quiere expandir su vitalidad. Es un estadio de la evolución que debe ser superado. ¿Por qué? Porque: "La característica de la Vida es el deseo y el instinto de posesión. Al igual que la barbarie física hace su norma y su objetivo de la excelencia del cuerpo y el desarrollo de la fuerza, de la salud y las proezas físicas, del mismo modo la barbarie vital y económica hace su regla y su meta de la satisfacción de las necesidades y los deseos y de la acumulación de bienes materiales. Su hombre ideal no es el hombre cultivado, noble, reflexivo, moral o religioso, sino el hombre que triunfa".

Arribamos al ideal supremo de los tiempos actuales: poseer, triunfar, tener éxito, tener el tener. El ser está borroneado. Heidegger quiso recuperarlo, pero al mismo tiempo se dejó engullir por el nazismo triunfalista. Es difícil liberarse de esta educación para el triunfo en la que estamos todos sumergidos. Ganar. El vitalismo espera hundir al otro en plena competencia. No se sabe si el placer está en la ganancia propia o en la pérdida ajena.

La ley de este universo sigue un doble movimiento: primero el espíritu está hundido en la materia, y luego evoluciona encontrándose a sí mismo en formas superiores. Cada etapa contiene potencialmente a la superior. Así ascendemos del ser inconsciente de la materia a la conciencia vital, y de ahí a la vida divina ya involucrada en su interior. Se trata de un desarrollo, de un despliegue. Todo se halla en la simiente pero en potencia, como diría Aristóteles, y esa potencia sola no crece, hay que educarla, hacerla crecer.

Comenta Sri Aurobindo: "El conocimiento, la ciencia, el arte, el pensamiento moral, la filosofía, la religión, son las actividades reales del hombre, su verdadera ocupación. Ser, para él, no es simplemente nacer, crecer, casarse, ganarse la vida, mantener una familia y después morir, su existencia no puede ser solamente una vida física y vital, una versión humanizada de la ronda animal, una ampliación humana del pequeño sector de arco animal en el círculo divino. Lo característico del estado humano es asumir la condición de ser mental y crecer mentalmente, vivir con conocimiento y Poder en el interior de sí mismo y proyectarse así desde el interior hacia el exterior".

En busca de la salvación posible

En el mundo contemporáneo, tan desesperado por lograr un punto de apoyo arquimédico, Occidente busca salvación en Oriente, en el Yoga, en el Dalai Lama, en monasterios del Himalaya y en la comida macrobiótica.

Esas verdades en la existencia oriental, que no mira televisión ni se nutre de chismes eróticos, son verdades. Si alguien entiende que me opongo al Yoga y otras variaciones, me entiende mal. Digamos que no me opongo a sistema de pensamiento alguno ya que todos, en su meta final, aspiran a lo mismo, supresión del dolor, alcance de la finalidad, supremacía del bien sobre el mal.

No se trata pues, en estas líneas, de juzgar al Yoga, filosofía de alto nivel espiritual y místico. Opino que en esos lares indios, chinos, japoneses, es parte de una cultura, de una tradición, y de ciertas castas sociales. Aquí se lo usa como terapia para nervios desconsolados.

Digo que un sistema de vida ha de ser coherente. No se puede hacer práctica de yoga y salir corriendo a la oficina a desesperarse por la marcha del mercado. Uno de los dos sobra.

Occidente busca ahora en Oriente algo de paz, de serenidad. Pero no hace más que complejizar su propia neurosis.

Yo mismo, si se me permite, en algún momento de mi vida, acosado por problemas digestivos visité a un experto macrobiótico. Me estudió, me miró, me diagnosticó y luego me hizo el menú de mis comidas y alimentaciones. Que el arroz siempre sea fresquito, recién hecho, nunca de heladera, me dijo. Yo me fui contento. Que mi esposa —me explicó el facultativo— se comunicase con él y le enseñaría a preparar los alimentos. En el subterráneo, de regreso a casa, de pronto un relámpago partió mi cabeza. Me di cuenta de que necesitaba no sólo una esposa sino varias concubinas a mi servicio. Era absurdo.

Pero Occidente deglute de todo, y sin límites: mercado de valores, New Age, revolución verde, aparatos de última generación, y el ommmmmmmm que le permite un pedacito de trascendencia. Da para todo.

7

Ideas y creencias

Mis angustias con Aristóteles

La historia del pensamiento humano no tiene una línea que vaya demarcando etapas sucesivas, conectadas unas por otras, superadas unas por otras, como es la historia de la ciencia. El pensamiento humano es el pensamiento del hombre acerca del hombre, y éste da vueltas en volutas, en espirales que van y vienen, sin constituir estrictamente un antes y un después.

Por eso, luego de haber recorrido el mundo del nirvana vuelvo a casa para averiguar de dónde venimos nosotros, los llamados occidentales. Y entro a hojear las obras de uno de los padres fundamentales de esta civilización. Me siento a estudiar Aristóteles. Esta vez, me dije, me dedicaré a la política y al homónimo libro.

Entre sus primeras afirmaciones encuentro ésta: "La naturaleza, teniendo en cuenta la necesidad de la conservación, ha creado a unos seres para mandar y a otros para obedecer. Ha querido que el ser dotado de razón y de previsión mande como dueño, así como también que el ser capaz por sus facultades corporales de ejecutar las órdenes obedezca como esclavo, y de esta suerte el interés del señor y el del esclavo se confunden" (*Política*).

Levanté los ojos del libro. Medité: Aristóteles, ¿de dónde lo sabe, cómo lo demuestra?

Que mi vecino opine de esta manera no me asombra demasiado. Pero, Aristóteles, el más sabio o enciclopédico de los hombres, ¿cómo puede él escribir eso con una consistencia de verdad indudable?

Posteriormente desarrollará este doble eje amo-esclavo mostrando cómo todo funciona con este mismo mecanismo. El alma, la fina, la racional, es ama, y el cuerpo, bruto, que trabaje bajo sus órdenes, su voluntad. El varón, obviamente superior, es quien debe dominar a la mujer, obviamente dotada por su nacimiento para lavar ropa, cocinar y amamantar nenes. Y en cuanto a los niños, ni mencionarse debe, han de estar totalmente sometidos a sus amos, sus padres; mejor dicho, su padre.

¿De dónde lo sabía Aristóteles? De la tradición, de las creencias reinantes en Grecia. Esas creencias que penetran tan profundamente en la sangre que se toman por verdades inmaculadas. ¿Extraño, no? Pero así es. Con Aristóteles, y con nosotros.

Creemos tener ideas, disponer de verdades, y en su mayoría son creencias.

Verdades, ilusiones, mitos

¿Qué es la vida? Una ilusión.

Y bien, ¿qué hay en esa ilusión? Ideas y creencias.

Las ideas provienen de la razón, las creencias pueden ser, o no, elementos originados en el entendimiento pero que el tiempo, la sociedad, de tanto practicarlos, los arranca del ámbito racional, que permite justamente la duda, y los vuelve indudables, obvios.

De eso viven las culturas, las sociedades, los individuos. Alguna vez la democracia fue una idea. Hoy se repite automáticamente, en cuanto mejor régimen político posible, como creencia. Alguna vez alguien decidió que el hombre era animal racional, y luego la tradición, a ojos cerrados, cerrados a toda la irracionalidad que nos constituye y rodea, siguió manejando esa definición. Eso es una creencia.

Cuando las creencias fallan, es decir, cuando la realidad no concuerda con ellas, es menester idear un nuevo paradigma que con el tiempo será nueva creencia.

La antropología y la etnografía son muy expertas en mostrarnos diversos tipos de sociedades, sobre todo aquellas alejadas de nuestra civilización, donde los hechos son más nítidos y captados con mayor virginidad.

Veamos: "Una tribu que trata de detener una epidemia de fiebre tifoidea organizando una cacería de brujas en gran escala actúa lógicamente de acuerdo con el hecho impuesto por su cultura de que las brujas son las responsables de la enfermedad. Si nosotros tratamos de lograr el mismo fin mediante la vacuna e hirviendo el agua para beber, también actuamos lógicamente basándonos en el conocimiento, producto cultural, de que el padecimiento es causado por ciertas bacterias. La mayoría de los miembros de nuestra sociedad jamás han visto un germen, pero se les ha enseñado que existen y sin más demostración aceptan su existencia. En efecto, nuestros propios antecesores, y no muy lejanos, habrían encontrado más lógica la cacería de brujas que la vacunación".

Este párrafo está tomado de *Cultura y personalidad*, de Ralph Linton. Lo que evidencia el autor es que detrás de cada conducta hay un conglomerado de pautas en forma de ideas y/o creencias que prestan a la acción cierta lógica, un pre-supuesto relativo a la sociedad, cultural, entorno, tiempo histórico en que vive el individuo.

Creer que el individuo está representado por los escritores y los pensadores de cierta época y sus ideas es una de las mayores falacias. Es cierto que cada época entroniza ciertas ideas, pero no necesariamente son las que tienen vigencia. En la nuestra, todo el mundo habla de amor, caridad, democracia, igualdad y libertad, y el valor de la vida contra el valor del aborto son las ideas más universales y las que mejor caracterizan a estos tiempos. La moda se aplica a las ideas lo mismo que a la vestimenta.

Que nos preocupa el agujero de la capa de ozono, es verdad. Que no toleramos la discriminación, es verdad. Que no nos gusta que los policías golpeen a los chicos que incendian las gradas de los estadios de fútbol, es verdad. Es lo que decimos. Es lo que expresamos por televisión, a través de nuestros emisarios, los locutores y lo que debatimos en la mesa del café o a la salida del cine, el fin de semana. Pero, ¿eso qué demuestra? ¿Que lo que pensamos lo ejercemos? ¿Que somos fantásticamente racionales o humanistas o igualitaristas?

Para nada. Junto a todo lo anterior prevalecen los horóscopos en los periódicos más refinados, el tarot, la borra del café y el umbanda y... eso es la vida.

Las ideas son el decorado de la torta, no la torta. La vida y las ideas, como las vaquitas y las penas, suelen ir por caminos separados, in-dependientes.

El sistema de creencias subyacente

Comenta Ortega y Gasset en su libro *Ideas y creencias*: "Las creencias constituyen la base de nuestra vida, el terreno sobre el que acontece. Porque ellas nos ponen delante lo que para nosotros es la realidad misma. Toda nuestra conducta, incluso la intelectual, depende de cuál sea el sistema de nuestras creencias auténticas".

Debajo de cualquier actividad humana hay un sistema de creencias, aun cuando uno no sea consciente de ellas. Las creencias son valores y determinan, valga la redundancia, el valor de eso que sobre ellas se construye. Como el conocimiento mismo. Si bien es o debe ser racional, su fundamento más profundo es la creencia de que es bueno para el hombre conocer la verdad, que es su ideal.

Por eso, comenta el científico Jacques Monod, en *El azar y la necesidad*: "En un sistema objetivo, toda confusión entre conocimiento y valores está prohibida. Mas esta prohibición, este primer mandamiento que funda el conocimiento objetivo, no es en sí mismo y no sabría ser objetivo: es una regla moral, una disciplina. El conocimiento verdadero ignora los valores, pero hace falta para fundamentarlo un juicio, o más bien un axioma de valor".

Valor es decir creencia. Repaso a Monod: le está prohibido al conocimiento objetivo mezclarse con valores, pero bajo tierra, sus raíces están sustentadas por valores-creencias.

Si ahora volvemos atrás, al ejemplo tomado del libro de Linton, sobre la diferente conducta entre el hombre "primitivo" y la del "moderno" ante el tifus, nos damos cuenta de que ambos tipos humanos actúan de forma distinta porque parten de plataformas de creencias distintas. Es tan lógico un comportamiento como el otro, en cuanto ambos son fieles a un sistema de pautas dadas como indudables dentro de un determinado contexto humano. El uno cree en la hechicería. El otro cree en la vacuna.

En la creencia se está, en la duda se cae

En el marco de alguna creencia se abre, de pronto, la brecha de la duda. En la creencia —enseña Ortega y Gasset— se está. En la duda se cae. La creencia es seguridad. La duda es incertidumbre, indecisión.

Cuando se cae en la duda se requiere de inmediato salvar esa situación de zozobra. Hay que "salir" de la duda, superarla de alguna manera. ¿Cómo? Pensando. Es ahí cuando aparecen las ideas, porque hay un problema que resolver. Y el problema capital es: ¿qué debo hacer para ser feliz? ¿Cómo manejar la vida? ¿Qué sentido tiene esta existencia?

Este problema surge cuando las respuestas, las preestablecidas, las que existieron antes de que yo viniera al mundo, ya no satisfacen. Cuando fallan las grandes creencias, las esenciales, se hace difícil caminar. ¿Qué pie va antes, cuál después, a qué ritmo, a qué velocidad?

Hay que pensar. Es tiempo de filosofía.

El origen de todo: la crisis

Escribe el citado pensador español: "Para que la filosofía surja en un pueblo tiene que haber ocurrido una ruptura en el mundo real. Entonces, la filosofía es la reconciliación de la decadencia que el pensamiento ha empezado; esta reconciliación ocurre en el mundo ideal, en el mundo del espíritu, en que el hombre se refugia, cuando el mundo terreno ya no lo satisface".

El mundo debe romperse, quebrarse, dejar de ser confiable. Su sistema de creencias comienza a fallar. Entonces hay que detenerse y pensar. Ya no puedo caminar por donde y como caminaba. He de modificar rumbos y pasos. Pensar. Producir ideas. Horizontes que demarquen un nuevo camino.

"...Así también los griegos se retiraron del Estado (abandonaron las obligaciones del Estado) cuando empezaron a pensar; y empezaron a pensar cuando afuera, en el mundo, todo era turbulento y desdichado... Entonces los filósofos se retiraron a su mundo ideal; los filósofos han sido, como el pueblo los llamó, unos holgazanes."

Efectivamente, para pensar —lo enseñó Aristóteles— hay que disponer de ocio, no hacer nada, dejar de hacer para poder contemplar. Unamuno apoyaba con regocijo esta tesis del filósofo en cuanto "vaga-bundo". Como dijimos antes, *vacare* es estar vacío de ocupación. *Vacare*, vagar. Y de ahí también di-vagar, vagar entre opciones de ideas.

Uno piensa cuando el afuera no satisface. Afuera no encontré respuestas. Debo buscarlas adentro, dentro de mí; es la fuga al interior cuando falla el exterior. "Por consiguiente la filosofía surge cuando la vida moral de un pueblo se ha disuelto y el espíritu ha huido al mundo del pensamiento para buscar un reino de lo interior. El primer modo de existencia de un pueblo es la moral simple..."

En el filosofar pongo mi vida, me pongo a mí mismo frente a mí. Filosofar supone que ya no estoy satisfecho con mi vida.

Hay que salvarse

Una salida es el pensamiento; otra, la expresión artística; otra, el camino de la fe, de una nueva fe, de un Evangelio, de la salvación.

Así surgió y brotó y triunfó el cristianismo en Roma, entre bellos palacios, en una total disolución de valores. Roma estaba construida por fuera, pero destruida por dentro. Surge la religión, la fe, algo inédito. Y gana terreno porque da sentido a una vida que lo había perdido.

Pero ese mismo sistema de creencias luego tuvo que hacer las paces, si quería ganar, con el enemigo, la razón, el Logos, y ahí perdió.

"Dios, nuestro Dios —comenta Octavio Paz— fue víctima de la infección filosófica: el Logos fue el virus, el agente fatal. Así pues, la historia de la filosofía nos limpia de la culpa de la muerte de Dios: no fuimos nosotros los asesinos sino el tiempo y sus accidentes... Nuestra conversión del paganismo fue de tal modo incompleta que los cristianos nos servimos de la filosofía pagana para matar a nuestro Dios" (*Corriente alterna*).

Duras las palabras de Paz, pero relatan objetivamente los acontecimientos. Del Dios de la fe de Pablo y de los místicos, a la política de la religión, romanizada, jerarquizada, burocratizada, lo que sucedió fue la muerte de aquel Dios que empezó en el mismo seno de la coalición con el paganismo y el racionalismo.

Creo quia absurdum est, había dicho Tertuliano. Creo porque es absurdo; si no fuera absurdo el dogma de la trinidad no habría qué creer, sería objeto de lógica y entendimiento, y produciría saber, no fe. El absurdo es para Tertuliano el signo de la fe, su test, su puesta a prueba.

Años largos más tarde dirá San Anselmo de Canterbury: *credo ut intelligam*, creo para entender; primero creo, pero quiero entender eso que creo, quiero volcar en términos de razón eso que es entrega del alma. El intelecto arruina la vivencia.

La fe y el intelecto

Dios no hubiera muerto en la frase de Nietzsche y en *Los demonios* de Dostoievski, si previamente ya no hubiera tenido dentro de sí, de su concepto, el virus de la agonía producida por la fusión de lo imposible de ideas incompatibles: la filosófica de la razón, la religiosa de la fe. *Fides quaerens intellectum* —la fe en busca del intelecto–, se decía en la Edad Media.

Desde que la fe comenzó a buscar al intelecto para justificarse, para aliarse con él, para rendirle pleitesía y someterse a sus requerimientos, comenzó la decadencia de la fe. Porque, a decir verdad, por más esfuerzos titánicos y tantálicos que hayan realizado los Maimónides, los Tomás de Aquino, los Avicena, nunca nadie se convenció realmente de que la fe podía plantearse en términos de ciencia.

El empeño —y el constante aunque no reconocido fracaso— en esta línea de intercomunicación mantuvo durante casi dos milenios al concepto "Dios" en un vaho confuso, pluridimensional, físico (causa de todas las causas), metafísico (intelecto de todos los intelectos), religioso (revelador), místico (persona-a-persona, inefable), mágico (milagroso), salvador (mesiánico). De las múltiples facetas surgen las contradicciones insalvables, las incoherencias.

Iehudá Haleví se atrevió a rechazar, en pleno siglo XII, al Dios de Aristóteles. En realidad no lo refutó. Simplemente no le servía, porque ese Dios, motor inmóvil, era indiferente a nuestras penas, alegrías, rezos. En fin, era Dios pero no nuestro Dios. No servía.

Después fue Pascal, que prefirió adherir, como él decía, "al Dios de Abraham, de Isaac, de Jacob", esto es "de alguien", personal.

Más cerca de nosotros, el danés Sören Kierkegaard desechó los embates del racionalismo hegeliano. Quería respuestas personales y la filosofía no se las proporcionaba. También él se buscó en las figuras de Abraham (padre de la fe) y de Job (paradigma del sufrimiento injustificado).

En nuestro tiempo, Martin Buber considera que es imposible hablar de Dios; tan sólo se podría hablar con Dios.

En el *Diario metafísico* de Gabriel Marcel la problemática del hombre contemporáneo adquiere ribetes de análisis y de alternativas libres de toda confusión: "Yo pretendo que el sujeto no desempeñe el mismo papel en el yo pienso y en el yo creo, y esto es capital... El yo pienso es universal, o por lo menos se suprime en la universalidad del sujeto pensante. En tanto que yo pienso, soy universal... Nada de esto hay en la fe, y los equívocos que siempre se han cernido sobre la idea de una *Vernunft Religion* (religión de la razón) estriban precisamente en que no se hizo claramente la distinción; o bien la religión se reduce a un conjunto de afirmaciones puramente racionales, es decir, válidas para un pensamiento en general, y entonces no es más que un deísmo abstracto y sin contenido... o bien renuncia a fundarse en un universal, y entonces no es más que andamiaje sentimental. Y enteramente subjetivo. Me parece que el camino verdadero está entre ambos y que es preciso abrirlo".

Lo universal es lo racional, es lo no-personal. Filosofía, ciencia. La fe es personal, por tanto, no-universal, subjetiva, absolutamente mía.

Hasta aquí la distinción de Marcel es precisa, tajante. Pero... insistirá en buscar un puente.

Dios es in-demostrable

Mencioné a Gabriel Marcel. De ese pensador religioso, católico, también quiero citar: "Se ve porque no es posible demostrar la existencia de Dios: no hay paso lógico que permita elevarse a Dios partiendo de lo que no es él".

De esta manera se rechaza la aparente prueba que tuvo vigencia —y la sigue teniendo— durante largas generaciones y que es la del motor inmóvil: el movimiento debe tener una causa, y ésta otra, y así regresivamente hasta hallar una causa sin causa, *ens a sé*, el ser causado por sí mismo, el motor inmóvil.

Marcel desecha ese argumento. Desecha todo argumento. Es imposible argumentar racionalmente la existencia (y también la inexistencia) de Dios, puesto que no se podría producir jamás el salto lógico de lo finito a lo infinito.

La fe conoce, en cambio, dos vías; ambas de la experiencia, no de la razón: a) la propia, personal, subjetiva; vivencia, revelación, sentimiento; y b) la de la tradición religiosa que alude ya no a mi experiencia sino a la de mi gente, mis antepasados, mi pueblo, mi credo.

Se vive, no se piensa

El Dios de los filósofos se demuestra. O al menos se pretende demostrarlo en concatenación de juicios.

Aristóteles y Platón, ya lo vimos, parten de la consecuencia, del mundo, y suponen un motor inmóvil, primera causa, Dios. Luego vendrán otros pensadores que buscarán y encontrarán otros argumentos sofisticados para esa demostración.

El Dios de la fe no requiere demostración; se revela, se vive. Esa revelación, en la historia de las religiones, se produce en individuos excepcionales, que se encienden como faros para luego irradiar la luz de su fe a la comunidad, a los otros, y así nace la religión.

Lo importante es insistir en esta diferencia entre fe-religión y filosofía. En el pensamiento lógico se construye a Dios matemáticamente. En el religioso es un dato, una presentación, una manifestación. No se busca, se encuentra.

El monoteísmo arranca de los primeros versículos bíblicos que narran la Creación. La idea de Dios, en esos capítulos, fue durante largos siglos mal entendida, como si se tratara de una ficción científica, una hipótesis acerca de cómo adivinó el mundo y sus seres. Quien relea esos textos dirá que la Biblia no se ocupa de narrar detalle alguno acerca de la creación (cosa que uno realmente aguardaría con afán pasional, saber con algo más de precisión "cómo fue eso"), temas y variaciones de los que se ocupan varias mitologías primitivas. El Génesis no se molesta siquiera en hacer ciencia; en cambio sí hace hincapié en el *orden cósmico*. En la *jerarquía*.

No es la mera existencia de cosas lo que sugiere la existencia de un Creador, sino la estructura, el orden, la matemática organización de los reinos del Ser, unidos, ligados, dependientes el uno del otro, el superior del inferior, el inferior del superior; eso da la pauta de una *voluntad* plasmadora.

Diríamos que más que postular la fe en el Creador, lo que el texto bíblico insiste en puntualizar es la condición nuestra de *creados*, esto es, de involucrados dentro de una organización y de ser responsables por nuestro puesto, y nuestro ser a favor o en contra del "vio que era bueno" que corona cada momento o fase de esa organización.

Persona a persona

Ya citamos a Marcel: el Dios universal de la filosofía no se concilia bien con el personal. Aquel a quien Jesús invoca, persona a persona, en términos de los Salmos: "Dios mío, Dios mío, ¿por qué me has abandonado?".

El "mío" ya es ridículo a los ojos de la filosofía. En este punto filósofos de todos los monoteísmos adolecen de los mismos conflictos cuando procuran puentes de intercambio conceptual entre la fe y la razón. Occidente es, por lo tanto, conflictivo.

La esencia de Occidente es el conflicto y todo auténtico religioso no podrá vivir sino conflictivamente su religión, en un sapiente no saber, al modo de Unamuno:

> *Cuando Tú de mi mente más te alejas*
> *más recuerdo las plácidas consejas*
> *con que mi ama endulzome noches tristes.*

Se aleja, se eclipsa, se revela. Éste es el auténtico Dios de la fe, auténticamente problemático para el hombre que no logra conciliar jamás el ser con el estar, lo finito con lo infinito, lo cósmico universal con lo privado personal. El de la mente se aleja; en cambio se presenta el Dios de la infancia, de las noches tristes.

Es el mismo Pascal, exactamente el mismo, el que pasa a la posteridad por haber dicho: "El hombre no es más que un junco, el más débil... pero un junco que piensa". Es también el mismo que afirma la dignidad suprema del pensamiento, el mismo que rechaza al Dios de los filósofos y se acoge al de las personas, niños, amas y noches tristes.

El Dios de alguien puede ser llamado, convocado, gritado desesperadamente, porque puede ser Dios Mío, en presencia, en ausencia. Hasta que la muerte nos separe.

Octavio Paz, en su libro *Corriente alterna*, con maestría expresiva y conceptual define uno de los núcleos relativos a la concepción de Dios, como suma de percepciones conflictivas: "Aunque la antigüedad clásica había pensado el Ser y concibió la Idea y la Causa inmóvil, ignoró la noción creador y único. Entre el Dios judeocristiano y el Ser de la Metafísica pagana hay una contradicción insuperable: los atributos del Ser no son aplicables a Dios. Y más: el Ser es incompatible con cualquier monoteísmo".

La revelación

Nuestras religiones más conocidas en Occidente y en Oriente tienen como punto de partida histórico *la revelación*. Re-velar es quitar el velo.

El hombre común tiene velados los ojos, los oídos, los sentidos, en cuanto está tan imbuido en las cosas mundanas, en comprar, en vender, en ganar plata, en superar al prójimo, que no alcanza a oír la voz primordial, la voz de Dios.

El hombre excepcional, dicen las religiones, es el profeta, el que abre sus oídos y, por lo tanto, es capaz de oír el mensaje divino.

En esta versión el mensaje de Dios anda por el mundo, pero sólo algunos seres excepcionales lo captan y luego lo difunden al resto de la humanidad para despertarlos de sus ensueños y de sus ilusiones. Ésa es la función del hombre llamado iluminado, o inspirado, o profeta, o mensajero de Dios. A él se re-vela Dios. A él se le caen los velos y alcanza a vislumbrar la dimensión de lo santo, de otra esfera que no es de cosas que se atesoran, se compran, se venden, sino la dimensión de un mensaje que va más allá de lo inmediato, que marca un horizonte para nuestra existencia y un sentido para la vida.

Atiendan a este párrafo de las *Confesiones* de San Agustín y a la relación intimista del hombre que dialoga con Dios desde su propia experiencia: "Yo, Señor, sé con certeza que os amo y no tengo duda en ello. Heristeis mi corazón con vuestra palabra, y luego al punto os amé... Pero, ¿qué es lo que yo amo cuando os amo? No es hermosura corpórea, ni bondad transitoria, ni luz agradable a estos ojos; no suaves melodías de cualesquiera canciones; no la gustosa fragancia de las flores... Nada de eso es lo que amo, cuando amo a mi Dios; y no obstante eso, amo una cierta luz, una cierta armonía, una cierta fragancia, un cierto manjar y un cierto deleite cuando amo a mi Dios, que es luz, melodía, fragancia, alimento y deleite de mi alma. Resplandece entonces en mi alma una luz que no ocupa lugar...".

Ésta es la captación mística de Dios, individual, emocional, reveladora, sumamente personal e intransferible.

La soledad creadora

Es cierto esto de la soledad. No hay pensamiento, ni sentimiento, ni elevación, sino en soledad. "La fe es lo que uno hace de su soledad", decía Alfred North Whitehead.

No hay arte sin soledad. Aunque sea "estar solo entre la gente", al decir de Lope de Vega acerca del amor.

La soledad es la creadora. Pero no estamos solos. No somos solos. Somos siempre algún rasgo dentro de un mosaico mayor, un color, una sombra, un escorzo de un fragmento. Eso somos, fragmentos caídos en el mundo, fundidos en este mundo donde caemos, que nos absorbe y que luego nos arroja afuera con la ilusión de la individualidad, y de la soledad. En eso consiste la soledad, en salirse del mundo. Pero ¿quién puede salirse del mundo?

En qué idioma habla Jesús cuando dice "Dios mío, ¿por qué me has abandonado?". El sentimiento es de él, el idioma es aprendido, es de la cultura de los Salmos entonces reinante en aquella tierra. Solamente que al decirlo Jesús, es otro decir. De modo que no somos solos, ni estamos solos; somos fibras, hilos, residuos de una cultura y de una civilización, y de ahí brotamos, y algunos se llaman Miguel Ángel. Pero nadie podría llamarse Miguel Ángel si no se hubiera criado en un ambiente donde antes hubo alguien llamado El Giotto, por ejemplo. Nadie podría ser Sócrates sin los sofistas, sus mayores enemigos. Nadie tiene ideas que previamente no lo tengan a él.

Y lo mismo sucede con las creencias. Volviendo a Jesús, era ése un tiempo en el que florecían Mesías en todas las esquinas. El aire estaba saturado de ansiedad mesiánica, de redención, de salvación, de revelación, de fuga y consuelo de tanto dolor. Todos los días aparecían en Judea señores que predicaban y anunciaban que eran los enviados de Dios. En esa atmósfera creció y se impuso Jesús con su mensaje.

Solo, claro está. Hizo fe de su soledad, pero su soledad estaba nutrida por esa atmósfera de un todos nosotros, porque sin ella su fe y su mensaje se volatilizarían en el aire y se perderían.

Reflexiones de mi maestro Jorge Romero Brest

Volvamos al tema del individuo genial, de la soledad que produce la fe. Mi maestro Jorge Romero Brest se preguntaba: "¿Qué hace usted cuando es presa de una gran emoción y quiere comunicarla? ¿No busca en el repertorio de su idioma las palabras adecuadas? Y bien, esas palabras no son inventadas por usted, se le dan como formas hechas, con el significado preciso que figura en el diccionario y obedientes a ciertas reglas que establece la gramática; son palabras que constituyen para usted la objetividad en que puede apoyarse para exteriorizar su emoción" (*Así se mira el arte moderno*).

Del mismo modo un artista busca puntos de apoyo en los lenguajes existentes, en objetos, en la naturaleza. "Un artista piensa, siente, quiere, sabe, imagina, etc., como miembro de una comunidad, y aunque esto no significa negarle originalidad, es evidente que sus contenidos subjetivos se nutren en los contenidos objetivos que elabora aquélla".

La naturaleza no da saltos. El espíritu humano, tampoco. La historia justamente existe no porque haya causas y efectos, sino porque el pensamiento extrae hebras nuevas de tejidos viejos, porque se necesita un Rembrandt previo para un Picasso posterior.

"El artista, decía hasta ahora, toma su sentimiento, su interior, y busca apoyo en una forma exterior para expresarlo." Es lo subjetivo que necesita de lo objetivo para poder expresarse.

"Hay períodos de crisis en los que se ponen en duda las instancias de objetividad. Ni la religión, ni la ciencia, ni la filosofía, ni la moral, ni el derecho, etc., presentan soluciones aceptables, y como todo tiende a ser modificado, el sentimiento recobra sus derechos... La concepción subjetiva del artista deja de coincidir con la concepción objetiva de la realidad admitida, se origina un conflicto entre lo que quiere expresar y los medios de que dispone para expresarse y se derrumba el sistema de formas empleado hasta este momento como lenguaje vigente del arte."

Claro que esto pasa en nuestro tiempo y el dilema, dice Romero Brest, es cómo se logra que siga siendo arte, es decir, expresión compartida por varios, si lo objetivo se pierde, y cada uno queda encerrado en su subjetividad, sin comunicación.

"Henos de lleno en el corazón del conflicto: es menester que se creen formas comprensibles, so pena de que la subjetividad deje de ser expresiva... Lo que niego, como ve, es la posibilidad de que el sentimiento sea comunicado en estado de pureza absoluta y afirmo la necesidad de que se condense en una forma, lo que implica a su vez una actitud de conocimiento."

"Son los físicos y los matemáticos, en efecto, los que han destruido las nociones de tiempo y espacio, el principio de causalidad, los conceptos de materia y energía, para presentarnos otra idea del mundo que no obedece más a las limitadas leyes de la experiencia. En vez de ese modelo imperante hasta el pasado siglo, hecho a la medida del hombre, nos hablan de un mundo sin modelo, es decir, sin imagen posible... ¿Cree usted que una época que tiene tales caracteres puede ser expresada por medio de imágenes representativas?... La subjetividad vuela en alas de una fantasía menos empírica... necesita apoyarse en imágenes que posean otra precisión..."

La disolución del modelo cósmico puede ser imagen y paradigma y sustento de toda disolución de normas, leyes, establecimientos e instituciones. La subjetividad se queda sola, sin apoyos exteriores en la materia, y en la relación humana ello implica que también todo otro se disuelve y toda argamasa no existe.

Posmodernidad

Posmodernidad, después de lo moderno. Porque lo moderno entroniza a la razón en lugar de a Dios. La razón de la ciencia, la razón de la tecnología, y en ella hace radicar el sentido de lo humano y de la historia humana. En la plenitud del siglo XX, con tantas caídas de muros, también ese sitial se derrumba. La razón, la lógica, el enfoque científico, es una de las tantas visiones que podemos tener de la realidad, no la única, y no la exclusiva; tampoco la superior, declara la Posmodernidad.

Paul Feyerabend sostiene, inclusive, que esa primacía de la ciencia nos está haciendo daño, y mucho. La posmodernidad es, según

Lyotard en *La condición posmoderna,* la caída de todos los metarrelatos. Los metarrelatos son los grandes mitos que cada generación ha sostenido como fundamento para su creer, su pensar, su vivir. El cuento que está detrás y debajo de todos los cuentos, el metarrelato.

En esta manera de ver todo es relato, construcción. El mundo es lo que decimos del mundo, se sugería antes. Ahora la sugerencia es: el mundo es lo que nosotros decidimos decir acerca del mundo.

Decir es significar. La filosofía de la posmodernidad echa sus anclas en la hermenéutica, la interpretación.

La posmodernidad puede interpretarse como el fin o la caída de la modernidad, o como su consecuencia. El mundo simbólico, como entorno natural e interno del ser humano, es el gran descubrimiento del siglo XX. Y el afectivo. Y la comunicación. Vivir es interpretar, porque nuestra realidad, la humana, es ante todo lingüística. No hay cosa, objeto, sin una pre-comprensión de la cosa, o captación a través de nuestra red lingüística. El objeto no está más, como se pensaba antes, frente al sujeto. Ambos forman parte de una trama común, la de la comprensión, y por eso la ciencia de todas las ciencias es la hermenéutica, la interpretación.

En términos de Gianni Vattimo: "Antes de cualquier reconocimiento de algo como algo, el conociente y lo conocido ya se pertenecen recíprocamente: lo conocido ya está dentro del horizonte del conociente, pero sólo porque el conociente está dentro del mundo que lo conocido co-determina" (*Las aventuras de la diferencia*).

Empiezo en mí, termino en mí, porque lo otro, lo que no es yo es visto por mí, y por tanto conformado o configurado por mí, o por mi proyección sobre ese objeto. Lo que sabemos, lo que en ciencia se llama saber, es cierto, pero no es absoluto. Cierto e incierto a la vez. La verdad es la idea consensuada por los expertos en el tema, está en la comunicación, como dice Jürgen Habermas en su libro *Conocimiento e interés*. Está entre nosotros. Eso la vuelve incierta, pero la hace comprometedora.

Las veinticuatro horas

Villiers de l'Isle (1840-1889) sostenía que él estaba en el mundo para producir obras; "en cuanto a vivir, nuestros criados pueden hacerlo por nosotros", comentaba.

Tan abocado estaba al universo de las obras, que creía que vivir era tema para los que no tenían obra que producir, la gente inferior, los criados.

Hubo un cambio: a nosotros nos enloquece la vida. Creemos que el hombre no está para producir obra, sino que la gran obra es su vida misma. En su vivir ha de hallarse su arte. ¿La obra de mármol de Miguel Ángel es la única importante o la obra de carne, sentimientos, conflictos, que es la vida de Miguel Ángel, y que también involucra su arte de pincel o de piedra? ¿Ha de ser la obra equivalente al ser?

El arte de vivir es el supremo arte, si es que nos ilusionamos con una marcha evolucionista de la historia. Si tal evolución existiera, después de todas las obras, de una civilización y de cultura hechas de obras, cosas, muros, casas, altares, libros, armazones y estructuras, después de miles de años intentando construir la vida habiendo logrado siempre, siempre, construir el entorno de la vida en calidad de la vida, hoy carecemos de entorno; los muros, todos los muros, los políticos, los culturales, los ideológicos, están cayendo estrepitosamente y el mundo se uniformiza en torno a la transitoriedad de las cosas.

Entramos en una era de obras premeditadamente intrascendentes, momentáneas, caducas de nacimiento, sin eternidad, móviles y delebles. De hoy para hoy. El libro de arena.

Cabe considerar la vida, la de cada uno, como única obra posible y valiosa, fin en sí, objeto y objetivo dignos de alcanzar, y los años tienen 365 días que hay que ir cumpliendo día por día.

James Joyce, autor de *Ulises*, que revolucionó la historia de la literatura a comienzos del siglo XX, describe veinticuatro horas en la vida de su protagonista.

Joyce nos retrata. En su *Ulises* se produce la novela que contiene centenares de páginas y todas transcurren en menos de veinticuatro horas. Ahí está toda la vida, toda la realidad.

Joyce escribe la novela de cada día. Todo lo que decimos, todo lo que oímos, todo lo que sucede en un día, es una novela total, la simple eternidad. Otra no hay. Por lo menos hoy.

❧

El fracaso de la racionalidad

La racionalidad, como ideal supremo, proviene de Grecia. Ahí el Logos, la razón-palabra, estableció sus reales, ahí surgieron los filósofos, los matemáticos, los médicos. Pero también la mitología. Y también el arte, más la literatura, más la historia, más todos los gérmenes esenciales de la cultura humana.

En el fondo, como en todos los pueblos, lo que primero se da es la gnosis. El término significa "conocimiento" pero es un conocimiento muy particular, oculto, misterioso, que funde en sí temas religiosos con temas filosóficos, con temas mitológicos. Ante una vida que se presenta en forma de crisis, de problemas, el hombre debe responder. La primera reacción es ocultista y surge en grupos aristocráticos, en sacerdotes, gente que forma núcleos herméticos de comunicación interna, que guardan ese saber.

La gnosis es una esperanza de salvación, pero mezcla racionalismo con fetichismos y metáforas oscuras. La Cábala judía, por ejemplo, de particular esplendor en el siglo XII, tiene orígenes en aquel saber. La idea de inmortalidad que encontramos en Platón, por ejemplo, encuentra raíces obvias en la religión de Orfeo o la secta de los órficos, que cundió también entre pitagóricos.

Es que ante el misterio, la racionalidad se siente como detenida, frenada. Como decía Bergson, la inteligencia sólo es capaz de encarar objetos muertos, inertes. La vida, que es movimiento y cambio, se resiste a ser comprimida por la inteligencia en fórmulas definitivas.

La religión es una reacción constante del hombre ante el misterio. Y el arte también. Ambas son formas no racionales, o mejor dicho, de plasmación en imágenes y no en conceptos, para mejor captar la vivencia de la realidad.

El homo sapiens *se cree* sapiens, *es decir caracterizado por su saber racional, científico, pero ante los casos límite de la existencia, su sapiencia se diluye y aparece el* homo credens, *el creyente, no solamente en Dios, sino en toda la cultura de la creencia que se desarrolla a partir de esa necesidad.*

El sapiens *es el que produce ideas, se nutre de ideas. Ese mismo sujeto —no otro— ama a su esposa, a sus hijos, los educa, se sacrifica por ellos si fuera necesario, no por cálculos racionales, sino por una profunda fe en que eso es bueno, porque estamos yendo hacia algún lado.*

Ideas en la superficie, creencias en el fondo.

8

El sufrimiento

El Evangelio

En el seno de la crisis de la civilización romana surgió un nuevo fenómeno en la historia de las ideas y de las creencias: la fe. La trajo a Roma un grupo de judíos, o descendientes de judíos, que no creían en Zeus, ni en el tronante rayo, ni en dioses geniales, grandiosos, maravillosos, sino en un sujeto crucificado a los treinta años, un individuo que, visto con ojos romanos, representaba el fracaso, la miseria, la humillación y, sin embargo, ese hombre muerto llamado Jesús —que en hebreo significa "salvador"— prometía un nuevo mensaje, un buen mensaje.

Evangelio es *eu-angelos*, "buen mensaje". Los ángeles, antes de tener esas alitas encantadoras que les pusieron los siglos, eran mensajeros. De modo que la oferta no era ni pan, ni circo, sino algo que tenía que suceder en el interior del hombre: la fe.

La decadencia de Roma necesitaba de otro mensaje, no el constructor de baños, circos y cloacas y puentes y vías de agua. Algo para el alma. Porque el hombre tiene alma, un algo interior, que también necesita ser alimentado, y, si no lo es, la angustia lo atenaza por más circo romano que lo envuelva.

Ese nuevo mensaje, ¿de dónde provenía, a qué contenido apuntaba? Decir Dios es decir muy poco, tal vez nada, ya que cada cual interpreta ese vocablo según sus apetencias metafísicas.

Los cristianos, hijos de los judíos, heredaron de ellos una problemática central en la existencia humana que en el campo del pensamiento suele ser silenciada por falta de respuesta. Es el tema del sufrimiento.

¿Por qué sufrimos? La respuesta sólo puede ser religiosa.

Para colmo, en la tierra de Judea, con ese mensaje tan nebuloso de ser un pueblo elegido por Dios, el sufrimiento de las guerras, persecuciones y matanzas que otros pueblos abatían sobre ellos, el problema se tornaba sumamente agudo. Era menester responder.

Jeremías, el profeta, pregunta: "¿Cómo es que a los malvados les va bien, viven en bienestar?". Y los otros, obviamente, están en el dolor y la humillación. ¿Dios, el bueno, desprotege a los buenos? ¿Cómo se entiende eso?

La filosofía de la historia según Isaías

Isaías es uno de los profetas mayores del Antiguo Testamento. El profeta no era un mago, un hechicero que "adivinaba" el futuro. Era, si se puede decir así, un filósofo de la historia. Veía el presente y preveía el futuro. Es, según las Escrituras, inspirado por Dios, pero lo que dice tiene sentido humano, terrenal, y no son palabras de alguien caído en éxtasis que deja que su boca hable sola. El profeta era pensante, creyente, y maestro.

Isaías se pregunta: ¿Quién es el sufriente? El pueblo, el profeta, el individuo puro y limpio.

Es un sufrimiento injustificado. ¿Los que mejor actúan son los más castigados? Es necesario buscarle salida a este arduo problema. No basta con decir, como muchos inclusive hoy expresan, "es la voluntad de Dios y a ella hay que atenerse". No, repito, ese ser excepcional razona, quiere saber, quiere entender.

El sufrimiento no se justifica por vía lógica, o por la experiencia actual. Hay que buscarle otro sentido. En consecuencia, hay que buscar otra vía. El que sufre no sufre por algo sino para algo. Es menester mirar hacia el futuro, hacia las consecuencias. Es indispensable cambiar de enfoque y practicar ahora una visión histórica, dialéctica, según la cual lo que es no es lo que es sino apariencia del ser. Hay un ser apariencial, que es el que tus ojos atisban en primera instancia. Pero es cáscara. En el fondo, debajo de la cáscara se oculta el verdadero ser, el auténtico significado de esa apariencia.

Ese personaje, el sufriente sin causa, es llamado por Isaías "El siervo de Dios". Ser siervo no tiene nada de bueno, ni de halagüeño. Pero el siervo de Dios está hundido como un siervo, como un esclavo, y esta servidumbre es en realidad servicio, servicio a Dios, y en esto consiste su grandeza, su elección. Dios lo ha elegido para sufrir. Sufrir no es un castigo, es una elección, un privilegio, siempre y cuando se entienda para qué se sufre.

El siervo, sea una sociedad perseguida, masacrada, sea un individuo marginado, no toma conciencia del papel que está ejecutando en el drama de la historia. Pero Isaías, de inspiración superior, descubre el misterio. El siervo de Dios no sufre por algo, sufre por alguien, para alguien. Es el individuo justo y puro, escarnio de la sociedad. Se burlan de él, lo menosprecian. Es el miserable. Los ricos, los fuertes, los dichosos, los sanos lo consideran un ser inferior. Pero el profeta ve venir un tiempo de trueque de valores. Aquellos grandes y exultantes que tanto despreciaban al siervo de Dios, algún día tomarán conciencia de que ellos eran los siervos, y él en cambio, por estar sometido a Dios, era el amo.

Entonces, la historia captará la filosofía de su devenir, dice el profeta en el capítulo 53 de su libro. "Todos nosotros nos descarriamos como ovejas; cada cual se apartó de su camino, pero Dios cargó sobre el pecado de todos nosotros."

El chivo expiatorio

Es algo así como el chivo expiatorio. Esta expresión está tomada de un antiguo ritual judío, descrito en Levítico XXV. Se elegían dos animales, uno llevaba el signo "para Dios" y el otro, "para el Demonio". A éste se lo arrojaba al desierto, a la muerte, y él cargaba con los pecados de todo el pueblo. Expiaba a los demás. Su muerte, en esa vieja tradición, liberaba a los demás del castigo del pecado. Sufre para que los otros no sufran o para que dejen de sufrir. Ese sufrimiento significa redención de pecados y dolores ajenos.

Hoy es hombre de pesares, de llagas, de humillaciones públicas. Pero mañana será reconocido en su vera imagen, en su profundo significado. Ese ser tan inferior será considerado el superior, el mayor, y la gente verá que la realidad de tanto esplendor fue apariencia y que la apariencia de tanta miseria será esplendor. "Lo torcido se enderezará", dice Isaías, 40.

Ésta es la dialéctica de la historia que señala Isaías en su planteo revolucionario. No eres lo que eres sino eso que estás siendo en la trama de hilos que va confeccionando el tiempo. El presente sólo podrá ser entendido en el futuro cuando se sepa para qué sirvió este presente. De este modo se diluyen los conceptos coagulados del bien y del mal, de la sonrisa y del llanto, del arriba y del abajo.

Por otra parte, para ir atando cabos, Isaías, siguiendo el lineamiento de otros profetas, encuentra otra salida para el sufrimiento, y eventualmente no es otra. Es otra cara del espejo enfocando la misma realidad anterior, la del dolor que algún día será alegría. Bien dicen los salmos al respecto: los que siembran con lágrimas, cosecharán con júbilo.

Sufrimos hoy pero habrá un mañana. Ese mañana elucubrado por el profeta ha de ser de consuelo, de bálsamo, de bien, cuando ya se descascare la realidad, y lo profundo salga a luz. Entonces ya no habrá más apariencias, ya los impíos dejarán de serlo porque sabrán que son infelices, y los piadosos dejarán de sufrir, porque ya no habrá dolor inútil. Es el final de los tiempos.

Algún día se recuperará el equilibrio que ahora vemos roto, trastocado. Algún día será la primavera del alma, y ahí permaneceremos.

Ese día tiene dos momentos: uno de escatología, de gran destrucción para borrar el mal de la tierra; otro posterior, de luz, de sol, de belleza, de paz, de fraternidad.

El reino de los cielos aparece en ambos Testamentos como la compensación para este reino de la tierra pleno de injusticia, de sufrimiento sin causa. Pero quien sufre ha de aprender a esperar, a confiar, a tener fe. Habrá un día, el del Mesías. Habrá un nuevo reino con una auténtica justicia, el de los cielos. Reino del bien contra reino del mal, el actual.

Los ateos, por más ateos que sean, encajan en este concepto teológico de un tiempo mejor que compensará el tiempo peor del pasado; es la utopía, que significa el no lugar, no en este lugar. El primero se describe en la guerra de Gog y Magog, en cuanto a lo macro. Las distintas versiones del Apocalipsis, término que significa revelación, aparición de Dios como Juez. En cuanto a lo micro, es el dolor del desesperado que dice "Dios mío, por qué me has abandonado". El segundo es el enaltecimiento del siervo de Dios, el advenimiento del salvador llamado Mesías. "He aquí que se levantará mi siervo —dice Dios en el libro de Isaías— y será un hombre superior".

El primer tiempo es llamado "dolores de parto". Sufrir, pero para dar a luz. Un sufrimiento con razón de ser que compensará el sufrimiento del pasado, que era desolador. La finalidad de esos dolores es el alumbramiento, la luz. El nuevo hombre, el segundo Adán, y algo así como un retorno al paraíso.

La historia humana y la culminación mesiánica

En el cristianismo, éstas son las etapas de la historia:
– La caída. Adán, en su transgresión, produce el pecado, que luego será llamado por San Agustín el pecado original, porque está en el origen de todo ser.
– Jesús, el sufriente sin razón de ser.
– El sufrimiento adquiere razón de ser: redimir del pecado de Adán. Jesús es llamado el Segundo Adán.

En Corintios 1, 20-24, se explica así: "Cristo ha resucitado de entre los muertos... Puesto que la muerte entró por medio de un hombre, también por medio de un hombre ha venido la resurrección de los muertos. Porque así como en Adán todos mueren, así también en Cristo todos serán vivificados. Pero cada uno en su orden: Cristo, las primicias; luego los que son de Cristo, en su venida. Después el fin, cuando él entregue el reino al Dios y Padre, cuando ya haya anulado todo principado, autoridad y poder".

Esta visión redentora de Dios acentúa su carácter paternal, bondadoso, piadoso. Mientras que el Dios creador, el del primer Adán, aparece en la ley del castigo, el rostro de la dureza exigente. Es decir que el pensamiento religioso evoluciona desde la inclemencia hacia la caridad. No obstante, teniendo en cuenta estas dos "imágenes" de Dios, que también representan el ser de la realidad, que se mueve entre luces y sombras, entre la crueldad y la dulzura, surgió una secta conducida por Mani, que produjo una versión que luego se llamará el maniqueísmo: la idea de que hay dos dioses, uno del mal, el de la creación, y otro del bien, el de Cristo y San Pablo.

Por otra parte, una corriente llamada marcionismo hace hincapié en esta oposición, considerando que Antiguo y Nuevo Testamento se oponen absolutamente entre sí.

La iglesia sale al frente de esta hipótesis con la fórmula "*Novus Testamentum in vetere latet. Vetus testamentum in novo patet*". El Viejo Testamento se hace ver en el Nuevo. No hay ruptura. Hay continuación. Hay interpretación. Por eso en toda buena Biblia los discursos de Jesús y los evangelistas que contienen fragmentos y citas del Antiguo Testamento —y los contienen con profusión— se señala al margen el origen de esas palabras en el Viejo Testamento.

La lucha contra la dualidad maniqueísta fue ardua, y San Agustín descolló en este campo. Había que salvar la Unidad de Dios frente a cualquier fragmentación. Ocurre que, como bien dice Jesús, hay algo que es La Ley, y luego vienen los profetas. No es una ruptura. La idea de San Pablo, por ejemplo, aunque ataca duramente la Ley, no es suprimirla sino educar a través de la fe a amarla y respetarla sin el miedo de la sanción, sino, repito, por amor y adhesión.

Es que el Nuevo Testamento no quiere desprenderse del Viejo, sino hallar en él sus raíces, su justificación histórica, y manifestarse como sucesor.

Creo porque es absurdo

Credo quia absurdum. La frase se atribuye a Tertuliano, del siglo II. Estrictamente, lo que escribió en *De carne Christi* es: "El hijo de Dios fue crucificado, lo que no es vergonzoso aunque pudiera serlo. El Hijo de Dios ha muerto; es creíble pues es inconcebible. Fue sepultado y resucitó; es cierto, pues es imposible".

La fe se rebela contra la razón y la tendencia de tener que demostrar la existencia de Dios racionalmente. Eso no es fe, comenta Tertuliano. La razón procura diluir los relatos bíblicos en explicaciones racionales. Él se opone. Al contrario, dice, si lo que encuentro en los relatos de la fe y en la fe misma —como ser el misterio de la Trinidad— no se entiende, es absurdo, he de conservar el absurdo, porque la fe es justamente una entrega a lo inentendible, si no sería ciencia, no fe.

No obstante, en la Edad Media progresivamente se impuso el espíritu crítico, la necesidad de confrontar fe y razón y procurar que concuerden entre sí. Y por eso dice San Anselmo en el siglo XI: *credo ut intelligam*, creo pero necesito entender. Sin fe nada se puede entender; pero el que tiene fe tiene el deber de entender, si no, es un individuo vacío.

El sufrimiento, es obvio, conduce a la sin-razón, es decir, al absurdo. El dolor del justo, del bueno, su miseria, o su muerte prematura, no se conciben en un mundo de racionalidad, en el que el bien ha de producir bien. Desde la razón es inconcebible, es absurdo, si se parte de un mundo que Dios, de algún modo, vigila. Dios es el bien, el sufrimiento apunta al mal. La razón trabaja sobre el entramado de causa y efecto. Pero mi sufrimiento, dice Job y lo corrobora Cristo, no tiene causa, es decir, no tiene motivo ni justificación alguna.

¿Puede haber algo gratuito en el universo? No, no puede haber, a menos que se quiera destruir la armonía divina, y caer en una suerte de anarquismo nihilista que nos conduciría a una parálisis moral, a una suerte de sadismo incontrolable.

En consecuencia, la justicia existe, pero no a nuestros ojos. A nuestros ojos, como le contesta Lutero a Erasmo en su libro *De servo arbitrio*, es justamente el mal, la pasión inútil, los que predominan. Y así, dice con inexorable entusiasmo: "El más alto grado de la fe consiste en creer clemente al que salva tan pocas faltas y que condena tantas; creer justo a aquel que por su voluntad nos hace necesariamente condenables, de modo que parece —como dice Erasmo— extraer goce de nuestras torturas, y digno más bien de odio que de amor. Ahora, si se pudiera comprender con un sistema cualquiera cómo puede ser misericordioso un Dios semejante, que muestra tanta cólera y tanta iniquidad, no habría necesidad de fe".

Retomemos el planteo de Tertuliano.

No entiendo nada. Todo me dice que Dios no existe. Y sin embargo, debe existir. Por lo tanto, he de asimilar que mi entendimiento es muy corto y que, por otra parte, no puedo medir ni cortar a Dios a la medida de mi propia barbarie. Si no entiendo, creo.

De este modo ligó Lutero el Antiguo Testamento (el Dios de la ira, el justiciero, el de la ley) con el Nuevo Testamento, el Dios de la fe, del amor, de la piedad.

Hay que ir más allá de las apariencias y de estos prejuicios que tenemos acerca del bien y del mal.

Los maestros, sus sucesores y el pueblo

La historia de las ideas, tanto en filosofía como en religión, es realmente fabulosa, en la capacidad que tienen las generaciones para distanciarse de los comienzos e ir armando su propia religión; finalmente, será ella la religión definitiva, la que el pueblo establece como tal, y eso vale, por cierto, también para el judaísmo y el islamismo.

Los fundadores de religiones y de escuelas filosóficas ponen cimientos que el tiempo, la interpretación, la mala interpretación, la adaptación, irán modificando. Cada cual, cada tiempo se mide el sayo y procura que le quede bien; en fin, que el sayo se someta a sus necesidades.

Los maestros fundan la religión. El pueblo en la historia la re-funda y la establece a su gusto y paladar. Y ello se entiende: los maestros son extremistas. Piden algo imposible, el amor al prójimo, cuando la naturaleza ordena —decía Freud— el odio.

Esa historia, pues, es historia de traición, de revolución, de reforma perpetua de las bases conceptuales de la religión, en manos del paso de los tiempos y de las necesidades de los hombres. Vamos al cementerio, ahí lloramos, ponemos flores, hacemos rituales, cosa que desde el ideal de las religiones es pura idolatría. Paganismo absoluto. Y bien, que sea. Pero también es nuestra necesidad.

Pasó lo que pasa siempre en toda gran revolución. De las grandes ideas, de los grandes revolucionarios, brotan, en la herencia posterior, enanas realizaciones que distorsionan el mensaje original.

La solución del pecado original

Retomemos al tema de los temas: el sufrimiento humano, la pena injustificada de los justos, de los buenos, de los niños, de los recién nacidos.

El pensamiento humano gira en torno de pocos temas, que son los esenciales, todos ligados a un interrogante capital: el sentido de la vida.

Ya vimos cómo en Oriente ese problema fue enfrentado suprimiendo el afán de felicidad, la voluntad de ser y de lograr y de llegar, tan caros para nosotros, occidentales, y de esa manera suprimir o minimizar el sufrimiento. Para Oriente el sufrimiento no es algo excepcional, es algo estructural de la condición humana.

A lo largo de la historia se venía explicando el misterio del sufrimiento humano como el precio pagado por la caída en el paraíso. Se entendió que si la causa fue un hombre, ha de sobrevenir otro hombre mayor aún para deshacer ese motivo, es decir Cristo. En Corintios 15, 21-22, se dice: "Porque habiendo venido por un hombre la muerte, también por un hombre viene la resurrección de los muertos. Pues del mismo modo que en Adán mueren todos, así también todos revivirán en Cristo". La caída, el pecado original, el sufrimiento y la muerte vienen todos ligados.

Pero no todos pensaban como la tradición y como Agustín. Algunos pensaban con cerebro propio y se preguntaban cómo era eso de que la muerte fue provocada por el pecado siendo, como es, un tema natural de la naturaleza.

La guerra teológica

Asistiremos ahora a una guerra teológica, dentro del mismo catolicismo, en torno al tema del "pecado original".

Consideramos sumamente ilustrativo este episodio para aprender que la Edad Media no era tan monolítica, cerrada y ciegamente entregada al dogma, tal como nos vienen "vendiendo", por ese motivo llamada "edad oscura".

A continuación veremos que había guerras teológicas, disensos, y también persecuciones, por cierto, pero había mucha gente que se atrevía a pensar y a contradecir al poder central de la Iglesia.

Uno de ellos fue Pelagio. Este pensador —devoto asceta católico, influido por lecturas griegas, es decir por la razón y la lógica—, y otros como Crisóstomo, que adhirieron a él, argumentaron que había que separar entre acontecimientos de la naturaleza y otros provocados o modificados por actos humanos. Pelagio y Crisóstomo consideraban que el bautismo liberaba la voluntad del hombre y lo autorizaba a tomar decisiones morales. San Agustín, su coetáneo, rechazó absolutamente esta idea, ya que le derrumbaba todo el sistema de Teodicea (justificación de Dios) que venía erigiendo. Fue ardua la guerra.

Roma estaba terriblemente dividida entre ambos bandos. Los papas no sabían qué hacer; por una parte declaraban a Pelagio como ortodoxo, y por otra, como hereje. Agustín peleó e influyó sobre los obispos africanos y el papa Zósimo se vio obligado a excomulgar a Pelagio.

Agustín también solicitó ayuda del emperador Allipio, su amigo, para perseguir a Pelagio. Obviamente ganó el poder y las ideas agustinianas se impusieron.

El sexo y la muerte

A ello añádase que el pecado original —así se decía— fue pecado sexual. En efecto, la Biblia dice que la serpiente "sedujo" a la mujer. Ese verbo puede entenderse como que la convenció, la fascinó con sus palabras o que la sedujo carnalmente. Esta segunda versión fue la que tuvo éxito. De modo que la ingesta del fruto es un símbolo exterior (y bastante freudiano, por cierto) del pecado sexual. La caída fue caída libidinosa y, desde entonces, el sexo fue aceptado como mal necesario para procrear, pero perseguido como placer libre, y pecado de todos los pecados. De ahí en adelante se fue armando la tradición que ligaba sexo con pecado.

Juliano, de la línea de Pelagio, replicó que no hay tal pecado original, y que ninguna condición hereditaria se transmite físicamente para corromper a la humanidad. Si Dios creó el sexo, argüía, no pudo haber creado algo malo. Y en lo que toca a la muerte, sostenía, ésa que sufrimos como castigo por el pecado de Adán (Dios advirtió: si comen, morirán), dice, es distinta de la mortalidad universal natural a todas las especies vivientes. Dios advirtió a Adán: "el día que comeréis, moriréis", pero Adán no murió físicamente; en cambio, empezó a morir espiritualmente el día en que optó por pecar. La descendencia de Adán se enfrenta a la misma opción.

San Agustín sostiene que Adán modificó toda la estructura del universo, de la naturaleza. Imagina que sin pecado la mujer pariría sin dolores, sin náuseas, sin todo ese sufrimiento que es la mujer cuando va a dar a luz, y lo mismo el trabajo, fatiga de los hombres, y finalmente la muerte, ya que antes hubiéramos vivido sin necesidad de morir.

"Allí donde hay sufrimiento debe de haber maldad y culpa —señala San Agustín—. Dios no permitiría el sufrimiento allí donde no hubiera alguna falta anterior." Y luego le pregunta a Juliano cómo podría un Dios justo permitir el sufrimiento de los niños. Según Juliano, el hombre es inocente, sin pecado original, y entonces le pregunta: "explica por qué tan gran inocencia (de los niños) algunas veces nace ciega o sorda. Si nada merece que el castigo pase de padres a hijos, quién podría soportar que la imagen de dios a veces naciese retrasada, puesto que sólo afecta al alma. Considera los hechos desnudos, considera por qué algunos niños sufren de endemoniamiento".

Para Juliano los dolores del parto forman parte de la naturaleza animal, de cabras, de ovejas, y era también natural la fatiga del trabajo, ya que le fue encomendado a Adán cuidar el paraíso y trabajarlo. ¿Qué cambió entonces, según Juliano, en la famosa maldición de Dios? La visión subjetiva del hombre de aquello que ya venía sucediendo: él ve ahora en eso una maldición porque su pecado lo persigue y empieza a morir espiritualmente. En este vacío interior, todo le resulta una maldición y lo que ayer era bueno, el trabajo, el sudor, ahora le parece malo, maldito, porque así le brota de adentro, desde su alma sucia.

Y en lo que toca a la muerte, es más bien un consuelo de Dios que un castigo: por suerte morirás y podrás liberarte de ti mismo y de tus maldiciones; de tierra fue hecho, en consecuencia, el volver a la tierra es naturaleza, retornar a su origen, y no castigo especial (porque, si no, digo yo, el haberlo hecho de tierra ya es el castigo en sí).

Vea el curioso lector Corintios 15, 53, que Juliano cita para sostener su teoría: "en el pecado se vive diariamente el aguijón de la muerte".

Ganó, obviamente, Agustín

Doce años duró la discusión entre Agustín y Juliano, hasta la muerte de Agustín. Finalmente, prevaleció Agustín y el otro fue declarado herético.

El argumento contundente de Agustín está tomado de la prédica de San Pablo en Romanos 7, 15-17: "Pues no hago lo que quiero, sino lo que aborrezco, eso hago... en realidad ya no soy yo quien obra, sino el pecado que habita en mí. Pues bien sé yo que nada bueno habita en mí, es decir en mi carne; en efecto, querer hacer el bien lo tengo a mi alcance mas no el realizarlo". Sólo que Agustín lo traduce todo a sexo y la carne se le vuelve sexo; y el sexo, concepción y transmisión del pecado.

Recién en el siglo XX esas ideas comenzaron a ser puestas en duda, y no por todos. Según Elaine Pagels, en su libro *Adán, Eva y la serpiente,* algunos estudiosos consideran que la versión de Juliano no es mero racionalismo elemental.

"Había en esa idea un peligro de revolución copernicana. Igual que la revolución copernicana, Juliano amenazaba con desalojar a la humanidad, psicológica y espiritualmente, del centro del universo, reduciéndola a ser una especie viviente más... Pretender (refiriéndose a lo que hace Agustín) que la voluntad de un solo ser humano haya poseído tal poder refleja la presunción de una sobrenatural importancia humana."

Creo que la polémica es sumamente interesante y válida hasta el día de hoy. Por otra parte, quise mostrar que el pensamiento humano suele ser rebelde, y también ahí se juegan causas, poderes, intereses creados.

La misión de Jesús

Volvemos al planteo inicial. Jesús advino al mundo —sostiene el cristianismo— para redimirnos de esa culpa, y por eso se lo llama el Segundo Adán. Pero Jesús es, él mismo, sufrimiento, crucifixión, absurdo del bien que cosecha espinas. El tema del sufrimiento nunca da paz al corazón. ¿Por qué ese dolor, ese sufrimiento, esa angustia, in-justificados, in-explicables?

Job es un individuo. Él no se somete a argumentaciones de los sabios. Él sufre y no merece sufrir. Dialoga con Dios. La respuesta finalmente es: nada entiendes de la estructura del cosmos, y tampoco puedes pretender, por lo tanto, entender eso que te pasa a ti.

Job es un rebelde. Religioso pero rebelde. Le exige a Dios respuestas. Obtiene el silencio. Un silencio que acrecienta el misterio y no tapa con finas gasas las dolorosas heridas.

En el siglo I, los habitantes de la tierra de Judea estaban desesperados. Los gobiernos, corruptos, dados a la rapiña y a la autosatisfacción, sin Dios y sin justicia, los habían entregado a manos de los invasores romanos. "Entonces, ¿no somos elegidos por Dios?", se preguntaban los judíos, doloridos y bajo plena bota imperialista. Los romanos no sólo dominaban la tierra, también querían dominar el alma, extirpar la cultura de Moisés, los ideales de los profetas, e instaurar el circo y la brutalidad en pleno templo de Jerusalén.

El llamado "pueblo elegido" no sólo no se sentía elegido, sino que se sentía abandonado, sacrificado. Cuando falla la razón, cuando el absurdo se entroniza, cuando sólo la muerte aguarda al final de la vida, nace la fe. El salmo bíblico lo dice: "Desde la angustia clamé a Dios"; "Desde las profundidades llamé a Dios".

Cuando nada cabe esperar, solamente cabe la esperanza de la fe. Ellos, los antiguos hebreos, los pre-cristianos, esperaban un redentor, un cambio total de la historia, un vuelco en los acontecimientos, la victoria del bien, esperaban a un Mesías, que en hebreo significa "rey", y que toma el significado de "redentor, salvador".

Dicen los historiadores que múltiples individuos se presentaban a sí mismos como mesías. Pero sólo uno cautivó a las masas: Jesús de Nazaret. Jesús se dirigió a los hombres, a los individuos desligados del orden político, para re-ligarlos en un orden superior, celestial. Su mensaje era, como él mismo decía, de otro mundo, hacia otro mundo. Sus enseñanzas, apoyadas en los profetas del Antiguo Testamento, están registradas en los escritos de los apóstoles Marco, Mateo, Juan.

El resto lo hizo Pablo de Tarso, apoyado en Juan, en los evangelistas discípulos de Jesús y en lo mejor del pensamiento griego. Des-cubrió el pecado. "Lo que hago no lo entiendo; pues no hago lo que quiero, sino lo que aborrezco, eso hago", afirma en Romanos.

Ésa es la realidad que él encontró. Un yo que quiere y una fuerza interior que lo empuja en otra dirección. Esa fuerza que él no dominaba, que lo dominaba a él, es el pecado. El mal está adentro, es inherente a su esencia humana.

"Porque no hago el bien que quiero, sino el mal que no quiero, eso es lo que hago." Esta contradicción que Pablo encontró en su interior lo desgarraba, y frente a ella se sentía impotente, condenado. Por eso buscaba la redención, la mano exterior pero celestial que le diera la gracia, que es gratuidad, algo que ni se piensa, ni se quiere, ni se planifica, sino meramente se espera; la gracia que redime, tan misteriosa ella como el pecado del cual debe redimir.

"Así que, queriendo yo hacer el bien, hallo esta ley: el mal está en mí." Está ahí, es parte de nuestro ser. Y de este modo se planteó, pues, el advenimiento de Jesús en cuanto mesías, es decir Cristo, como el iniciador de una nueva creación con un nuevo paraíso.

De todos modos, si hablamos de sufrimiento no podemos eludir el prototipo de la pena profunda e injusta, Job, modelo para toda la humanidad.

La historia dolorosa de un hombre justo

Ésta es la historia de Job, un hombre de fe y de sufrimiento. La Biblia nos muestra una escena en el cielo. En el medio está Dios, alrededor se despliegan los ángeles. Al final, del lado siniestro está él, como los demás, pero juega a ser el último, Satán. Es el clásico juego de los poderosos, disimularse entre sombras.

Los ángeles son mensajeros, voces acerca de nuestras voces, ojos acerca de nuestros ojos, testigos que narran a Dios lo que sucede en el mundo que Dios creó pero que los hombres hacen cotidianamente.

Y lo mismo hace Satán, el ángel enemigo del hombre, llamado posteriormente diablo, desde ese último lugarcito de manifestarse grande. Y no es que sea más grande que los demás, pero le habla a Dios desde la altura de Dios, sin minimizar su voz ni declinar posiciones a fuer de respeto.

Cada ángel tiene un punto de vista. Satán tiene el suyo. Los demás escarban entre los escombros de la realidad para hallar alguna que otra gema de bien. Satán sostiene que aun esas gemas son apariencia, que no hay bien, que lo humano es un dechado de egoísmo y, cuando no lo es, se debe a que el show de la bondad se ha vuelto su mayor arte. Sostiene que no hay hombre que crea realmente en Dios. Los hombres, sostiene, son religiosos porque les conviene, porque así Dios los protege y les da riquezas, bienes varios.

Dios le responde:

—Pero ahí tienes a Job, un hombre creyente, pero totalmente íntegro, puro.

Satán le responde a Dios:

—¿Te parece? —sonrió irónicamente Satán—. Veamos: ¿qué pasaría si a Job le quitas todos sus bienes, ya que es un hombre muy rico y poderoso? ¿Acaso seguiría creyendo en Dios o lo maldeciría?

Dios le respondió:

—Bien, acepto el reto. Te autorizo a que le quites todos los bienes, y veremos qué sucede.

Satán: la gente es buena cuando le conviene

Fue Satán y destruyó los campos, los animales, las casas y todas las cosas de Job.

Y sin embargo Job no maldijo a Dios, y siguió creyendo en Él.

—¿Viste, Satán, que tu tesis ha fallado? —se burló Dios.

—La prueba aún no se ha completado —replicó con voz de ira Satán—. Quítale sus otros bienes.

—¿Qué bienes, si ya nada le queda?

—Le quedan sus hijos y sus hijas... —sugirió el ángel, el mensajero.

Dios aceptó.

Y así fue como murieron los hijos e hijas de Job. Pero Job siguió manteniéndose fiel a Dios.

—¿Y qué me dices, Satán? —interrogó Dios.

—Te digo que un hombre es capaz de sacrificar cualquier cosa, menos a sí mismo.

—¿Qué estás proponiendo? —interpeló Dios.

—Propongo que Job sufra en su carne propia, en su cuerpo, que pierda el bien de la salud —jugó Satán su última carta.

—Acepto —dijo Dios—, pero respeta su vida, no le toques el alma.

Job se enfermó de toda suerte de pestes que se acumularon sobre él. Y se volvió leproso. Y estaba sentado en el suelo sobre cenizas, pero su fe en Dios se mantenía firme y absoluta.

Vino la esposa y le dijo:

—¡Esto no es vida, Job! ¿Todavía sigues creyendo en Dios? ¡Más vale maldecirlo y morir!

Job le contestó:

—Mujer, ¿crees que sólo lo bueno hemos de aceptar de Dios y lo malo hemos de rechazarlo? Si aceptamos lo uno, hemos de aceptar lo otro.

Y Job siguió conservando su religión.

Los dogmáticos, los amigos de Job

Los amigos se enteran y vienen a visitar a Job desde remotos lugares, porque lo aprecian mucho, porque él siempre les ha dado conse-
jos favorables.

Le hablan, lo consuelan, le dicen que él, un hombre sabio, debería saber que todo lo que sucede tiene alguna causa y que si fue tan
castigado seguramente es porque cometió algún mal, algún pecado
del que Job no tiene conciencia. Son dogmáticos. Aprendieron algo y
no están dispuestos a pensar, sino a repetir lo aprendido. Si alguien
sufre, por algo será. Creen que son piadosos. En realidad, son mentes cerradas y obtusas y Dios, francamente, luego le manifestará su
aversión a ellos.

Job los rechaza y también rechaza sus argumentos. Él cree en
Dios, pero no acepta esas razones que los amigos le dan, tomadas de
libros y de la rutina de cerebros anquilosados. Él sabe que no ha cometido pecado alguno y por lo tanto quiere hablar con Dios, preguntarle por qué ha de sufrir tanto.

Dios le dice:

—¿Dónde estuviste cuando puse los fundamentos del mundo,
cuando creé los astros, y los monstruos marinos?

El discurso de Dios le demuestra a Job que lo que él quiere entender, su sufrimiento, es inentendible porque en general Job no entiende nada. El mundo, la creación, el cosmos es un misterio que emer-
gió de la mente de Dios, y hasta que Job no descifre ese misterio
tampoco podrá descubrir la razón de su sufrimiento.

Job tiene que resignarse. Efectivamente, no entiende.

El libro cuenta que Job finalmente, como si fuera una gracia de
Dios, volvió a tener hijos, y a tener riquezas, y murió longevo y tranquilo, feliz.

Todo esto implica el misterio, que es lo contrario de la razón. El
primer misterio es el mundo en cuanto creado: Dios en su voluntad
crea el mundo. Misterio equivale a milagro. Milagro equivale a lo imprevisible. Exactamente lo contrario de la racionalidad, del logos, que
es previsión. Ciencia es predicción: siempre, a tal causa sucederá tal
efecto. En la Edad Media se encontraron frente a frente los dos grandes ejes de la humanidad: el de la racionalidad helénica y el del mis-

terio cristiano. También se instaló el monoteísmo creacionista. ¿Llegarían a un acuerdo? ¿Se mezclaría el agua con el aceite? ¿O es que, como dice Isaiah Berlin, aún perviven como contradicción irreconciliable en Occidente y provocan invencibles conflictos?

Los dos pilares contradictorios de Occidente

Maquiavelo —según explica Isaiah Berlin— puso de manifiesto la presencia de dos líneas en el esqueleto estructura de nuestro sistema de valores. Pertenecemos a dos sistemas éticos. Uno, pagano, griego, romano; el otro, cristiano. ¿Qué enaltece el primero? Al hombre, a la persona, a su ser íntegro; y particularmente al hombre interior, el de la voluntad autónoma, el fin de sí mismo: el sujeto que puede alcanzar lo absoluto, Dios.

Cada uno es Adán, único. Por eso hizo Dios un Adán y no varios. Para que cada hombre cuando nazca se sienta Adán, genésico, imprescindible, insustituible, impermutable.

Por eso somos todos iguales, hijos de un solo padre, sostiene esa doctrina de origen bíblico. Todo lo que se haga, por lo tanto, ha de propender al crecimiento de ese uno mismo, personal.

En el sistema pagano, en cambio, todo suena diferente. El hombre es animal político, esencialmente. Es miembro de la familia, de la sociedad, de la ciudad, de la patria, de su entorno. Lo bueno es aquello que beneficia a esa totalidad abarcadora. Ella decide qué es bueno para él, y eso será lo bueno para cada cual. Si los tiempos cambian, si las circunstancias se modifican, cambian los intereses del grupo o del pueblo o de la patria, cambia consecuentemente lo bueno de ese momento. Los juicios acerca de los valores no son absolutos; son relativos a las necesidades de la ciudad o sociedad.

En el modelo bíblico religioso vale el sacrificio para salvar el alma, el hombre dentro del hombre.

En el modelo pagano vale la pena sacrificar al hombre para salvar los valores que en ese momento son favorables para la ciudad. Así sacrificaron los atenienses a Sócrates; y por ese mismo motivo indispensable se debe sacrificar a Antígona, porque había profanado las leyes de la ciudad en el amor a una persona, un hermano.

Ambos sistemas se oponen entre sí, el cristiano y el pagano. No

obstante, los dos sistemas se consideran objetivos, válidos y susten-
tados por alguna autoridad superior que los confirma.

Cada sistema ético es una estructura de valor, organización jerárquica y con escalas superiores e inferiores. El eje era el mismo, para
uno o para otro sistema. El eje era el principio —dice el pensador
Isaiah Berlin—. Podría ser Dios o, como fue luego, la Razón, "cuyo
poder ha dotado de funciones específicas a todas las cosas y todas las
criaturas... Este unificador comportamiento es el centro del racionalismo tradicional, religioso y ateo, metafísico y científico... que ha caracterizado a la civilización occidental".

Dios fue suplantado por la Razón. La divinidad fue reemplazada
por la racionalidad sin Dios, porque ella ocupa el lugar de Dios. De
ello se infiere que en la evolución de las ideas se han trocado unas cartas por otras, pero los ejes han permanecido, y si ellos permanecen el
orden también permanece.

Y eso es lo importante: cambian las superficies del cuerpo, pero
el esqueleto es el mismo.

Cómo refugiarse en otro mundo

La crisis del individuo en el sufrimiento, la crisis de un Dios bueno y un mundo lleno de dolor e injusticia, la crisis de un pueblo entero dado a la persecución y masacre, y encima llamado "elegido", dio
lugar a todo un movimiento espiritual que protagonizaron los profetas, quienes prepararon el advenimiento de Jesús como Cristo.

Hablamos de los profetas. En ellos germinó la idea de un mundo
mejor. Veían el sufrimiento en torno, la injusticia social, el hecho de
que los justos padecían rodeados de dolor, mientras que los explotadores de niños y de huérfanos se solazaban en el bienestar. ¿Dónde
estaba Dios? ¿Cómo se compaginaba tanto caos terrenal con la idea de
un Dios bueno, justo, piadoso?

Era difícil encontrar una solución a ese problema, a esa contradicción. Nació una idea de una posteridad en la que se enderezarían
los entuertos. El final de los tiempos, lo denominaron los profetas. Y
particularmente Isaías desarrolló el tema, en el capítulo XI de su libro,
donde habla de un remoto futuro en el que aparecerá un rey que no
gobernará con la fuerza bruta, sino con el poder del espíritu, de la

palabra rectora, y así, ese rey-educador, configurará un nuevo mundo de paz y amohína, de amor al prójimo, a tal punto que incluso en la naturaleza dejará de haber violencia "y el cordero pacerá junto al lobo, y el bebé podrá jugar junto al agujero de la serpiente".

Rey en hebreo se dice *mashiaj*. Significa el ungido por el óleo sacramental. El ungido. Y ése también es el significado de Cristo, en griego.

De ese término original deriva la voz "mesías". Y consecuentemente los tiempos dichosos, la vuelta al paraíso, tiempos mesiánicos.

Algunos interpretaron a Isaías con suma textualidad y entendieron que se trataba, en efecto, de un hombre, y ese hombre resultó ser Jesús. Fueron los que luego se llamaron cristianos. Los hebreos no lo aceptaron, no porque lo repudiaran personalmente, sino porque en ellos arraigó más la idea impersonal de tiempos mesiánicos, de redención del dolor y del sufrimiento. Y eso no había acaecido. Ahí se produjo la gran división entre judíos y cristianos.

De todos modos, la idea esencial quedó grabada en la conciencia occidental: el mundo cambiará para el bien. En términos nuevos se empezó a hablar de Utopía. Que equivale a mesianismo, y que más tarde se llamará progreso. De estos temas hablaremos a continuación. Pero debemos partir del principio: hubo alguna vez un paraíso. El futuro pretende ser vivificación del pasado. Y aquí entramos en un complejo de ideas que marcan las varias —y a veces, en el fondo una sola— tendencias del pensamiento humano.

∾

Nuestro gran conflicto

Hay cuerpo, hay esqueleto. Hay equilibrio entre mundos contrapuestos: entre los intereses del individuo y su alma eterna y los intereses del cuerpo social y su aspiración a la eternidad histórica.

Seis días a la semana se pelea y se busca triturar al oponente de la competencia, y el séptimo, uno se vuelve espiritual y vela por el alma santa que trae adentro.

La paz es el ideal supremo, pero si quieres la paz —decían los romanos— prepara la guerra.

Estamos en la contradicción. La crisis es la estructura de nuestro ser, de nuestra cultura, de nuestras relaciones. El amor al prójimo en ciertas horas y el uso del prójimo en otros momentos. Combinamos las éticas y sobrevivimos. Pero son éticas contrapuestas. De ahí la crisis.

También hemos establecido en los últimos siglos cuán científicos somos, y cuánto debe ser recluida la dimensión religiosa, transpersonal, en alejadas atalayas. Olvidamos que la ciencia usada como religión es religión.

Los padres que repiten el Big Bang a los hijos practican con ellos el catecismo. Tan dogmático como el de la religión. Repetir sin investigar es actuar desde la fe, no desde la comprensión. Es dogma lo que se repite sin entender. Y la teoría del Big Bang, del comienzo científico del universo, es entendible, razonable, sólo para sus portadores, los científicos.

Al igual que el ADN. Cuando yo digo "ADN", nada digo. Igual que cuando digo H_2O. Lo sé por reflejo condicionado del aprendizaje, pero no soy capaz de explicarlo, de analizarlo. De la misma manera, podría decir que Dios es un círculo infinito cuyo centro está en cualquier lugar. Repetir no es entender.

Ahí se mezclan dos éticas de Occidente, y las vías religiosas y las científicas, y los automatismos de ambas dentro de la mente contemporánea. De ahí nuestras crisis. Dos éticas contradictorias conviven en nuestra convivencia, y la neurosis, por lo tanto, no se aparta de nosotros.

En tiempos de crisis hay que revisar todo: la Biblia y el calefón pagano, utilitario, materialista. Aprender a disipar las sombras para dejar de tener miedo. Todos decimos amor, y ahí se nos mezclan el amor a la griega, el amor a la romana, el amor del romanticismo, y el otro gran polo, opuesto, el amor cristiano.

Por eso me gusta esta reflexión de Goethe: "Sin el amor, ¿qué sería el mundo para nuestro corazón? Lo que una linterna mágica sin luz. Apenas se introduce la lamparita cuando las imágenes más variadas aparecen en el lienzo diáfano. Y aunque el amor no fuera otra cosa que fantasmas pasajeros, eso bastaría para labrar nuestra dicha cuando, deteniéndonos a contemplarlos como niños alegres, nos extasiamos con tan maravillosas ilusiones".

9

Esencialismo

versus

existencialismo

Esencia y existencia

Está la esencia y está la existencia. Pensemos en una mesa. La esencia "mesa" es una idea o una imagen o un universal; en cuanto al término, este universal, alude a todas las mesas que puedan darse en el mundo.

Esta mesa sobre la cual se apoya mi computadora existe. Es. Aquí aparece la gran divergencia en la historia del pensamiento. Hasta hace poco tiempo atrás primó el *esencialismo*. Platón le puso las bases: esta mesa yo la reconozco como mesa porque me excita en la memoria la idea mesa, es decir que existe por sí misma, pero es mesa en cuanto participa de la esencia universal mesa.

La línea del *existencialismo* desconoce universales e ideas previas a las realidades. No existe El Hombre, sino ése que va ahí, de 1,67 de estatura, ojos verdes, andar cansino. Ésta es, en principio, la versión de Aristóteles: veo un hombre, veo otro hombre, y con el tiempo me voy armando el concepto hombre que vale para Juan, Pedro, Augusto, María, Fátima.

Esta mesa sobre la que estoy apoyado para escribir ni es verdadera ni es falsa, simplemente existe. En cuanto aplicación del concepto mesa, es real; si le arranco ese concepto, esa esencia, es algo que está aquí, que existe, y apoyo mi codo sobre ella. Esto es existencialismo. Existencia particular y desprovista de un encuadre. El hombre, si existe, es un ser que tiene que hacer algo consigo mismo o con el mundo o con los demás. Ese tener que hacer algo es su libertad. Un ser que tiene que apostar la libertad a algo. Pero además, opina el existencialista, no podemos decir, ni marcar horizontes, ni guiarlo para realizar en sí la esencia Ser Humano, ya que no hay esencias. No hay otra cosa que —afirman los existencialistas— existencia. No soy más que la piedra. La piedra existe, es. Igual que yo. El cielo existe, mi miedo a la muerte existe. De todas las existencias, obviamente es la del sujeto la única que importa.

En el esencialismo mi yo es parte de un cosmos, de una razón de ser universal que me otorga mi propia razón de ser. El existencialismo es la filosofía del hombre que se mira en el espejo y sólo se ve a sí mismo, sus deseos, sus pánicos, su futura muerte. Es el individuo, el particular. Eso soy yo. Existo. Sin *cogito* (el razonamiento de Descartes). Sin condicionamiento alguno. Nada me define, salvo la libertad de definirme y, por lo tanto, de comprometerme con cada acto que encaro. Me encuentro existiendo y no sé por qué ni sé para qué pero no quiero ser reducido al universal El Hombre. Yo no soy El Hombre, yo soy este Blas Pascal, de esta estatura, estos ojos, esta historia de padres, madres, hermanos; soy irreductible a El Hombre.

Existencialismo

El existencialismo es una corriente que toma auge en el siglo XX, en calidad de corriente. Pero el pensamiento existencial es antiguo como el hombre mismo, es el de aquellos individuos que se rebelaron a ser reducidos a un concepto, una idea o una definición.

El Hombre es un concepto y tiene una definición: animal racional. Lo demás no cuenta, es un accidente, algo inesencial. Y bien, eso inesencial es mi vida. Mis problemas, mis desdichas, mis exaltaciones, mi esperanza. Eso soy yo. No existe El Hombre, existo yo, tú, él.

El hombre en su totalidad, el que siente, el que llora, el que ama, el que espera, el que desespera. El cambiante. Ése no es, ése está, y sus horas no son iguales a sus horas.

Un ejemplo notable de este realismo de las emociones, de quien no quiere ocultar sus miedos y sus anhelos, es Blas Pascal. Él decía: "El corazón tiene sus razones que la razón desconoce". Como matemático y filósofo, entiende que la vida, la realidad de la vida humana, no pasa por la razón, ni por ese yo puro, cartesiano, que es una cosa pensante. No, no soy una cosa pensante. A veces, es cierto, pienso. Pero normalmente me apasiono, amo, odio, busco, caigo, sueño, anhelo.

Y el otro, también. Y vivo con el otro, ése es mi problema. Es mi mayor deseo, pero también es mi mayor tropiezo.

En términos de Pascal, suena así: "En una palabra, el 'yo' tiene dos cualidades; es injusto en sí, por hacerse centro de todo; es incómodo para los demás, porque quiere someterlos; porque cada 'yo' es enemigo y quisiera ser el tirano de todos los demás... Cada uno es un todo para sí mismo, porque, muerto él, todo ha muerto para sí. Y de ahí viene que cada uno crea ser todo para todos. No hay que juzgar por la naturaleza según nosotros, sino según ella" (*Pensamientos*).

Como se cuenta en el relato *La muerte de Iván Ilich*, de León Tolstoi, el protagonista, presto a morir, recuerda estudios de filosofía, de silogismos: "Cayo es un hombre; los hombres son mortales; por lo tanto Cayo es mortal".

Tolstoi comenta: "Durante toda la vida le había parecido justo —ese razonamiento— en tanto se refería a Cayo, y de ningún modo lo había pensado aplicado a él mismo. Cayo era un hombre, el hombre universal, y entonces sí era razonable el silogismo. Pero él ni era Cayo ni era el hombre en general, sino que había sido siempre distinto de todos. Él era Vania, de su mamá y papá, de su hermano, del cochero y de la niñera, y habían sido muy suyas todas las alegrías y tristezas de la infancia y de la juventud... ¿Podía Cayo conocer el olor de la pelota a rayas como lo conocía él? ¿Había sido besado Cayo como la madre lo había besado a él, a Iván Ilich?... Era natural que Cayo fuese mortal y por lo tanto que se muriese. Pero él, Vania antes, ahora Iván Ilich, era diferente y como era distinto, no se podía morir. Sería absurdo".

La línea de Pascal es un derrotero en la historia de la filosofía. Le precedió Agustín. Lo seguirá el danés Kierkegaard, el español Unamuno, el ruso Chestov.

En el afán de vivir dejamos de vivir

"No nos bañamos dos veces en el mismo río", decía Heráclito. Río es movimiento, cambio, el agua de ayer no es el agua de hoy aunque el río parezca el mismo porque está en el mismo lugar. Así corre la vida, y el reloj, no el oficial, el matemático, encerrado en una cajita; el tiempo del vivir, el que tiene minutos de años, segundos de siglos, ese tiempo, el real, el del vivir real, total, de cuerpo y alma.

Pascal toma conciencia de que esto que vivimos no lo vivimos. Esto es presente y el presente, dice, nos lastima. "Lo ocultamos de nuestra vista porque nos aflige, y si nos es agradable, nos pesa el verlo escapar. Tratamos de sostenerlo para el porvenir, y pensamos en disponer las cosas que no están en nuestro poder, para un tiempo a que no estamos seguros de llegar."

El presente se nos desvanece entre los dedos; queremos conservarlo, pero se deshace. Sólo tenemos lo que hemos sido, lo que ya no es. Tenemos el no ser. Y también tenemos el futuro, que es lo no sido, y en consecuencia tampoco es. "Así jamás vivimos, sino que esperamos vivir; y disponiéndonos siempre a ser felices es inevitable que no lo seamos jamás."

Citemos ahora el párrafo que más fama y trascendencia ha tenido: "El hombre no es más que una caña, la más débil de la naturaleza; pero es una caña pensante. No hace falta que el universo entero se arme para aplastarlo; un vapor, una gota de agua, bastan para matarlo. Pero aun cuando el universo lo aplastara, el hombre sería todavía más noble que lo que lo mata, porque sabe que muere".

La muerte es la desdicha; la conciencia de la muerte es la dignidad. Esta conciencia de esta miseria es precisamente la condición de la religión y de la fe en Dios. Nada tenemos, por lo tanto, nada esperemos tener, ya que, según vimos, en el tiempo todo se diluye.

En esa conciencia el hombre encuentra a Dios, desde la profundidad de su angustia, y únicamente el amor, que es lo contrario de tener, que es entrega y ofrenda, sólo eso puede salvarlo y dar sentido a su existencia. En consecuencia, el mal deriva del vivir mal, del vivir para el mal, de vivir para el tener, para eso que se torna mal porque se pierde.

Quien vive para lo eterno, según Pascal, alcanza la eternidad. Sin embargo, Pascal es moderno. Esto que suena a Evangelio, a Edad Media, es Edad Moderna. Pascal sabe que estamos atrapados por la razón, que la ingenuidad de la fe está bastante perdida. También sabe que solamente la fe puede hacernos felices. No hay receta posible, porque la fe es una gracia. Quien pueda alcanzar a Dios por fe y corazón, sugiere, que lo haga y alcanzará la dicha. Quien no pueda, que use la razón para demostrar la existencia de Dios..., "que Dios le dé la fe por sentimiento del corazón, sin lo cual la fe no será sino humana e inútil para la salvación".

Solución versus salvación

La razón es solución pero no es salvación. La solución entiende, analiza, explica. La salvación da sentido a la existencia. La fe que no se pliega a ningún razonamiento es existencial.

Encuentro algunos ejemplos que son dignos de traer a la memoria. Uno de ellos es Kierkegaard, según los tratadistas el que más influyó en el existencialismo actual.

Kierkegaard se rebela contra Hegel en cuanto a que el concepto era la realidad. No quiere ser concepto. Quiere ser su propio, incomparable, irreductible ser. Creía en Dios. Decía que creer en Dios significa dedicarse por entero a esa fe. Por eso opuso moral a religión. La moral está hecha por y para la sociedad, los otros. Decía Kierkegaard que la moral es la antítesis de la religión.

No es que predicara la inmoralidad, sino que simplemente rebajaba la vida de sociedad a un rango inferior, prescindible. No se puede amar más que una sola cosa, sostenía. Decir Dios es requerir el sacrificio de todos los otros bienes, es existir en existencia plena frente al absoluto de la existencia. Inclusive, claro está, se rebelaba contra la iglesia, todas las iglesias, ya que eran organizaciones políticas, y la fe no puede ser sino individual.

Yo. Este yo. No hay más yo que éste. Decía que era cristino no cristiano, es decir, que retomaba el mensaje de Cristo, el auténtico, y no lo que de ese mensaje posteriormente hicieron los religiosos de profesión.

Amar se dice fácil, se quiere con ímpetu, pero se realiza con suma dificultad. Porque requiere esa concentración total de alguien en alguien, sea humano, sea divino. Es, cualquiera de sus realizaciones, una unión mística.

Miguel de Unamuno representó a Kierkegaard en España. Escribió *La agonía del cristianismo*. Agonía, en griego, significa lucha. La existencia lucha en su constante ganar y perder a Dios. No reposa. No tiene a Dios. En la existencia se da el encuentro y se da el eclipse. En *Soliloquios y conversaciones* le dice a su interlocutor: "Me duele y me hiere el ver que los hombres marchen tan confiados como si marcharan por suelo firme, confiados en sus prejuicios, unos de la fe religiosa, esclavos otros de la ciencia, esclavos otros de la ignorancia, esclavos todos. Quiero que duden, quiero que sufran, quiero sobre todo que se desesperen... La desesperación, aunque resignada, es acaso el estado más alto del hombre".

Ese hombre de la rutina, de la sonrisa petrificada, es repudiado por Unamuno, lo considera in-humano, cosa. La existencia no tiene seguridades, no tiene el verbo tener, sino tan sólo el ser.

En cambio la razón, el entendimiento, sólo entienden en materia de cosas, y por eso pueden únicamente ofrecer cosas, el mundanal ruido, para lograr la felicidad. La felicidad, el amor, eso que encontramos en Teresa de Jesús que está fuera del campo de la razón, porque no soporta el análisis, que es la destrucción, literalmente, de un todo para constituirlo en partes separadas, y su última razón es la utilidad; por lo tanto, tiene que ver con el bienestar y no con el estar bien. Esto es lo que se plantea el místico, como despojamiento, desasimiento.

Fedor Dostoievsky vislumbra en el cristianismo la idea de sufrimiento. El bien no es el bien. El mal es el bien. El sufrimiento es el placer. Sufrir es bueno. En *Memorias del subsuelo*, se pregunta: "¿Y por qué están seguros, tan convencidos y conscientes de que sólo lo normal y lo positivo, es decir sólo lo que promueve el bienestar del hombre, resulta beneficioso para él? ¿No podría la razón equivocarse en cuanto a lo que constituye una ventaja? ¿Por qué no habrían de gustarle al hombre otras cosas que su bienestar?".

La felicidad, la dulzura, el bienestar, el adelanto humano son uno de tantos mitos.

¿Amó usted alguna vez?

El existencialista siente el encierro del Yo en el sí mismo, el otro es una ilusión o una utopía o un infierno. ¿Salvar? ¿Amar? ¡Por cierto que sí!

¿Amó usted alguna vez? ¿Realmente? ¿Podría darnos mayores datos? ¿Hizo usted algo por alguien? ¿Sí? ¡Cuéntenos! ¿Santidad? ¿Sacrificio? ¿Altruismo?

"¿Existió, acaso, alguno santo que haya salvado a una sola persona? ¿Todos salvaron a muchas, desempeñaron una misión, buscaron a los infelices, pero se detuvo alguno en un infeliz, encerrándose en su tumba? ¿Y hasta quienes sacrificaron su vida ofreciendo su sangre por otro, habrían sabido pasar todos sus días atados al yugo de este otro, de este solo?"

Son interrogantes de Cesare Pavese, en su libro *El oficio de vivir*. Lo escribió el 15 de enero de 1938. El tema del otro carcomió a Pavese durante su vida. Alter. El otro. El otro mismo. Él mismo. Él era el otro de otros y no lo era, y por eso gemía. Él era ese otro que nadie buscó y que nadie amó, propiamente a él, solamente a él, encerrado con él, sacrificado con él. Pavese se suicidó el 18 de agosto de 1950.

Un día antes había escrito: "¿Te sorprende que los otros pasen junto a ti y no sepan, cuando tú pasas junto a tantos y no sabes, no te interesa, cuál es su pena, su cáncer secreto?".

El humanismo romántico lo suicidó.

Un cuento de Kafka

Para mostrar la complejidad del hombre actual que anda en busca de sí mismo y no sólo no se encuentra con el otro sino que tampoco encuentra el rostro que le corresponde, también para esto fue Kafka un genio de la expresión. Nos detendremos en un breve relato: *Una cruza*.

Dice el autor: "Tengo un animal singular, mitad gatito, mitad cordero. Lo heredé con una de las propiedades de mi padre. Sin embargo, sólo se desarrolló en mi tiempo, pues antes tenía más de cordero que de gatito. Ahora participa de ambas naturalezas por igual".

He aquí una de las manifestaciones de la realidad absurda: una cruza. Un ser ambiguo. Un ser eminentemente contradictorio. Un ser demasiado fantástico para ser real. Pero el lector percibe de inmediato que se trata de un ser demasiado real como para ser fantástico. Un ser que se desarrolla, por supuesto, pero en la contradicción. Un ser perentoriamente trunco: jamás llega a ser porque se autoanula y autoniega constantemente. "Huye de los gatos y pretende atacar a los corderos.

"Pretende, pero no puede ir más lejos. Todo está fuera de él. Pero el obstáculo está dentro de él. Ese obstáculo es insuperable. El ser es el obstáculo. Víctima y victimario, cuchillo y holocausto, persecución y presa.

No son dos posibilidades alternativas y alternantes. No. Uno dentro de otro. Animal singular, en efecto. No se adquiere. Se hereda. Está ahí, inevitablemente está ahí. Inexplicablemente. "Entonces son formuladas las preguntas más maravillosas, ésas que ningún ser humano puede contestar: ¿por qué hay un animal como ese?, ¿por qué lo tengo precisamente yo...?".

El ser-que-no-es postula la pregunta eterna: ¿por qué? Y no hay respuesta. Las preguntas radicales son hechas para no ser contestadas. El absurdo es la pregunta, pero la pregunta definitivamente sin respuesta. Es el ser ahí que se muestra y que causa estupor. "No me tomo el trabajo de contestar, y me contento con mostrar, sin más explicaciones, aquello que poseo." La razón preguntante y contestante se sabe descartada.

Ser, sencillamente. Manifestarse, mostrarse. Pero esta manifestación no puede ser sino irónica. La ironía es también un preguntar, pero no aspira a respuestas, aspira a suspender y a hacer titubear. La ironía es siempre bifocal y sobreflota las realidades irreales. De ahí que en el universo kafkiano la ironía sea un pilar imprescindible. La ironía es marginal, como el absurdo. El ser que no es se expresa por medio de la ironía que es el decir que no dice.

Dice Kafka: "No he heredado gran cosa de mi padre, pero esta herencia es digna de mostrarse". La ironía se inserta en la propia calificación de "herencia". El ser es herencia, se regala, es gratuito, inesperado, donado. Es la negatividad de la herencia: no se elige, no se pide, no se planifica. Se recibe, simplemente. No cabe más alternativa que enfrentarla. Enfrentar es confrontar.

"Es como si me dijese algo y entonces se inclina hacia adelante y me mira a la cara para observar la impresión que la comunicación me ha hecho. Y para ser complaciente con él, hago como si hubiese comprendido algo y asiento con la cabeza."

La sorda comunicación

Sorda comunicación. Sorda, porque es *ab-surdum*, "como si...". La comunicación es apariencia. Cara a cara en el mundo. Expresión, como ex-istencia. Puro volcarse afuera, sin esperanzas. Entonces cabe meramente esperar. El fin del relato es el fin. El fin que se espera. El fin de toda tragedia. Pero se trata, había dicho el autor, de un "animal singular".

La singularidad consiste en que el fin puede ser no esperado, puede ser actuado y anticipado. El fin puede darse antes de que se dé el fin. En concreto, se llamaría la posibilidad del suicidio, única posibilidad racional que el absurdo alberga. "Tal vez el cuchillo del carnicero fuese una liberación para este animal, pero como lo he heredado en herencia debo negárselo." El "deber" asciende a la superficie y la corona férreamente. Pero el deber se manifiesta como negación: "debo negárselo". El suicidio también sería un salto, una fuga.

El deber implica no huir de la herencia y del fin de la tragedia. "Por eso tendrá que esperar a que el aliento le falte de por sí, a pesar de que, a veces, me mire con ojos humanamente comprensivos, que incitan a obrar comprensivamente."

Así concluye el relato, así concluye el absurdo, en la comprensión que anteriormente ya fue negada y vedada. Esperar, pues, esperar.

Mi maestro Fatone enseñaba

El argentino Vicente Fatone nos enseñó, en nuestra infancia, que el interés por el hombre del existencialismo "es un infinito desinterés por las otras formas de vida" (*Introducción al existencialismo*).

La observación es sumamente pertinente: a) somos; b) en el mundo; c) hay otros seres: hombres; d) hay otros seres: piedras, plantas; e) hay otros seres: animales.

Dice Fatone: "En ese sentido, el existencialismo es una filosofía típicamente occidental. Occidente ha perdido el sentido de la continuidad de lo real, y se ha dedicado a abrir abismos infranqueables entre lo físico y lo vital; el abismo infranqueable entre lo vital y lo 'humano'. Y también es filosofía de Occidente en el otro sentido: el de haber encontrado el fundamento de la comunicación en el ser 'con otros', olvidándose de ese 'ser consigo' que es mejor definición de lo humano".

Pero ya es tarde. Somos occidentales, decadentes, desde que elegimos la vida como caída adánica y la historia como superación de esa caída esencial. Ya es tarde para dejar de ser Occidente.

No hay salida para Occidente sino en Occidente.

El ser y la nada

Echemos un vistazo al mundo de Jean-Paul Sartre, de mediados del siglo XX. El libro central del filósofo francés al cual nos remitimos es *El ser y la nada*.

Sartre, desde su circunstancia vital, ve al hombre como caído. Nacer es caer en el mundo. Existir es estar aquí caído. No tiene nada, nada lo inviste para nada, para algún destino, alguna esencia. No hay más esencias, dijimos. Solamente existir es lo que cabe hacer y, dentro de ese existir, el único elemento eje es la libertad.

Hay libertad gracias a la nada. Para ser libre debo, en principio, negarme al mundo, negar al mundo de mí, disolver los lazos y los nudos que el ser encuentra en el mundo y que lo atrapan en tramas varias.

Hay libertad porque no hay esencia. Yo tengo que armármela, construirla. Somos historia, no naturaleza, al decir de Ortega y Gasset. Soy un proyecto de ser. Ésa es mi grandeza. Mi pequeñez es que no estoy solo ni soy omnipotente, y entre el proyecto que pretendo realizar y el proyecto alcanzado, hay o suele haber abismos estelares.

En mi grandeza está también mi fracaso. Proyecto perpetuo, fracaso perpetuo, ése es el devenir del hombre. El fracaso forma parte de la estructura proyectiva de lo humano. Claro que este fracaso se transforma, a su vez, en estímulo para la reconstrucción del proyecto y su impulsión hacia el futuro, de modo que lo negativo se torna positivo.

Soy mi pasado. Es todo lo que firmemente soy. Fui. Soy lo que fui. Eso está ahí inamovible, inmutable, definitivo. En cuanto proyecto, estoy volcado al futuro, vivo en la ilusión, el anhelo, el sueño, es decir, la irrealidad. Si quiero decir soy, tengo que referirme exclusivamente a mi pasado. "Todo cuanto pueda decirse que soy en el sentido de serlo en sí, con plena densidad compacta... es siempre mi pasado. Sólo en el pasado soy lo que soy."

Pero, al mismo tiempo, estoy declarando —puesto que se trata de pasado— que no soy lo que soy, y aquí aparece la dimensión del no ser que es el futuro.

Dimensiones de la persona

La persona se despliega en dos direcciones: una, el *ser en sí*; otra, el *ser para sí*.

El ser en sí son las cosas, los objetos. Son lo que son. No tienen otro ser que ese ser. Están. Nada más cabe esperar de ellos. También yo, como ser en sí, soy cosa en el mundo, objeto. Sobre todo cuando otra persona está en mi horizonte y me mira o me percibe. Para ese sujeto soy un objeto. El otro es, dice Sartre, el mirante, el sujeto de la mirada. La mirada ajena te cosifica, te petrifica.

Cuando estoy solo, cuando yo soy el que se mira en su interior, entonces estoy en el plano del ser para sí. Ya no determina el otro mi existencia, ya no soy objeto sino sujeto, y ahí se descubre la libertad en el campo de la conciencia. Esta conciencia es ante todo conciencia de la ausencia, de lo que falta. Como decía Lope de Vega:

Porque la vida es corta;
viviendo todo falta,
muriendo todo sobra.

La primera falta que se le da al hombre como conciencia de para sí es que no está completo, que tiene que hacerse, que el tiempo es agujero a llenar y, por lo tanto, su anhelo sería suprimir toda esa angustia del ser proyectivo y ser en sí, definitivo, hecho. Eso es imposible y, en todo caso, negaría la condición humana que es condición de movimiento, de cambio, de no ser en sí. Sería el descanso, sí, pero el descanso de la muerte.

Éste es el drama humano: insatisfecho por lo que es, insatisfecho por la condición contraria de lo que es. En cuanto sujeto es angustia, en cuanto objeto es cosa.

El hombre, dice Sartre, "es conciencia infeliz". La nada es la sombra de mi ser. Estrictamente es la puesta en marcha de mi no ser, porque al no ser cuanto soy para mí, en mi conciencia de mí mismo, en cuanto conciencia infeliz, conciencia de lo que no soy, esa negatividad es la nada que está ahí, siempre presente.

Aquí podemos observar, como decía la amiga de Sartre, la escritora Simone de Beauvoir, que Sartre, de todos modos, no puede eludir el esencialismo, la necesidad de eternidad, buscando una estructura humana del ser y no ser que lo remonta a la universalidad.

Todo pensador, en última instancia, aunque manifieste posiciones nihilistas, no puede eludir este destino, que tal vez sea la condición de aquel que está buscando una condición humana: producir una verdad, y la verdad se liga con la eternidad aunque juegue a ser pasajera.

Lejos de las teorías que ven en el yo y en el tú una posibilidad de necesidad recíproca y de complementariedad, en la versión de Jean-Paul Sartre, existencialista y ateo, el yo limita al tú y lo rechaza. El otro es mi peligro, porque es libre. Su libertad me amenaza, es imprevisible.

En este punto el filósofo francés critica a los que hablan de una pedagogía que respete la libertad del niño. Jamás se respeta la libertad del otro; cualquier actitud que tomáramos frente a él, aunque fuera dulce y apacible y tierna, es violación de su libertad.

Aquí nace la noción de culpa y de pecado. Soy culpable frente al otro. "Así el pecado original es mi surgimiento en un mundo donde hay otro, y cualesquiera fueran mis relaciones ulteriores con el otro, no serán sino variaciones sobre el tema de mi culpabilidad."

Culpa, porque el otro, según la famosa frase del autor, es mi infierno y yo debo luchar para salvarme de ese infierno. Culpa porque, sin embargo, estando como está el otro en el mundo, estoy arrojado a presenciar su existencia y a relacionarme con ella en la ambigüedad del odio que rechaza y del amor que reclama.

En consecuencia, según Sartre, lo que nos une a ti y a mí es el conflicto. Me miras y de esa manera me transformas en objeto, en cosa, y me vuelvo prisionero de tu mirada. Tengo la compulsión de liberarme de tu prisión, de tu posesión.

"Soy poseído por el prójimo; la mirada ajena modela mi cuerpo en su desnudez, lo hace nacer, lo esculpe, lo produce como es, lo ve como nunca jamás lo veré yo."

Prisionero de la mirada del otro

Quiero conquistar ese ser que el otro tiene de mí y que yo alcanzo a percibir, a conocer; recuperarlo. El otro, en esa mirada suya, es mi fundamento, me expropia, y yo deseo ser mi propio fundamento.

Pero, a tal efecto, tendría que volverme el otro para captarme como ese objeto que él capta. Pero yo no quiero ser el otro, tan sólo pretendo ser la mirada esa que me mira y me esculpe.

"En una palabra, me identifico totalmente con mi ser mirado para manifestar frente a mí la libertad mirante del otro, y como mi ser objeto es la única relación posible entre el otro y yo, sólo ese ser objeto puede servirme de instrumento para operar la asimilación a mí de la otra libertad...

"... Ser prójimo para sí mismo."

En el mundo de Sartre sólo hay sujetos frente a objetos. El que es sujeto, en el momento lo es, tiene frente a sí objetos, sean estos piedras, flores o personas. La relación entre sujetos, Sartre no la concibe o no la ve. Tan sólo capta la relación entre sujetos y objetos. Donde hay un sujeto, el otro es objeto. Que haya dos sujetos, por ejemplo, significaría que alternarían entre sí, siendo cada cual en cada momento objeto para el otro, expropiado.

Me expropia pero me fundamenta desde su libertad. Esa libertad es un peligro para mí puesto que me moldea, me amasa, me diseña. Si quiero recuperar mi ser debo apoderarme de esa libertad, someterla a la mía.

¿Cuál es el problema del amor? Que el amante quiere ser amado, es decir, figurar en la conciencia del otro. El cuerpo se tiene entre las manos y se estruja, la mente en cambio permanece allí, lejana, ajena, con su propia libertad, inapresable. Y los amantes sufren, y se interrogan, ¿me quieres?, ¿no me quieres?, preguntan por el interior inescrutable, por la mirada inapresable.

El que quiere ser querido debe querer la libertad del otro, porque de ella emerge el querer y no el sometimiento del tú. El sometimiento le quita la libertad y se vuelve objeto mecánico y nada de él se vuelca sobre mí; por lo tanto, no puedo ser amado.

Pero el conflicto se vuelve más enmarañado todavía porque el amante quiere esa libertad del tú pero, a su vez, reclama que esté a su servicio, y, en consecuencia, que deje de ser libre. Está dispuesto a ser objeto, pero objeto único, el mundo entero. El mundo para ti soy yo.

Dice Sartre: "Así querer ser amado es querer situarse más allá de todo el sistema de valores puesto por el prójimo como la condición de toda valoración y como fundamento objeto de todos los valores". Ahora, si soy amado, soy el sentido del mundo y de sus valores; a través de mí el otro ha de ver la perspectiva de toda mirada sobre la realidad. Soy la lente a través de la cual se contempla esa realidad.

Pero el amor es angustia, nada lo satisface. Te quiero para que me quieras, y para que a través de mí mires el universo y lo saborees, porque yo lo sazono, y sin embargo, me decepcionas al amarme. Yo esperaba ser el objeto de tu sujeto, y al amarme me transformas a mí en sujeto y truecas los papeles.

Es por eso que salvó en el amor a Dios, el amor humano e interhumano siempre está brotado de ansiedad e insatisfacción. Amar es abandonar el reposo. Conflicto es su raíz, de quererte y temerte a la vez. Porque puedo perderte, y si te gano, puedo perderme. "Tal es la verdadera razón por la cual los amantes buscan la soledad; la aparición de un tercero, cualquiera que fuere, es destrucción de ese amor."

Si estamos solos, el mundo es nosotros. Si aparece el tercero, representa el mundo y nos diluimos en ese mundo perdiendo eso tan especial, único e irrepetible que creíamos ser.

A través del deseo descubro al otro como ser sexuado y viceversa. Pero cuando decimos deseo, ¿de qué deseo estamos hablando? ¿Deseo de qué? Según Sartre, el deseo no es deseo de posesión carnal. Es el facilismo el que reduce el deseo al acto sexual y, de ese modo, suprime el problema transformándolo en orgasmo o eyaculación, una conclusión física para un tema que en realidad es meta-físico.

El deseo no quiere nada en particular, salvo un objeto trascendente, lo otro, el otro en calidad de otredad en su totalidad. "Un cuerpo viviente como totalidad orgánica en situación con la conciencia en su horizonte; tal es el objeto al cual se dirige el deseo."

El hombre y la gente

Mi mí mismo es mi fuera de mí; me salgo de la vida y me contemplo. Por eso, acerca de lo humano, jamás sabemos certeramente nada; no podemos evitar la ambigüedad, la ambivalencia, la fatal dualidad que nos inserta fatalmente en la duda.

Ser o no ser. Ora ser, ora no ser. Somos alternados, alternativos, y alterados a veces, ensimismados otras. Como nos recuerda Ortega y Gasset, en *El hombre y la gente*, alter-ado viene de alter, que en latín significa el otro. Cuando me altero soy otro. Cuando me meto dentro de mí, estoy en-mí-mismado. "El animal es pura alteración. No puede ensimismarse." En cambio, cuando el hombre se altera es porque lo otro, las cosas del entorno, las personas, lo movilizan y lo sacan de su interior a su exterior. "Pero vuelve en calidad de protagonista, vuelve con un sí mismo que antes no tenía —con su plan de campaña—, no para dejarse dominar por las cosas sino para gobernarlas él, para realizar en ese mundo de fuera sus ideas... Lleva su sí mismo a lo otro, lo proyecta enérgica, señorialmente sobre las cosas, hace que lo otro, el mundo, se vaya convirtiendo poco a poco en él mismo."

De adentro hacia afuera, para que el afuera se incorpore al adentro. Así son nuestras relaciones, el tú es no yo, negación del yo, y por lo tanto, afuera, pero cuando el yo y el tú alcanzan el encuentro, el otro se vuelve como yo y, en cuanto deja de ser otro, comienza a ser tú, mi espejo, mi reverso, mi completud y finalmente el testimonio de mi existencia.

Te necesito para ser yo. Te necesito para ser necesitado en calidad de tú, y eso me afirma en mi yo. Un auténtico egoísta sabe cuán necesario es el tú en su existencia.

Los místicos fueron —y son— los mayores expertos en este tipo de reflexión genuina: todo es igual a nada; eres Dios porque eres hormiga.

Acotaba César Moro, poeta surrealista: "La verdad no sale de un pozo. Arrastra al fondo a quien la busca". Mi exégesis añade: solamente en el fondo del pozo somos capaces de vislumbrar el resplandor de las estrellas.

La angustia ética y la fuga de ella

Sartre comenta muy bien esta situación de estar en el mundo como un estar involucrado, comprometido con la situación en que uno se encuentra, y a través de ella con los valores que ahí se juegan.

Escribe en *El ser y la nada*: "A cada instante estamos arrojados en el mundo y comprometidos... El despertador que suena por la mañana remite a la posibilidad de ir a mi trabajo, que es mi posibilidad. Pero captar el llamado del despertador como llamado es levantarse. El acto mismo de levantarse es, pues, tranquilizador, pues elude la pregunta: '¿Es el trabajo mi posibilidad?', y en consecuencia, no me po-

ne en condiciones de captar la posibilidad del quietismo, de la denegación del trabajo y, en última instancia, de la denegación del mundo,
y de la muerte...

"... En una palabra, en la medida en que captar el sentido de la
campanilla es estar ya de pie a su llamado, esa captación me garantiza contra la intuición angustiosa de ser yo quien confiere su exigencia
al despertador; yo y sólo yo. De la misma manera, lo que podría llamarse la moralidad cotidiana (se refiere a los actos, las costumbres,
los hábitos del buen comportamiento, automáticos) excluye la angustia ética (aquí remite a: ¿es bueno o es malo lo que haga?, ¿lo hago o no lo hago?). Hay angustia ética cuando me considero en mi relación original con los valores. Éstos, en efecto, son exigencias que
reclaman un fundamento... El valor toma su ser de su exigencia y no
su exigencia de su ser... El valor no puede develarse sino a una libertad activa que lo hace existir como valor... Se sigue de ello que mi libertad es el único fundamento de los valores y que nada, absolutamente nada me justifica en mi adopción de tal o cual valor, de tal o
cual escala de valores... Y mi libertad se angustia de ser el fundamento sin fundamento de los valores...".

La moralidad es el funcionamiento de los valores, como el agua es
el funcionamiento de la canilla. Uno abre la canilla, sale el agua, y todo es natural, todo fluye sin problemas ni angustia, como el agua que
fluye. Uno se baña, no piensa en el agua, y canta bajo la ducha. Deja
de cantar y, de pronto, piensa y tal vez se angustia cuando repenti-
namente el agua deja de caer, o modifica su caída.

Idénticamente, la ética se me presenta como problema —y como
angustia— cuando la moralidad que sostiene mis actos en sociedad
deja de funcionar como creencia natural acerca de qué debo hacer y
qué debo dejar de hacer.

La ética y los valores

Hablamos de los valores que, según Sartre, calman la angustia del
ser, cuando uno apuesta y elige dentro de una escala de valores preestablecida por la sociedad.

Max Scheler, en *Ética*, plantea que la ética no es uno de los valores, sino que está en constante movimiento, jugándose a favor de

uno u otro valor. Distinta es esta visión de la de Sartre. El existencialista francés encuentra en los valores un elemento que nos facilita la vida, se nos brinda como en bandeja, tú eliges, tú duermes luego tranquilo.

La visión de Max Scheler es agónica, es decir, de combate. Combate interior. Los valores no me dan reposo porque viven en colisión perpetua. El amor de total entrega a una sola persona, imaginemos, puede estar en contra del valor a la humanidad, o a múltiples seres de mi entorno. Tengo a mi padre enfermo, tengo a mi hijo enfermo, y ambos reclaman mi atención. ¿A quién elijo? Esa elección de valores en colisión, en cuanto elige el valor más alto que, en ese momento, está en juego, es la ética, dice Scheler.

Otro ejemplo. Estoy sumido en meditaciones, escribiendo un libro e inesperadamente se aparece de visita mi nietita, de un año. Ella reclama mi presencia, que juegue con ella, que le regale mi tiempo, que le preste cuidado. ¿Qué hago? Debo elegir entre las ideas, mi profesión y el amor a mi nieta que es reclamado por ella. El egoísmo me lanza hacia una elección inferior, egoísta, yo y mis intereses privados. El amor es valor superior, pero reclama, cuando es elegido, un sacrificio.

Elegir es sacrificar. Hay que elegir. La ética, repetimos con Scheler, es el acto de elección por el que valores superiores se imponen sobre valores inferiores durante sus colisiones. Los nietos es un tema afectivo, relativo al amor, y el escribir, muy importante, por cierto, es un servicio que me hago a mí mismo aunque esté destinado a otros. No debo eliminarlo, sino tan sólo postergarlo. En otro momento, entre escribir y salir a dar una vuelta, puedo elegir el escribir como valor superior.

En consecuencia, la ética está siempre en juego. Sea ante los valores del cuerpo, los deportivos, los del alma, los de investigación científica; en el afecto, en el trabajo, en la economía.

No está en ellos, sino fuera de ellos, en la regulación de la totalidad.

Esa regulación se torna ética siempre y cuando lo esencial prevalece sobre lo accidental, lo universal y perdurable sobre lo pasajero y contingente, la promoción de vida sobre la humillación de vida, el crecimiento sobre la decadencia.

Hablando de ética

Sigamos con la ética en este aparte que hemos iniciado. Ortega y Gasset, al respecto, practica una didáctica distinción: hay una ética *íntima* y otra *social*.

La social regula las relaciones del individuo con la sociedad, sus con-vivientes. Ésta bien merece ser llamada moral, término que alude a las costumbres (*mores*) de un grupo humano y sus normas: yo y los otros. La íntima es el deber que asumes frente a ti mismo.

Algunos autores consideran que el término *ética* debería aplicarse a este mundo, el interior, el del yo frente al sí mismo, su lealtad ante sus principios, ideas, convicciones.

En el existencialismo lo ético es el acto libre, la plena apuesta del pleno jugarse a sí mismo en una causa, en una situación. El compromiso, sin imitar a nadie, sino ése que proviene de las entrañas mismas. En última instancia, el único problema que tiene el hombre es él mismo. Quiere ser, quiere saber qué ser, qué elegir, cómo ser, en función de qué parámetro o paradigma.

Está en perpetua tensión. Aun en un consistente entorno de ideas firmes, inexorables, no deja de aparecer la duda, la posibilidad del autoengaño. Tensión. Angustia. Naufragio. Constantemente hay que estar moviendo manos y pies —y en el caso específico, fuera de la metáfora, la cabeza, la mente, la inteligencia— para no hundirnos. Por eso existe la cultura, las creencias, las ideas, para proporcionarnos troncos o tablas en esta alta mar de todos los días.

Ortega y Gasset, en su ensayo *Goethe desde adentro*, expresa muy bien esta situación: "La vida es en sí misma, y siempre, un naufragio. Naufragar no es ahogarse. El pobre humano, sintiendo que se sumerge en el abismo, agita los brazos para mantenerse a flote. Esta agitación de los brazos con que reacciona ante su propia perdición es la cultura —un movimiento natatorio—. Cuando la cultura no es más que eso, cumple su sentido y el humano asciende sobre su propio abismo. Pero diez siglos de continuidad cultural traen consigo, entre no pocas ventajas, el gran inconveniente de que el hombre se cree seguro, pierde la emoción del naufragio y su cultura se va cargando de obra parasitaria y linfática".

Naufragio es carencia de sostén, apoyo. Ahogarse es literalmente idéntico a angustiarse. Claro que hay niveles o, mejor dicho, sustratos distintos del naufragio, verticales diría, para no establecer valores superiores e inferiores; en fin, necesidades de distinto orden. Lo que Ortega puntualiza es que la cultura —en todas sus manifestaciones, técnicas, literarias, científicas, etcétera— es una especie de salvavidas para no naufragar.

Entonces, ¿qué es la ética?

Pero, entonces, ¿qué es la ética? Si no es un saber, ¿qué es? Sostiene Hans Reichenbach en su libro *La filosofía científica*: "Los axiomas éticos no son verdades necesarias porque no son verdades de ninguna especie. La verdad es un predicado de los enunciados".

La verdad se da en forma de enunciado descriptivo. Afirma lo que está sucediendo, lo que es. "Llueve", "Ahí hay una chica", "La comida está en la mesa". Son experiencias que, enunciadas, otro puede comprobarlas o refutarlas.

La ética no produce enunciados. La ética ordena comportamientos. "Amarás a tu prójimo" no describe nada que esté ocurriendo en algún lado. Ordena, legisla. Debes hacer esto, o debes abstenerte de aquello. La verdad se refiere al ser, la ética al deber ser, y por eso cae fuera del campo del conocimiento y, en consecuencia, de la verdad.

Son directrices. Una directriz no puede clasificarse como verdadera o falsa. Al decir de Kant, imperativos.

Reichenbach no se opone a la ética, se opone a que esa ética —u otra— realmente responda a criterios racionales. Y ya vimos que un imperativo es una conducta humana, pero no es una verdad porque nada describe, nada que pueda ser comprobado por otros.

Al final de sus reflexiones dice Reichenbach: "Siempre que llegue un filósofo y nos diga que ha encontrado la verdad última, no le creamos. Si nos dice que conoce el último bien, o que tiene la prueba de que lo bueno debe convertirse en realidad, tampoco debemos creerle... Pidamos al filósofo que tenga la modestia del científico... Pero no le preguntemos qué es lo que debemos hacer. Abramos los oídos a nuestra propia voluntad, y tratemos de unir nuestra voluntad a la de los demás. El mundo no tiene más finalidad ni significado que los que nosotros le demos". En fin, que estamos desnudos.

Esa frase de atender a nuestra voluntad y procurar conciliarla con la de los demás es un joya poemática, pero siguiendo al mismo Rei-chenbach, no dice nada, ni sirve para nada.

La fundamentación ética desde la razón es imposible. ¿Qué es lo posible? Reconocer que la ética forma parte del mundo de los valores, un mundo que nosotros queremos que sea, creemos que es, y por lo tanto depende de nuestra voluntad. Nuestra voluntad no puede modificar el curso de los astros, pero puede modificar el curso de nuestras vidas.

El tema, pues, no es del orden del *ser*, sino del orden del *querer ser*.

∾

El problema de la ética

La ética es lo único imprescindible, lo único que no puede desaparecer para que exista vida humana, es decir inter-humana, ya que lo humano es eso, ser con otros.

El gran problema del pensamiento humano en estos tiempos es el tema ético. Hemos perdido la brújula del bien y del mal. El cuestionamiento que la razón produce sobre la razón misma, la anulación y negación de todo absoluto hiere de muerte el único tema realmente indispensable para el hombre: qué está permitido hacer y qué no lo está.

Si Dios no existe, todo está permitido, afirma un personaje de Dostoievsky. Es que la ética es un derivado de la religión. Las tablas de la Ley de Moisés son tablas de ética.

Ahora se quedó sola, desnuda, sin asidero. La libertad vuela por los cielos, pero en la soledad de cada cual y sin destino, con angustia.

10

Un enfoque para
el naufragio contemporáneo

Un enfoque para el naufragio contemporáneo

¿Cuáles son los naufragios que de tiempo en tiempo asuelan al hombre, como individuo, como sociedad? La caída de las creencias. Y las creencias tienen como finalidad una ética comunicativa que regule la vida.

Nuestras crisis actuales, así como la comentada crisis teológica en tiempos de Agustín de Hipona, o el desmembramiento del ser romano que dio lugar al ingreso de la salvación del naufragio a través del cristianismo, todas las crisis finalmente son crisis éticas.

Y la ética, a su vez, cae cuando se pone en duda su base, su autoridad, que en lo social es el Todos Nosotros, y en lo particular es la conciencia de la razón práctica, al decir de Kant, y más modernamente el Superyo.

La versión de Superyo es de Sigmund Freud y conviene adentrarse en ella para conocer, al menos, las condiciones de nuestro naufragio actual: ausencia de comunidad, presencia absolutista del individuo. Del individuo se ocupa el mentado médico vienés.

Primer problema: el bebé es libidinoso

Ésta fue una de las grandes revoluciones en el pensamiento de los últimos cien años, la creación del psicoanálisis. Sigmund Freud soñaba construir la ciencia del alma. Mientras la psicología en esos tiempos estaba en pañales y buscaba salidas de conjunción con la física, midiendo sensaciones, por ejemplo, para ser considerada ciencia,

Freud hunde su escalpelo (era médico) en el fondo del alma, y en el trasfondo de ella. ¿Y qué encuentra? Que el mandamiento de "conócete a ti mismo" no es nada fácil. Tengo un sector que obra en mí, en el fondo del fondo, en el sótano oculto de mi ser, llamado in-consciente, ahí está todo lo reprimido, lo inconfeso, mis deseos, mis avaricias, mis impulsos destructivos, mis ansias de poder, pero, como dije, está ahí aplastado, prohibido. Pero está. Como resorte y pugna por saltar. De tiempo en tiempo, cuando puede, arremete, en sueños, en lapsus, y me domina; soy su muñeco. En consecuencia, les digo: todo comenzó con Edipo.

Sigmund Freud descubrió que el bebé es libidinoso. Es decir, tiene libido, deseo. Y no cualquier deseo sino en particular un erótico deseo de poseer a la madre, para lo cual lo que más le conviene es desprenderse del padre.

Parece ser que la beba también pasa por ese trance, aunque cambiando por cierto los protagonismos de sus progenitores, ella prefiere al padre y a la madre preferiría no verla.

Freud encontró para este descubrimiento una base en la mitología griega. Ahí aparece el personaje de Edipo, que dará nombre en el psicoanálisis a esta teoría de un padre querido y de otro odiado.

La historia de Edipo es más o menos la siguiente: había un rey, Layo, que gobernaba Tebas y que recibió un día el anuncio de los que vaticinaban el futuro, quienes le dijeron:

—Un hijo tuyo y de tu esposa Yocasta pretenderá tu muerte y luego se casará con su madre.

Cuando nació Edipo ya se sabía qué había que hacer con él.

La que toma la iniciativa es la madre, Yocasta. Para eludir el triste destino que le esperaba, según el oráculo, entrega el niño a un pastor para que lo abandone en el bosque entre las fieras, y ahí desaparece del mapa de toda existencia.

El pastor se lo lleva, pero luego le da pena sacrificar al niño, y lo regala a un criado del rey de Corinto. El mentado criado a su vez lo entrega a su rey.

Ahí se cría el niño y, como nunca faltan chismosos, se entera de lo dicho por el oráculo:

—Matará a su padre, y se casará con su madre.

De cómo Edipo mató a su padre y se casó con su madre

Edipo crece y entiende que lo mejor es abandonar su casa, donde cree que habitan sus veros padre y madre, y alejarse de esa situación dramática. Se va.

En el camino su carro se cruza con otro carruaje. Hay un problema entre ellos, se arma una trifulca, van a las armas, y Edipo mata al señor que estaba en el otro carruaje. Ese señor era Layo, su verdadero padre. Pero Edipo no sabe a quién mató y sigue su rumbo.

Ese rumbo sin rumbo lo conduce a la ciudad de Tebas. En Tebas había una esfinge, una especie de monstruo intelectual, monstruo porque se comía a la gente e intelectual porque hacía preguntas y era tan fanático que castigaba con la muerte por ingesta a las personas que no le respondían debidamente.

En realidad, sus preguntas se reducían a una:

—¿Qué es lo que primero anda en cuatro, luego en dos, y finalmente en tres?

La gente iba cayendo sucesivamente en boca del implacable interrogador, y de ahí ya no salía. Hasta que apareció Edipo. Escuchó la pregunta y de inmediato proporcionó la respuesta.

—Es el hombre —dijo—. Cuando nace camina en cuatro patas, crece y anda en dos, y finalmente, de anciano tiene tres patas, las suyas y el bastón.

La esfinge, indignada porque se le terminaba la carrera de esfinge, decide suicidarse y desaparece.

A Edipo le dan el premio: la reina. Es decir, su madre. Casarse con la madre, explicará Freud, es el sueño de todo hijo bien nacido.

Interpretación

Freud plantea el tema en términos de puro erotismo y libido. El nene quiere a su madre, el padre se interpone y conviene eliminarlo. Edipo es el mito que simboliza esta tríada de toda relación humana elemental.

Erich Fromm, uno de los grandes discípulos de Freud, disiente de la interpretación del maestro. Ante todo sugiere que si Freud tuviera razón Edipo debería enamorarse primero de su madre, y luego, como consecuencia, matar al padre. Pero no obra así, sino al revés: primero mata al padre y luego se une a su madre. El tema —insiste Fromm en su libro *El lenguaje olvidado*— no es el incesto. El tema es otro.

"El mito puede ser entendido no como un símbolo del amor incestuoso entre madre e hijo, sino de la rebelión del hijo contra la autoridad del padre en la familia patriarcal; que el matrimonio de Edipo y Yocasta no es más que un elemento secundario, uno de los símbolos de la victoria del hijo, que toma el lugar del padre y todas sus prerrogativas." Inclusive el resto de la historia parecería corroborar este punto de vista.

Vemos luego a Edipo en el camino del exilio, ciego, con dos hijos que se niegan a ayudar al padre. Lo odian. Y del mismo modo Edipo odia a sus hijos.

Se repite el conflicto entre padres e hijos, entre autoritarismo imperativo y la nueva generación que quiere —la palabra lo dice— generarse a sí misma y desligarse del omnímodo poder del padre. E inclusive, opina Fromm, podemos encontrar en estas tragedias resabios de otra oposición, la guerra entre dos regímenes, el matriarcado y el patriarcado.

La madre simboliza la sangre, el sentimiento, el amor, la pasión —y en las sociedades más primitivas lo femenino era lo dominante desde el ángulo religioso—, es decir, la naturaleza y el amor de lazos sanguíneos.

Luego se produce la rebelión del "padre", es decir la ruptura de aquellos lazos y su reemplazo por lazos que se eligen, y por leyes que rigen ese amor entre extraños, no-hermanos, no-de-la-misma-sangre.

Aquí arribamos al concepto de "humanidad": todos somos hermanos, por ser igualmente hombres. Es una idea ética, normativa.

La ley versus el amor

La civilización es de la ley. La comunidad humana es del amor. En Occidente, digamos, se han cruzado ambos horizontes, y gran parte de nuestros conflictos derivan de esta oposición de sistemas y de valores. Amamos de corazón pero debemos vivir de razón.

Cuando el corazón, el amor, predomina, no es menester apelar a la ley, al orden, al consenso social, a la disciplina, a la regla. Pero cuando el corazón está desplazado, o sofocado, o eclipsado, entre tú y yo solamente la regla y el ritual de la costumbre pueden comunicarnos. Ése es nuestro problema, porque es nuestro dilema, pero no tiene solución.

La solución hay que buscarla diariamente.

Diariamente debemos revisar qué estamos haciendo de corazón, maternalmente, y qué de razón, paternalmente; qué de afecto, y qué de ley. En presencia del afecto, auténtico, puro, inteligente, sobra la ley. En ausencia del afecto antes descrito, somos hostiles, enemigos, cainistas, odiosos y envidiosos, y la ley es requerida urgentemente, impacientemente.

Creonte, el rey que es enemigo de Antígona, la hermana de sangre y de amor, ese Creonte formula el principio autoritario y patriarcal en estos términos, como bien cita Fromm: "Sí, hijo mío, ésta debe ser la ley fija de tu corazón: obedecer en todas las cosas la voluntad de tu padre. Por eso todos los hombres oran pidiendo que los rodeen en sus hogares hijos obedientes... A impulsos del placer, hijo mío, no destroces la razón por una mujer; sabiendo que es un placer que no tarda en enfriarse en los brazos apretados de una mala mujer, que comparta tu lecho y tu hogar... Pero la desobediencia es el peor de los males. Es lo que arruina ciudades, devasta al hombre, las filas de los aliados se quiebran... Por eso debemos sostener la causa del orden, y no tolerar de ningún modo que una mujer nos derrote".

La crisis de nuestro tiempo

Es la ausencia de creencia de fe, en la ciencia, en la política, en el arte, en la literatura. Existen, pero al estilo del *happening*, de hoy para mañana. Se ha perdido la eternidad. Lo efímero nos caracteriza y deberemos construir una ética de lo efímero.

Benjamin Constant, en *De l'esprit de conquête et de l'usurpation* toma conciencia de estos nuevos tiempos, y de esta nueva humanidad: "Hemos perdido en imaginación lo que hemos ganado en conocimiento; somos por eso mismo incapaces de una exaltación duradera; los antiguos estaban en plena juventud de la vida moral; nosotros estamos en la madurez, quizá en la vejez; arrastramos siempre con nosotros no sé qué segunda intención que nace de la experiencia y que deshace el entusiasmo. La primera condición para el entusiasmo es no observarse a uno mismo con finura; así, tememos tanto ser incautos, y sobre todo parecerlo, que observamos sin cesar nuestras impresiones más violentas. Los antiguos tenían sobre todas las cosas una convicción plena; nosotros no tenemos sobre casi nada más que una convicción blanda y flotante sobre cuya incompletud buscamos aturdirnos en vano".

Si no se puede disfrutar, si no se alcanza la exaltación que haga del ser uno mismo un motivo de entusiasmo, sólo cabe aturdirse. El individuo que no alcanza a ser lo que cree que ha de ser, es el protagonista de la masa.

Freud fue revolucionario porque, por así decir, destapó todas las ollas que la sociedad burguesa venía puliendo por fuera pero cerrando por dentro. Freud descubre que nuestros instintos son ambivalentes, digamos que la misma línea que conduce a la caricia puede conducir también al latigazo; que el amor a veces funciona en forma de total respeto al otro y otras veces, como el cazador que se apodera de su presa y está dispuesto a devorarla para no perderla. No tenemos conflictos; somos conflictos en plena marcha.

En general, la imagen que nos ofrece Freud es totalmente opuesta al romanticismo dulzón y rociado de flores de los siglos anteriores, como ser la del noble salvaje que proponía Jean-Jacques Rousseau.

La vida empieza con un trauma, el trauma del nacimiento. Adentro se está tan bien, tan cómodo, tan inseparable de la madre, y afuera en cambio se produce el trauma de la separación.

Nacer es separarse. Nacer es perder de entrada. Luego aparecen los hermanos, la competencia. La vida se hace lucha, por no seguir perdiendo.

El porvenir de una ilusión

Freud era rotundamente ateo. A este tema le dedicó un ensayo sumamente importante *El porvenir de una ilusión*.

Explica ahí que hay una pugna entre individuo y civilización. Para vivir en comunidad debe sacrificar sus tendencias, gustos, instintos. "Experimentamos así la impresión de que la civilización es algo que fue impuesto a una mayoría contraria a ella por una minoría que supo apoderarse de los medios de poder y coerción..."

Hubo progreso en el mundo de la naturaleza y todos nuestros avances. "No puede hablarse de progreso análogo en la regulación de las relaciones humanas... Parece más bien que toda la civilización ha de basarse sobre la coerción y la renuncia a los instintos, y ni siquiera puede asegurarse que al desaparecer la coerción, ha de mostrarse dispuesta la mayoría de los individuos humanos a tomar sobre sí la labor necesaria para la adquisición de nuevos bienes... Todos los hombres integran tendencias destructoras, antisociales y anticulturales."

La pregunta de Freud es si se podrían aminorar, y en qué medida, los sacrificios impuestos a los hombres para que renuncien a sus instintos.

Freud es un iluminista. Sueña que "nuevas generaciones, educadas con amor y en la más alta estimación del pensamiento, que hayan experimentado desde muy temprano los beneficios de la cultura, adoptarán también una distinta actitud ante ella, la considerarán como su más preciado patrimonio y estarán dispuestas a realizar todos aquellos sacrificios necesarios para su perduración... Harán innecesaria la coerción... Si hasta ahora no ha habido en ninguna cultura colectividades humanas de esta condición, ello se debe a que ninguna cultura ha acertado aún con instituciones capaces de influir sobre los hombres en un tal sentido y precisamente desde su infancia".

Esto fue escrito en 1927, y tantos años más tarde notamos que todas las instituciones, todas las metodologías no han promovido el progreso interior humano.

Es que hay que tener alguna causa superior para sacrificarse. Freud cree en el conocimiento, en el intelecto, y diría que si todos fueran igualmente educados en las alturas tendríamos una sociedad genial.

Su utopía es: a) epistemológica; b) social; c) intelectual-moral. Luego reconoce que en la utopía, aun si se diera, "probablemente un cierto tanto por ciento de la humanidad permanecerá siempre asocial, a consecuencia de una disposición patológica o de una exagerada energía de los instintos", pero sería ya mucho, dice Freud.

En la evolución se pasa de la coerción externa a la interna, a la del super-yo. Freud no acepta que todo sea ilusión. "Lo que diferencia a la ilusión es que tiene su punto de partida en deseos humanos, de los cuales se deriva", ni es verdadera ni es falsa, en principio no se conecta con la realidad, y podría ser realizable o no. "Los dogmas religiosos son tan irrebatibles como indemostrables."

Finalmente, lo que Freud encuentra como basamento firme es la ciencia, pero no la salida de la presión de la civilización por otra vía que no sea la religiosa. Resulta ser un ensayo escrito a favor de la religión (evidentemente, "lo compuso su inconsciente") y termina: "No, nuestra ciencia no es una ilusión. En cambio sí lo sería creer que podemos obtener en otra parte cualquiera lo que ella no nos pueda dar".

Después de Freud, inclusive Bertrand Russell y todos los racionalistas admiten que la ciencia sólo sabe hablar de ciertas cosas, no del hombre, de su sentido, de la ética. Si Freud se recluye en la ciencia es porque, precisamente, no logra ver el por-venir.

∾

Los dilemas de la ética y sus naufragios

El siglo XX llevó a su culminación la preeminencia del individuo, de los derechos humanos, del feminismo, la reivindicación del niño, la revolución sexual. Es la gran liberación de todas las ataduras. Caen los muros de la religión y de las morales ligadas a la religión. El pecado, ahora, es ser virgen.

Esta nueva humanidad liberada es hedonista, entroniza al placer por encima de todos los valores. Es vitalista. La vida está por encima del conocimiento. Los corceles de Platón, sostenidos por la férrea mano del auriga, están desatados. No hay auriga. Que los corceles decidan el rumbo a tomar.

Pulsiones, impulsos, deseos. Libido y libertad. Que cada cual sea él mismo.

Falta la ética. El Superyo es considerado una potencia maligna, y en cambio el Ello, lo reprimido en el inconsciente, debe ser liberado, expresado. Y Dios hace rato que, aunque siga existiendo, no gobierna.

Falta la ética, y la vida inter-humana, por consiguiente, está naufragando: la pareja, la familia, los hijos, el compromiso, la responsabilidad.

El individualismo no admite riendas. Éste es el gran problema que enfrentan los filósofos actuales: cómo fundamentar la ética que se está deshilachando por carencia de cimientos creíbles. Es el gran tema, creo, del futuro. Todavía nos sostenemos con los escombros de los muros caídos, pero el naufragio acecha.

La cultura no responde a esta situación. Se ofrecen salvaciones múltiples en las calles, en las sectas, en caminos marginales. Y sobre todo se ofrecen pastillas. Donde no hay cultura, las pastillas han de reemplazar la función de llenar el alma y darle sentido y fe en una vida compartida. Las pastillas, finalmente, no resuelven ni salvan, solamente calman.

¿Habrá que esperar un total desmoronamiento ético para que la humanidad despierte, para que los pensadores se jueguen en una nueva verdad que sirva de base para una vida común, es decir moral?

Por ahora hay algo así como una evasión de compromiso por parte de los pensadores. Describen, analizan, pero nadie se juega por un camino. Podemos estar en contra de Kant, y en ese caso lo que tenemos que hacer es reemplazarlo por una tesis que sea la nuestra pero que conduzca a la acción y no a la mera descripción. Se necesita la prescripción a través de un consenso de la razón comunicativa, como sostiene Jürgen Habermas.

Esperamos el renacimiento de la utopía, del sueño de algún futuro mejor. Hablemos pues de la utopía.

11

El mito fundante

de Occidente

El mito fundante

La historia de Adán y Eva constituye el mito fundante de Occidente. Estábamos en el paraíso, fuimos expulsados por el pecado, la culpa nos persigue desde entonces, pero podríamos volver si nos redimimos de la culpa.

Estos elementos impregnan la cultura occidental hasta el día de hoy. Aun para aquellos que fueran nihilistas o ateos y se burlaran de todas las santidades, la idea de culpa, la conciencia responsable, el sufrimiento, el castigo, y la justificación del sufrimiento son esencias ineludibles.

Freud era practicante y profesó de ateo furibundo. Consideraba que la religión era una ilusión del pasado y que el racionalismo en marcha terminaría por disiparla, como una densa nube que se deshace y deja la vista libre. Luchaba, inclusive, contra la religión. Pero toda su teoría "científica" del alma parte de la premisa de la "culpa". Ya no es ante Dios, simplemente es.

Felix culpa la denominaron los antiguos teólogos, tanto hebreos como cristianos. Porque gracias a ella comienza la historia de la humanidad como necesidad de avance y superación, para borrar o mitigar esa culpa.

Pascal escribía en sus *Pensamientos*: "No sé quién me trajo al mundo, ni lo que es el mundo, ni lo que soy yo; es terrible todo lo que ignoro de las cosas. Contemplo los espantosos espacios del universo que me encierran y me encuentro atado a un rincón de esta vasta extensión, sin saber por qué se me ha puesto en este lugar y no en otro, ni por qué el breve tiempo que me es dado vivir me fue asignado en esta escala y no en otra de la eternidad que me ha precedido, y de la que habrá de seguirme... Todo lo que sé es que pronto debo morir, pero lo que más ignoro, esta muerte misma que no podré evitar".

La muerte está presente desde el nacer. Nacer es ir muriendo. "Presentes sucesiones de difunto", decía Quevedo acerca de la vida.

En el citado mito, culpa y muerte van ligados. El sufrimiento pues, como espera del morir, está presente siempre en forma de angustia, de no saber, de miedo.

El miedo es nuestra madre primera. Adán y Eva se esconden entre los árboles, según dicen, por miedo. Y luego, al sentirse desamparados, se cubren con ropas, por miedo, no por vergüenza.

Y la tentación representada por la serpiente. El fruto prohibido. Ni siquiera importa qué fruto estrictamente era sino que fuera prohibido. El hombre quiere lo que no debería querer. Tenían a su disposición todos los árboles de ese magnífico huerto, pero sin el único árbol, que era el prohibido, no podían subsistir.

Esto es el hombre: necesita leyes que prohíban, porque ellas son la sal de la vida, del deseo. Lo prohibido promueve el deseo. Sin lo prohibido ni siquiera el sexo sería llamativo. En el mito que estudiamos, la serpiente seduce a Eva con la lengua, pero también sexualmente. Es que la seducción siempre es erótica.

El afán de conocer el bien y el mal se despierta cuando Dios lo prohíbe. El conocimiento está vinculado a lo prohibido, a lo profanado, a lo des-cubierto y des-nudado. En el hebreo bíblico, "conocer" y "poseer sexualmente" es dicho con un mismo verbo, *iada*.

Lo prohibido se vuelve lo deseado y al mismo tiempo lo temido. En torno a su uso se hilvanan el miedo, la culpa y la felicidad de ir más allá.

Don Juan es uno de los prototipos del deseo como insaciabilidad absoluta. Su diferencia con los demás no consiste en que su deseo fuera mayor, sino que se torna rebelión contra Dios y apuesta a esta vida como única vida: su deseo es el deseo y puesto que el deseo se agota en una persona, Don Juan necesita ir de mujer en mujer, de deseo en deseo, porque toda realización del deseo es frustración del deseo y su consecuente reencarnación.

Don Juan, pues, es in-feliz. Como lo fueron finalmente Adán y Eva cuando perdieron el paraíso, su propio paraíso, el de entre ellos, el de la desnudez como comunicación. El deseo es posesión y ésta es poder y sometimiento del prójimo. La serpiente no mintió cuando les prometió que si comían serían "como dioses". Los dioses, los del Olimpo, son perpetuos guerreros.

Diagnóstico de nuestro tiempo

En nuestros días vivimos una notable decadencia del deseo, porque hay una notable decadencia de lo prohibido. La liberalidad, el liberalismo, el sexo sin necesidad de seducción, obviamente están destruyendo el deseo.

En ausencia de lo prohibido, ¿qué sentido tiene lo permitido?

Mark Twain, en *Las aventuras de Tom Sawyer*, captó perfectamente, desde el mundo de los niños, este juego del deseo, del placer, como transgresión.

Tom está con su amigo Joe, venido de visita desde otra localidad. Joe anda medio triste, con nostalgia de su casa, de su lugar. De modo que declara públicamente:

"—Vamos, chicos, dejemos ya esto. Yo quiero irme a casa. Está esto tan solitario...

"—No, Joe, no; ya te encontrarás mejor poco a poco —dijo Tom—. Piensa en lo que podemos pescar aquí, donde abunda la pesca.

"—Lo que quiero es ir a casa.

"—Pero mira que no hay otro sitio como éste para nadar.

"—No me gusta nadar. Por lo menos, parece que no me gusta cuando no tengo a nadie que me diga que no lo haga. Me vuelvo a mi casa."

Nada tiene sentido si todo es tan fácilmente asequible, si no hay mediante una culpa que te ayude a disfrutar de lo que estás haciendo. Jugar a la pelota, para mi generación, era un acto habitual. Pero hacerse la rabona, huir del colegio, para jugar a la pelota en Palermo, era una delicia excepcional.

Versiones literarias de los tiempos

Volvamos pues al mito fundante del placer de lo prohibido y de la feliz y dulce culpa que acrecienta el deseo. Retornemos a Adán y Eva, de quienes los pintores de todos los tiempos jamás pudieron apartar sus ojos. Pintores, y poetas.

En la tradición que hace de Eva el origen del mal por haber caído en la tentación de la serpiente se inscribe *El paraíso perdido* de John Milton. En ese portentoso poema describe Milton el encuentro de Eva y Adán, después de la caída.

Adán está compungido, trenzado de angustia y desolación, y Eva, viendo su dolor, intenta consolarlo. Pero Adán la rechaza con estas palabras: "¡Lejos de mí, serpiente! Éste es el nombre que mereces, por haberte ligado a ella, haciéndote tan falsa y tan aborrecible como ella. Solamente te falta tener una forma y un color semejantes a los suyos para revelar tu interior insidioso, y hacer que todas las criaturas venideras se precavan de ti por temor de que tu demasiado celestial figura, encubriendo una falsedad infernal, las haga caer en el lazo...

"Ardías en deseos de ser vista por el mismo demonio, a quien en tu presunción creías dejar burlado; pero habiéndote encontrado con la serpiente, has sido burlada y engañada, tú por ella, y yo por ti...

"¡Oh! ¿Por qué Dios, el sabio Creador, que pobló los altos cielos de espíritus masculinos, creó al fin esta novedad en la tierra, esta hermosa imperfección de la naturaleza?

"¿Por qué no han llenado de una vez el mundo de hombres, así como llenó el cielo de ángeles, sin mujeres?

"¿Por qué no ha recurrido a otro medio para perpetuar la especie humana?"

Adán y Eva, símbolos de potencialidad

Mucho antes de Freud ya se ejercía el arte de la hermenéutica, la interpretación alegórica, el desciframiento de símbolos. Alejandría era un centro de comerciantes por una parte, y de bibliotecas y sabios por otra. Filón de Alejandría vivió en el siglo I, y constituyó el puente entre la religión bíblica y el helenismo.

Criado en las fuentes de la religión de Abraham, y de los libros de Moisés, vivía en un medio totalmente helenizado, donde la razón, el logos de los filósofos de Grecia, predominaba, junto con otras corrientes de *gnosis* (conocimiento esotérico), fundidos en el platonismo primero, y en las teorías de Plotino después.

En esa perspectiva, Filón leía la Biblia de sus antepasados y consideraba que los relatos de Adán, Eva, Abraham, Sara, José, David, todas esas peripecias terrenales, plenas de pequeños odios y mezquinos amores, inundadas de pasiones y miserias, todo ese mundo no podía ser leído en la superficie de su letra y entendido tal cual esa letra parecía presentarlo. Eso, pensaba Filón y la escuela de los alejandrinos, no era sino superficie, cáscara. El Libro de Dios, imaginaba, no puede estar dedicado a esas trivialidades.

En consecuencia, dijeron, hay que aprender a leer en profundidad, por debajo de la superficie. Abrir la nuez y descubrir su misterio. Detrás de las figuras hay símbolos. Detrás de sus actuaciones se perfilan parábolas, enseñanzas, conceptos, ideas. Por lo tanto, ha de entenderse que Adán y Eva no son meramente hombre y mujer, macho y hembra, él y ella; son una alegoría.

Alegoría es vocablo griego que significa "alusión a otra cosa". Veamos pues, con los ojos de Filón, el relato bíblico ahora iluminado totalmente en otra perspectiva.

Adán representa el conocimiento, esa razón que hace al hombre superior y que constituye su imagen y semejanza con Dios. Eva, en cambio, es la sensualidad, aquello que se liga con el mundo de la carne, de la materia. Adán sería el alma, tomada de los cielos, intelecto puro, anhelo de inmortalidad. Eva se deja seducir por la materia y sus encantos. Son dos facetas del mismo ser, el ser humano.

El alma, enseña el platonismo y repite Filón, proviene de un mundo superior, inteligible. Al descender a la vida, ingresa en un cuerpo, y éste se constituye en su prisión material. "Cuando en nosotros el Espíritu —llamémosle Adán— se encuentra con la sensibilidad, con la que viven normalmente los seres animados —se llama Eva—, se acerca a ella. Y entonces ella capta con una especie de red o de instrumento de caza lo que hay de sensible en el mundo exterior; por los ojos capta el color, por el oído los sonidos, por las narices el olor, por los órganos del gusto el sabor... Capta o concibe e inmediatamente se queda preñada y da a luz la mayor desdicha, la presunción" (*De opificio mundi*).

Adán presumió que todo le pertenecía como propiedad suya, lo que veía, lo que oía, lo que saboreaba, lo que sentía, y supuso que él era el inventor y el artífice de todas las cosas, sólo él.

El pecado de sentirse propietario del mundo

Filón interpreta que la sensualidad y la sensibilidad nos conectan con el mundo de las cosas materiales y eso, en sí y por sí, es bueno. Lo malo, lo alienante, consiste en que luego se cae en la fantasía de que todo eso nos pertenece y nos hacemos dueños del mundo, poseedores de las cosas, en una suerte de endiosamiento. "Y seréis como dioses", había prometido la serpiente.

Filón describe, ateniéndose al relato bíblico, cómo Adán, espiritual, va envolviéndose con esos poderes de los sentidos a través del nacimiento, alegó rico, de Eva. Eva, los sentidos, viene a completar el espíritu, la razón, que es Adán.

Al despertar, Adán "miró alrededor, por aquí y por allá, se consideró a sí mismo y a sus facultades, y se atrevió a enorgullecerse con el mismo orgullo que Alejandro, el rey de Macedonia". Cuenta la historia que Alejandro se imaginó que su poder unía a Europa y Asia, y un día se puso a otear el horizonte y dijo: "Este lado es mío. Y el otro lado, también". Se había hinchado de vanidad al ver todas las realidades como si fueran su propiedad privada y él, su dios. Por eso Moisés, en el relato bíblico, caracteriza esa situación llamándola "Caín".

En efecto, el producto del matrimonio de Adán y Eva es llamado Caín, el hijo mayor, el que asesinará a su hermano Abel. Caín significa, en hebreo, "ser propietario". El orgullo lo vuelve asesino. Ese orgullo lo hereda de sus padres, poseídos por el afán de posesión que la sensibilidad estimula y riega, haciendo de ello una fuente de envidia, codicia, odio, agresión y muerte. Caín es, alegóricamente, el fruto consumado de toda esta historia.

Adán cometió el gran error de llamar a su esposa Java (Eva), diciendo que "ella es madre de todo lo viviente (de la raíz Jai, vida)".

Le otorga un epíteto que corresponde más bien a una diosa, a una fuerza suprema. La verdadera madre de todos los vivientes, dice Filón, no es la madre biológica sino la Sabiduría, llamada *Sophía* por los griegos, *Jojmá* en el mundo cabalístico de los judíos. La sabiduría es madre de lo eternamente viviente, porque proviene de Dios infinito, y de ella deriva el alma intelectiva. Pero el alma sensitiva es del reino de lo muriente, de las cosas, de la carne, de lo pasajero.

Adán y Eva, por lo tanto, representan dos facetas del ser. Lo masculino es lo racional, suprasensible, intelectual, de valores eternos. Lo femenino es la sensualidad, lo pasajero, la dispersión, los valores de la caducidad.

La idílica Arcadia

La Arcadia, una región de la Grecia central, poco bendita desde el punto de vista de la feracidad de la tierra y de sus frutos, se convirtió, en literatura, en símbolo de un reino de felicidad, belleza, armonía.

Arcadia era el reino del dios Pan, el de la flauta encantadora, el que esparcía sones musicales que apaciguaban el alma y despertaban el espíritu hacia las delicias de los cielos.

El sabio Erwin Panofsky plantea el problema acerca de cómo fue que esa tierra sin grandes atractivos se convirtió en símbolo de la felicidad humana y de la hermosura. Fue en la literatura latina donde se produjo esta transformación, y a través de ella se nos legó a todos nosotros.

Es fascinante comprobar cómo nace un mito, cómo una Arcadia que en los ojos de los propios griegos era adusta, brutal, salvaje, se hace la tierra de las delicias. La poesía lo puede todo.

Aprendemos que el hombre sólo tiene una realidad, la que él mismo imagina. Virgilio, el gran poeta latino, tomó a la Arcadia y la volvió Paraíso, territorio de la eterna primavera, del ocio, del amor, e inclusive trocó su naturaleza concibiéndola exuberante, de fantásticos frutos, árboles, ríos.

Dice Panofsky: "En la Arcadia ideal de Virgilio, el sufrimiento humano y la sobrehumana perfección del ambiente producen una disonancia. Esta disonancia, una vez experimentada, debía ser resuelta, y se resolvió en aquella vespertina mezcolanza de tristeza y de quietud, que tal vez constituya el más original aporte de Virgilio a la poesía" (*El significado de las artes visuales*).

En Arcadia, por lo tanto, surge la melancolía de la dulzura, ese aire tan moderno de la felicidad que brota entre sombras, como los manantiales entre las rocas. Ya no es la pura y absoluta edad de oro. Es el hombre quien, sin desprenderse de su condición doliente, sueña un paraíso que mitigue sus penas. El momento simbólico, descubierto por Virgilio, es el atardecer; ese sol que adquiere plenitud en su despedida del poniente, la sombra que avanza, ese breve momento de quietud, de paz interior, eso es un fragmento del Paraíso.

Después, en la marcha de los tiempos, se hizo famosa una frase que dice: "*Et in Arcadia ego*". También yo estuve (o estoy) en Arcadia.

Otra versión, como la que dio Goethe, sugiere: "También yo estuve en Arcadia. Todo ser humano, en algún momento de su vida estuvo en Arcadia, disfrutó de alguna luminosidad del Paraíso, sorbió los aromas de la plenitud".

Hablan mal, pero sienten bien

La idea de la Arcadia, como la del Paraíso, se presenta para la Edad Moderna como una especie de primitivismo inocente y feliz. En ella lo primitivo es lo despojado de artificios culturales. Se insinúa, como se verá luego en Jean-Jacques Rousseau, que la civilización, el crecimiento de las ciencias y de las técnicas, son los responsables por ese desvío del hombre hacia la aventura del mal.

Leamos cómo ve la Arcadia el fénix de los ingenios, Lope de Vega: "No se os representan aquí las grandezas de Alejandro con los coturnos antiguos y los vestidos escénicos; no la tragedia de Pompeyo, y la abrasada Troya, y los griegos descendiendo de aquel preñado vientre del engañoso caballo;... no las naves y los navales conflictos por las riquezas de las regiones antárticas; sino unos rústicos pastores, hablando mal y sintiendo bien, desnudos de artificio y de vestidos; que aquí en estas soledades no suenan los tambores bélicos, no las trompetas marcias, no los estrépitos de las armas..." (*Arcadia*).

Vea el lector cómo las grandes personas, los grandes adelantos, los grandes momentos de la historia —insisto en el término grande, sin temor a la redundancia—, toda esa grandeza está ligada al odio, a la guerra, a los conflictos.

En Arcadia, en cambio, la paz es la que domina todo; lo rústico es lo bueno, lo salvaje es lo digno, lo limpio; la desnudez esa que nos recuerda a Adán y Eva desnudos, antes de caer en la torpeza de querer ser grandes, ese anzuelo poderoso tendido por la serpiente.

Los pastores de Arcadia son in-cultos, no saben hablar bien, no disfrutan del arte de la palabra que pronuncia hermosos discursos. Saben, en cambio, vivir bien.

Mi vida por una ilusión

John Keats cantaba así, cerca de 1830, lo que traducido al castellano dice:

¡Detente y considera! La vida no es más que un día,
frágil gota de rocío que desciende su precario trayecto
de la cima del árbol...
La vida es el deseo de la rosa aún no abierta;
la lectura de un cuento por siempre cambiante...

La fragilidad de la textura de nuestra existencia es lo primero que aprendemos. Estamos, podríamos no estar y dejaremos de estar. Lo más real es este día, este momento, esta gota de rocío de precario trayecto.

Precariedad, eso nos caracteriza. El resto es lo que no es y tal vez sea eso lo esencial: la rosa aún no abierta. El sueño. La ilusión que decía Calderón de la Barca. El poeta español veía en la ilusión una negatividad. Yo, como Keats, veo en ella lo único concreto y vital y humano. Lo demás es pasajero.

Y el que quiera escribir de su vida un cuento definitivo se equivocará; sin duda, se engañará. Porque nada es definitivo. Lo definitivo es la muerte, lo que ya no cambiará. La vida es cambio, movimiento, ser que está no siendo, que hace camino al andar.

El pensamiento humano inventa esas ilusiones y da sentido a que busquemos la gota de rocío y desechemos su fragilidad, a que deseemos el deseo, que no se acabe nunca, a que contemos el mismo cuento pero nunca el mismo. Eso es ser humano.

Utopía

Nos preguntamos sobre la utopía. ¿Qué es la utopía?

El término lo acuñó Tomás Moro en una obra homónima, de 1516. Significa "ningún lugar". En griego *u topos*, no lugar. Así, desde entonces, se denominan todas las fantasías de todos los tiempos, que el hombre ha ido construyendo para imaginar un mundo mejor. Fantasías de la felicidad absoluta.

Las utopías delinean un sistema de vida, de educación, de comportamiento, de gobierno, de sociedad, ya que, obviamente, no estamos solos, y nadie puede llegar solo a la felicidad a menos que el mundo sea feliz.

Utopía es un sueño del hombre, el sueño del Retorno al Paraíso.

El sueño de Teilhard

Hubo en el siglo XX un hombre, un científico, sumamente religioso, el jesuita Teilhard de Chardin, que no se resignó a dejar que la naturaleza siguiera su propio curso y Dios el suyo.

Intentó una vía de conciliación, entre la teoría evolucionista, totalmente atea, y la posibilidad de la existencia de Dios. Por más que se busquen dialécticas conciliatorias, éstas son dos tendencias que radicalmente se excluyen la una a la otra: la "narración" evolucionista y la "narración" bíblica.

Teilhard decidió salvar ambos valores; mejor dicho, se negó a sacrificar uno de ellos en cualquier tipo de reduccionismo científico o panteísta. La vibración mística es hermana de la vibración científica —escribió en sus cuadernos de viajes—. Ferviente católico, no forzaría, sin embargo, los principios fundamentales de la ciencia, sino que su gran aventura intelectual consistirá, más bien, en re-interpretar los conceptos-ejes del Génesis y la idea de Cristo.

En efecto, Génesis I traza un panorama de la Creación que ningún estudioso actual —y ningún religioso auténtico— puede entender como un relato de "lo que ocurrió", sino más bien como una estructuración del plan divino en la Creación. En otros términos, es cierto que Dios creó Todo, pero lo que produjo fue el plan, la estructura, el esquema, y el sentido del ser de ese Todo.

Ese Todo se manifiesta a través de un progreso constante de vida en crecimiento, es decir, la evolución. La evolución, justamente —explica Teilhard—, es el plan de la creación divina. "La evolución cósmica tiende a construir entidades más complejas cada vez, ciñendo en unidades mucho más organizadas a la diversidad de seres de orden inferior. A nivel físico, esto significa átomos, moléculas y cristales.

"A nivel biológico significa células, organismos y toda la escala de la vida vegetal y animal. A nivel humano, significa la unión de los individuos en sociedad, lo que requiere (por lo menos) moralidad. Y si esta unión va a ser duradera, fructuosa y progresiva, implica la presencia de la motivación de un ideal o inspiración, es decir, religión" (*Evolución hacia la divinidad*).

La religión justifica —para el hombre moderno— adónde vamos. Esta finalidad de la existencia no es el producto de toda la evolución. Aquí radica la diferencia con el materialismo darwiniano: el futuro no es consecuencia del pasado, sino más bien al contrario, es su causa: ese futuro es el que des-encadena todo el proceso de la evolución; hay pasado porque debe de haber futuro, y el Plan de Dios, que es ese futuro, fuerza la existencia de la evolución que con-· duzca hacia él.

El punto de culminación de ese futuro, de ese Plan, es llamado por Teilhard el Punto Omega, y se refiere a Cristo.

La complejidad humana

Pero Teilhard de Chardin es del siglo XX, siglo que mientras daba saltos olímpicos en materia de progreso material y técnico, en lo humano propiamente dicho se distinguió por sus catastróficas guerras, el incremento de la pobreza y de la desocupación y otras malarias. Todo eso no da pábulo, precisamente, ni a tanto ni a mucho menos optimismo. ¿Leía Teilhard de Chardin los periódicos o sólo se enfrascaba en ciencias y reflexiones de bibliotecario? ¿Conocía su —nuestro— entorno real, humano?

Sí, sabía qué somos y cómo somos. Y porque sabía, lanzaba esos poemas de mística fe al aire. Y sabía que era fe in-demostrable. Porque es absurdo, creo. Porque el absurdo tiende a devorarlo todo, recordemos que estamos aquí para algo que no es siquiera personal, sino cósmico.

"¿Cómo es posible ignorar que al mismo tiempo lo Humano, en nosotros, en vez de perfeccionarse se degrada y deshumaniza?" He aquí lo que en este momento, en nombre del realismo y aun de la ciencia, se está repitiendo en todos los tonos.

"... Al cabo de un período de expansión que abarca todos los tiempos históricos (y el final de los prehistóricos), la Humanidad acaba de entrar bruscamente, esto es un hecho, en el régimen doloroso de compresión sobre sí misma... La Humanidad es una especie que entra en la plenitud de su génesis particular" (*La aparición del hombre*).

Se trata, pues, de una crisis genética, puramente biológica, necesaria, catapulta indispensable para un crecimiento mayor. En lenguaje de los cabalistas, diría yo, para interpretar a Teilhard, estamos en plenos "estertores de parto mesiánico".

En otros textos el teólogo usa otros lenguajes. En *El medio divino* confiesa: "El problema del Mal, es decir, la conciliación de nuestras decadencias, incluso simplemente físicas, con la bondad y la fuerza creadoras será siempre, para nuestros espíritus y nuestros corazones, uno de los misterios más inquietantes del Universo".

Por un instante el autor olvida el mal, la muerte y las hecatombes varias y genocidios policromáticos que se acumulan en nuestra prensa, y nuevamente irrumpe en él el clarín mesiánico, optimista, promisorio: "El gran desorden en que vivimos en nuestro Occidente, desde la tempestad de la Revolución Francesa, es debido a una causa más profunda y más noble que la que suponen las dificultades de un mundo a la búsqueda de algún perdido equilibrio. ¿Un naufragio? Ah, no, no realmente. Por el contrario... estamos pasando, en este mismo momento, por un cambio de Edad... Una Tierra humeante de fábricas, una Tierra trepidante de negocios, una Tierra vibrando con cien radiaciones nuevas. En definitiva, este gran organismo no vive más que por y para un alma nueva. Bajo el cambio de Edad, un cambio de Pensamiento" (*El fenómeno humano*).

Por eso estamos tan angustiados, tan nerviosos, tan desesperados. Todo este sufrimiento es bueno, sugiere el pensador, ya que forma parte de la conciencia del gran cambio.

Teilhard no puede dejar de ver esa angustia, el tema de nuestro tiempo: "Consciente o inesperada, la angustia, una angustia fundamental del ser, atraviesa, a pesar de las sonrisas, el fondo de los corazones al final de todas nuestras conversaciones" (*El fenómeno humano*).

Sería la angustia del que está por dar un paso trascendental en su vida; un examen final en su carrera. ¿Es eso?

La fantasía del profetismo mesiánico

Teilhard cree. Nos invita a creer. En este punto es honesto. Reconoce el límite donde concluye su ciencia y comienza su providencia, su profetismo mesiánico. Es claro que aun entonces procura basar sus creencias en logaritmos de apariencia científica. Pero al menos confiesa: "Ninguna evidencia tangible... Pero, mientras tanto, y en esta espera, he aquí las invitaciones racionales para un acto de fe" (*El fenómeno humano*).

Un acto de fe. La fe vence. La ciencia ha fallado en lo fundamental: trazarnos un futuro.

Habla Teilhard de Chardin: "En el interior de grupos restringidos (en la pareja, en el equipo), es una experiencia cotidiana que la unión, lejos de disminuir los seres, los acrecienta, los enriquece y los libera por encima de ellos mismos. La unión, la verdadera unión, la unión de espíritu y de corazón, no esclaviza, ni neutraliza los términos asociados. Los super-personaliza. Generalizad ahora el fenómeno a escala de la Tierra. Imaginad que bajo el efecto del abrazo planetario que se estrecha, los hombres despiertan por fin al sentido de una solidaridad universal, basada en su comunidad profunda de naturaleza y de destino evolutivo. Y entonces se desvanecerán todos los espectros de brutalidad... Se trata de una nueva forma de amor, todavía no experimentada por el hombre... Para que los hombres, sobre la Tierra puedan llegar a amarse, no basta con que los unos y los otros se reconozcan como elementos de un mismo algo; hace falta que al 'planetizarse' tengan conciencia de que, sin confundirse, se hacen un mismo alguien".

Antes nos amábamos porque éramos hijos de un mismo padre, descendientes del idéntico tronco humano. En el futuro, dice la cita, nos amaremos cuando reconozcamos que tenemos una finalidad común, una identificación al final, ser conjuntamente para lograr esa finalidad que es la con-junción de los humanos en la Unidad.

¿Por qué? Porque hay —dice Teilhard— un centro de todos los centros, el Punto Omega, hacia el cual ya estamos convergiendo. Es el punto de arribo. En él culmina el edificio de la Evolución; es su garantía moral.

En el comienzo fue Dios, dice la Biblia. Teilhard necesita que Dios sea, profundamente, al final. Nos estaría esperando. Sería un punto de convergencia. Constituiría la Persona en la cual se unificarían todas las personas y —ellos entre sí— la persona-de-la-humanidad.

Dios no es el punto de partida, es el punto de llegada. Pero cuando sabemos adónde debemos llegar, eso se nos transforma en el punto de partida del camino. Como decía el poeta T. S. Eliot: "En mi comienzo está mi fin".

La utopía de la modernidad

La modernidad, también ella, constituyó una utopía, un sueño de mundo mejor, radicado en la expulsión del fetichismo y en la devolución al hombre de todas sus facetas existenciales. Y ahí está Jean-Jacques Rousseau, entre los líderes de este mundo que en nosotros alcanzan su cumbre, para bien o para mal.

Aunque su obra no suele incluirse en el mundo de las fantasías utópicas, la suya también era una utopía, pero fue tomada como ciencia. Rousseau creía, en efecto, que lo suyo era ciencia. Hoy sabemos de su total irrealidad y por tanto merece el nombre de utopía su noción del hombre y de la posibilidad de rescatarlo y devolverlo al paraíso original, su ser natural.

Rousseau escribió alrededor de 1750 el *Discurso sobre las ciencias y las artes*. Era su participación en un concurso convocado por la Academia de Dijón, que preguntaba qué aporte habían realizado las ciencias y las artes para mejorar al hombre. Rousseau respondió: ¡ninguno!

En el mencionado discurso condena la invención de la imprenta, que ha perpetuado por escrito infinitas ideas malsanas y errores horribles. El hombre fue dichoso en la Antigüedad, antes de que se inventaran las artes, las ciencias, los aparatos; porque junto con todo ello se inventaron también el lujo, la relación de la moral y las divisiones entre ricos y pobres, superiores e inferiores. Ésta es la teoría llamada "del buen salvaje". En estado de salvajismo, de naturaleza pura, el hombre es bueno. La cultura, la civilización, las ideas que le inundan la cabeza, lo llenan de odios, envidias, deseos, aspiraciones, y ahí se vuelve malo y desdichado.

Después escribió un *Discurso sobre la desigualdad de los hombres*: "El primer individuo al que, tras haber cercado un terreno, se le ocurrió decir 'esto es mío', y en contra de otros individuos bastante simples

como para hacerle caso, ése fue el verdadero fundador de la sociedad civilizada. Cuántos crímenes, guerras, asesinatos, cuántas miserias y horrores no le hubiera ahorrado al género humano el que,
arrancando las estacas o cegando el foso, hubiera gritado a sus semejantes: ¡Estáis perdidos si olvidáis que las frutas pertenecen a todos y
que la tierra no es de nadie!". La propiedad. Lo mío y lo tuyo. En términos de budismo: el ego posesivo y esclavo al mismo tiempo de su
posesión. Caín lo quería tener a Dios de su lado, como propiedad exclusiva. Eso nos impide oír las voces del ser en el universo.

Digamos de paso que el propio Rousseau estaba lejos de ser un
dechado de moralidad. Era el prototipo de aquello mismo contra lo
cual luchaba: el hombre civilizado pero en un aspecto que él mismo
no alcanzó a vislumbrar: la civilización autoriza la esquizofrenia ética, decir y pronunciar hermosas ideas y vivir y actuar como un depra-
vado. El altruismo de Rousseau radicaba únicamente en sus ideas. En
la vida real y concreta traicionaba a todos su amigos, abandonaba a
sus hijos y peleaba con todo el mundo. No sabía ser sino solitario. E
inclusive, hacía la apología del sexo solitario, que era, decía, el más
perfecto.

Incapaz de percibir al otro Rousseau, se vuelve un trágico ejemplo
de plasmación concreta de sus ideas acerca del mal y su origen: el en-
frentamiento con el mundo.

El utópico Marx

Marx, en *La ideología alemana*, expresa su utopía, la de la sociedad
del trabajo: "Ha llegado el momento en que las personas tienen que
apropiarse de la totalidad de las fuerzas productivas, a fin de llegar a
una situación de trabajo autónomo... La apropiación de estas fuerzas no
es otra cosa que el desarrollo de las capacidades individuales, que son
correspondientes con los instrumentos materiales de producción".

¿Qué es una sociedad? Fuerzas de producción, economía, clases
y luchas de clases. Así se define la historia de toda sociedad. Siempre
hubo superiores e inferiores, amos y esclavos, explotadores y explo-
tados, capitalistas y proletarios. En cada período, esa relación de arriba y de abajo va tomando distintas formas, en concordancia con la
técnica y su desarrollo.

En su estudio sobre Marx, Isaiah Berlin lo explica así: "El orden burgués ha creado el proletariado, el cual es a la vez su heredero y su verdugo. Logró destruir el poder de todas las formas rivales de organización: la aristocracia, los pequeños artesanos y caudillos, pero no puede destruir el proletariado porque éste le es necesario para su propia existencia, constituye una parte orgánica de su sistema y es así el gran ejército de los desposeídos a quienes, en el mismo acto de explotarlos, inevitablemente disciplina y organiza. Cuanto más internacional se torna el capitalismo, y a medida que se expande se hace inevitablemente más internacional, es más vasta y más internacional la escala en que automáticamente organiza a los trabajadores cuya unión y solidaridad eventualmente lo echará por tierra" (*El fuste torcido de la humanidad*).

La tesis burguesa crea pues su propia antítesis, que es el proletariado. Usa al proletariado para sus fines, pero al usarlo lo está organizando. Esta organización, al servicio de los de arriba, terminará sirviendo a los de abajo, quienes, algún día, se rebelarán y producirán la revolución y el gobierno del proletariado. La síntesis. Marx concebía esta marcha de la historia como una ley, como algo que no podía ser detenido. "Hay que dejar de estudiar la historia; ahora hay que modificarla."

La utopía del Nuevo Mundo

Europa era la decadencia, el pecado, la perversión, y la discriminación, y el hambre. El Nuevo Mundo sería un retorno a la inocencia, a la pureza del alma, al Paraíso perdido. Sin embargo, toda esa fe, depositada en acciones, en entusiasmo creativo, se desvió hacia otros horizontes, según el análisis de Mircea Eliade. Surgió el mito del progreso y el culto a la novedad y a la juventud.

Con sutileza, Eliade hace ver que "la novedad que sigue fascinando hoy a los americanos es un deseo que tiene un apuntalamiento religioso. En la novedad se espera re-nacimiento, se aspira a una nueva vida" (El mito del eterno retorno). *De ahí los nombres tan significativos: Nueva Inglaterra, Nueva York, Nuevo Ha-*

*ven. Lo nuevo y lo joven están en el centro del nuevo culto ameri-
cano. Es el futuro, es la ansiedad de renovación y cambio, de re-co-
menzar la historia.*

*América, la del Norte y la ibérica, con el tiempo fue siendo hori-
zonte de salvación y de esperanza, una especie de paraíso real y concreto para tantos desheredados del mundo que huían de las guerras,
de la masacre, de la pobreza y de las hecatombes europeas.*

*La Argentina, por cierto, ha sido uno de los puntos estratégicos
en el mapa de esta alternativa del siglo XX. Tiempo es de recordar el
"Canto a la Argentina" de Rubén Darío:*

> ¡Éxodos! ¡Éxodos! rebaños
> de hombres, rebaños de gentes
> que teméis días huraños
> que tenéis sed sin hallar fuentes
> y hambre sin el pan deseado y
> y amáis la labor que germina.
> Los éxodos os han salvado:
> ¡hay en la tierra una Argentina!
> He aquí la región del Dorado,
> he aquí el paraíso terrestre...

*He aquí el Paraíso terrestre. Lo fue y lo sigue siendo para los re-
fugiados del mundo. Y para sus propios hombres esperanzados.*

*Hermosa visión la del poeta. Ya cumplió un siglo de vida esa vi-
sión. Hoy el paraíso está más lejos que nunca; el hambre y la desocupación crecen y la utopía, momentáneamente, está desaparecida
junto con los sueños de un mundo mejor. Se abolió la esclavitud, es
cierto. Somos libres, es cierto. Pero hay que ser libre para algo. Ser libre en el hambre y en la ausencia de trabajo es la peor y la más dolorosa de las esclavitudes.*

*No cabe duda de que vivimos en democracia, en Occidente al me-
nos. Y en libertad. Y en autorrealización. De nada sirve ironizar al
respecto. Si hoy viviera Voltaire sería olímpicamente ignorado, aunque sus ideas serían comentadas, tal vez, en secciones literarias de
diarios y revistas.*

*Ésta es la historia del pensamiento humano, y de su premedita-
da ceguera.*

12

Escepticismo

o armonía preestablecida

Empirismo y racionalismo

Volvamos al pensamiento filosófico. También él busca la utopía, el paraíso, el bien. Pero desde otro ángulo, el de la razón, no el del mito. Y, sin embargo, las corrientes de las ideas recorren caminos opuestos. Todo depende de cómo se vea la realidad.

Unos quieren la Unidad. Una base única para todo ser. En la religión se le dice Dios. En la filosofía, que suele estar arraigada en alguna religión, consciente o inconscientemente, y que lo niega en forma absoluta; en la filosofía —repito— esa unidad obviamente ha de pasar por la razón o el intelecto, como gusten llamarla.

Unidad significa que hay un orden total, universal, cósmico. UN orden. Esta idea suele ser acompañada de la Unidad de un ser que es el que organiza, crea, mantiene ese orden, es decir Dios.

Otros prefieren hablar de la naturaleza, para parecer menos teológicos, pero dicen lo mismo. Por eso, el inteligente de Baruch Spinoza estampó: *Deus sive natura*, Dios o la naturaleza. El que esté a favor de esa unidad total y absoluta y finalmente eterna, lo mismo da que denomine a esa Unidad de la Unidad, Dios o naturaleza.

La otra línea es la de la pluralidad. Hay cosas, acontecimientos, hechos, sentimientos, imágenes, estrellas, poleas. Juan, María, Pirincho. Cosas, animales, plantas, personas. Todos separados. Nada los une, nada los liga, salvo nuestra fantasía. Obviamente, esta teoría extremadamente realista conduce más bien a una mirada atea. Un mundo así es azaroso. Llueve, sale el sol, pierdo el paraguas. No hay lógica que unifique los aconteceres.

El empirismo es una de las variantes de la mirada realista. Significa, del griego *empiria*, experiencia. No hay sino la experiencia. La mente vive lo que la experiencia le proporciona, lo absorbe, lo procesa. En sí no tiene nada, está vacía, es una tabula rasa en la que se inscriben los acontecimientos y moviliza el pensar.

El empirismo ha sentado sus reales particularmente en el reino británico. El alma, dice John Locke, es "papel blanco". Espera ser escrito, pero nada trae previamente escrito. Las sensaciones nos marcan, nos afectan, y nos impresionan formando en la página blanca el conocimiento.

Dos tipos de experiencia tenemos, la externa y la interna. Si digo "sale el sol" porque veo que el sol sale, estoy afirmando algo relativo a la experiencia externa. Si digo "me duele el vientre" estoy relatando una impresión que impregna el papel blanco con una experiencia, pero del origen interno, que aunque la sufra, la contemplo como de lejos. Algo que acontece. Y me impresiona, me deja una impresión.

El empirismo se opone al racionalismo, que coloca el centro del conocimiento en la mente, es decir, en las cualidades o categorías internas de la mente, y que son a priori anteriores a toda experiencia. Dos más dos es cuatro aunque en la realidad —imaginativamente hablando— no encontremos dos de nada. Lo que hay ingresa por los sentidos y se cocina en la mente. Pero sin esa experiencia exterior, empírica, no habría conocimiento posible.

El racionalismo sostiene que la razón en sí, y dentro de lo que encuentra en sí por ser universal, garantiza las verdades universales. Que se llaman también analíticas, porque 2 + 2 = 4 no dice nada nuevo, sino que analiza al cuatro dividiéndolo en dos dígitos. "El hombre es mortal" es una verdad analítica, ya que en el sujeto está contenido el predicado. Por eso esas verdades son irrefutables, dicen los racionalistas.

En cambio, los empiristas —la ciencia es empirista— no aceptan verdades absolutas, ya que siempre puede ocurrir algo que haga modificar el paradigma cognitivo anterior. Verdades de hecho, les decía Leibniz.

El gran empirista que establece la corriente en Inglaterra es John Locke. En cuanto a las cosas que se nos muestran o aparecen en nuestro camino, Locke distingue entre cualidades primarias y cualidades secundarias. Las secundarias son el color, el sabor, el olor, la temperatura. Se llaman secundarias porque no pertenecen a las cosas, sino a reacciones personales mías frente a las cosas o el exterior. Son subjetivas. Yo tengo más frío que tú en este mismo momento, cualquiera sea la temperatura que marque el termómetro. Yo uso pulóver y tú usas camiseta. Las cualidades primarias son propiedad de los objetos en sí: extensión, forma, movimiento, impenetrabilidad de los cuerpos mismos. No dependen de mí, están implícitas en esta mesa que tiene forma, que es de madera.

Esta distinción nos permite clasificar nuestras ideas, y poder discernir cuándo estoy razonando desde la subjetividad —me gusta, no me gusta— o desde la objetividad; qué podemos discutir —¿rojo claro o rojo oscuro?— y qué es indiscutible: ahí hay una mesa.

La creciente disolución del Yo

Tomemos el yo. ¿A quién le cabe duda de que cuando dice YO está hablando de algo que realmente existe? A nadie. A Hume, en cambio, le cabe duda. Él, en calidad de empirista, considera que debemos rasgar los velos prejuiciosos y observar la realidad, la experiencia.

Me observo a mí mismo, a mi experiencia de mi yo. ¿Qué encuentro? Momentos. Estados sucesivos. Estoy contento, estoy furioso, estoy indiferente. Ahora estudio, después juego, después cierro los ojos y sueño. ¿Cuál de todos estos momentos me define?

Cuando digo YO ("yo pienso", "yo soy el esposo de Jaia", "yo disfruto del puré de zapallo", "yo amo el fútbol", "yo sueño con tigres", "yo tengo el colon irritable", "yo estudié los clásicos", etc.), ¿a qué aludo de todo ese bagaje de sucesos que pasan a través de mi persona? A todos; a ninguno.

El yo como unidad, como centro que irradia rayos, como el centro de la rueda de la bicicleta, no existe. La identidad, que significa ser idéntico a sí mismo, no existe. Estoy cambiando, soy en lo que no soy, porque dejo de ser lo que soy a cada instante. El Yo es una ilusión que construyo desde mi mente o que aprendo a construir cuando nazco.

Cuando digo YO, piensa y hace pensar Hume, siempre me está pasando algo o estoy haciendo algo. Eso soy, ese suceso. No existe el yo a solas. Uno puede señalar con el dedo y decir "Ahí camina un yo". Yo es siempre el sujeto de algún predicado o calificativo. Yo juego, yo miro, yo sufro, yo te extraño, yo soy un gran tipo. Fuera de los sucesos, no hay yo. No hay un yo que venga antes y los sucesos, sentimientos, acciones, impresiones que vengan después y se peguen a él, como figuras que se adhieren a una hoja previamente en blanco.

"Cuando penetro más íntimamente en lo que llamo mi propia persona, tropiezo siempre con alguna percepción particular de calor o frío, luz o sombra, amor u odio, pena o placer. No puedo jamás sorprenderme a mí mismo en algún momento sin percepción alguna, y jamás puedo observar más que percepciones. Cuando mis percepciones se suprimen por algún tiempo, como en el sueño profundo, no me doy cuenta de mí mismo y puede decirse verdaderamente que no existo" (*Tratado de la naturaleza humana*). Soy un aglomerado de percepciones, de cosas que me pasan y de mi pasar entre las cosas.

Ahora pregunta Hume: "¿Qué nos produce, pues, una inclinación tan grande a atribuir una identidad a estas percepciones sucesivas y a suponer que nosotros poseemos una existencia variable e ininterrumpida a través de todo el curso de nuestras vidas?". En otros términos, ¿qué es lo que motiva esa ilusión de considerar que hay un Yo previo y posterior a todo lo que le pasa, independiente de sus sentidos y sentimientos? ¿Qué hace que yo sea yo, me considere así, el mismo de la foto de bebé, el mismo de la foto de los cinco años en el puerto, el mismo de la foto en la graduación del secundario, el mismo de la foto del casamiento, el mismo de la foto con esposa e hijos?

Esa ficción, la del Yo como yo mismo, siempre es algo así como un huso que es el mismo y que se rodea de hilos varios, de colores varios.

Esta idea de la identidad se produce —explica Hume— porque todo lo que nos acontece se sucede, en sus cambios, en forma tan vertiginosa que parece unirse todo; en un largo e interminable hilo. Pero el hilo es de nuestra fantasía. Y a esa fantasía, para hacerla más consistente, la llamamos alma o sustancia.

Claro que, y aquí llegamos al eje de la cuestión, este problema, como tantos otros que se dan en filosofía y que parecen ser problemas que uno piensa objetivamente, en realidad oculta una pasión, un deseo.

La verdad al servicio de otros intereses

Nunca discutimos verdades en cuanto verdades, sino tan sólo en cuanto nos son útiles para sostener ciertos mitos, ciertos sueños, ciertas necesidades internas que faciliten el trance de vivir y el camino a la felicidad.

Nuestra concepción del mundo será una si creemos que el yo es uno, y una muy diferente si, en cambio, lo consideramos una mera y accidental sucesión de acontecimientos.

"La controversia referente a la identidad no es meramente una disputa de palabras. Pues cuando atribuimos identidad, en un sentido impropio, a los objetos variables o interrumpidos, nuestro error no se limita a la expresión, sino que va comúnmente acompañado de algo invariable e interrumpido o de algo misterioso e inexplicable, o al menos de una tendencia a tales ficciones."

Volvemos pues y preguntamos: si el Yo existe como identidad, ¿entonces qué? Si el Yo no existe y no es más que una ilusión tejida entre accidentes sucesivos que acaecen en mi experiencia, ¿entonces qué?

La respuesta la da Hume: yo, identidad, alude a —repito— algo invariable, interrumpido, misterioso, inexplicable. Una sustancia, un sujeto que precede a todos sus predicados, y que se basta a sí mismo. Misteriosa sustancia que se llamaría "alma" y que tendría conexiones con la sustancia más misteriosa, Dios. La Unidad del Yo conduce a la Unidad de Dios, y a la Unidad de toda la creación ligada a una raíz.

Pero si la realidad es multiplicidad, si el Yo no es anterior a sus actos, y si esos actos son plurales e inconexos entre sí, entonces la teoría del alma, del universo creado por el Uno y que, por lo tanto, es uno, toda esa amalgama de ideas se disuelve.

En fin, en la primera teoría finalmente hay Dios. En la segunda teoría, en principio, racionalmente hablando, no hay Dios.

Los mecanismos de la mente para ordenar el mundo

Hume, al poner en duda la identidad del yo, borra de un manotazo toda idea o concepto que no tengan apoyo en la *empiria*, en la experiencia real y concreta. ¿Cuáles son los motores que manejan estas ficciones, como ser la del Yo?

Son tres tipos de relaciones entre los acontecimientos, es decir, las ideas que se nos producen interiormente de los acontecimientos: la semejanza, la continuidad, la causalidad.

Una experiencia (¡qué hermosa rosa!) semejante a otra experiencia (otra rosa, en otro jardín, en otro momento de la vida) se identifica con ella, y ahí es cuando dejo de percibir las rosas reales y me quedo con la idea rosa, y siempre que me encuentro con una rosa real me remito a esa idea, producida por la semejanza.

Continuidad es algo que sucede a continuación de algo. Llorar y estar triste. El llanto aludirá siempre a la tristeza y la tristeza al llanto. Así es como vamos combinando las impresiones, los efectos, las ideas, y de esta manera organizamos el caos de los sucesos que nada tienen que ver entre sí. Nosotros los conectamos por esas vías, de semejanza unas veces, de continuidad otras.

Y la más notable es la vía llamada causalidad. ¿A quién le cabe duda de que jugando al billar, cuando uno golpea una bola y esa bola toca a otra bola y la moviliza, que la primera bola fue la causa del movimiento de la segunda? A nadie, obviamente. Todo el mundo lo ve, todo el mundo puede comprobarlo. Como todo el mundo es testigo de que cuando llueve la tierra se moja a consecuencia de esa agua caída. Hay siempre una causa para una consecuencia y viceversa. Son datos obvios.

Sin embargo, para Hume nada es obvio. Lo más obvio ante su mirada crítica deja de serlo. También la causalidad, por así decir, es invento de nuestra fantasía. Sólo hay acontecimientos y sucesión de acontecimientos, unos a continuación de otros.

Para nuestra mayor comodidad, ligamos los acontecimientos y decimos esto es causa, lo otro es consecuencia. Nada de esto se da en la experiencia real y concreta. Todos ven, dijimos, pero la verdad es que nadie ve eso que cree estar viendo; lo imagina.

Lo que se *ve* es una bola en movimiento, el encuentro de las bolas, el movimiento de la otra bola. Lo demás es cosa mental, entretejido de nuestra composición interior. Y la que enlaza todo es la memoria.

"Si no tuviéramos memoria, jamás podríamos tener noción de la causalidad, ni por consecuencia, de persona. Sin embargo, habiendo adquirido esta noción de causalidad, por la memoria, podemos extender la misma cadena de causas, y por consiguiente la identidad de nuestras personas, más allá de nuestra memoria, y podemos comprender tiempos, circunstancias y acciones que hemos olvidado enteramente, pero que suponemos en general que han existido."

La memoria establece las conexiones y ella produce causas y efectos, continuidad de identidad.

El yo disgregado en versión del poeta

Oliverio Girondo, poeta argentino, sin pretender emular a Hume, lo decía en términos muy graciosos.

En 1932 tenía la osadía de mirarse en su realidad palpitante y descubrir esa disolución: "Yo no tengo una personalidad; yo soy un cóctel, un conglomerado, una manifestación de personalidades... hay personalidades en todas partes, en el vestíbulo, en el corredor, en la cocina, hasta en el W.C... imposible saber cuál es la verdadera.

"En vez de contemporizar, ya que tienen que vivir juntas, pues no señor, cada una pretende imponer su voluntad sin tomar en cuenta las opiniones y los gustos de las demás...

"Mi vida resulta así una preñez de posibilidades que no se realizan nunca...".

Hume no entra tan hondo en la multiplicidad de los seres que me habitan, sino que contempla el fenómeno de los acontecimientos que voy viviendo, que se suman, sin conexión alguna entre sí, y que uno los conecta, los ordena, los jerarquiza, y dice ESTO SOY YO.

No sólo eso, sino que coloca al Yo por delante, omnipotente, y a partir de él surgen verbos y predicados, como si él los hiciera. Lo más cómico, para mí, es el Yo cuando dice: "Yo nací en Buenos Aires". Como si mi nacimiento lo hubiera pergeñado yo.

Hume va descomponiendo el universo de conceptos consagrados como indudables. Ni hay yo ni hay causas y efectos. Nada. Hay acontecimientos, sucesos. La relación entre ellos es un delirio mental nuestro, que la establece y santifica. Una piedra se mueve en el espacio. Un hombre camina por el parque leyendo este libro. La piedra cae. Donde la piedra cae, está la cabeza del hombre. Sale sangre. Es obvio que fue la piedra la que causó esa herida, es la causa de esa consecuencia.

Hume niega la causalidad. No hay causas. Hemos presenciado diversos hechos y los hemos ligado entre sí. De modo que saber, sabemos muy poco o nada del mundo exterior. Sin embargo, esas construcciones que hacemos no se conectan con el verbo saber sino con el verbo creer. Vivir es creer. La ciencia de lo empírico es ilusión consensuada y esa ilusión es una creencia compartida, que, por otra parte, funciona.

El pragmatismo, posterior, cuyos exponentes son Peirce y James, tomará justamente ese verbo —funcionar— y hará de él la raíz de la verdad. Para los pragmáticos es verdad toda proposición que funciona en la realidad, que produce efectos.

El pragmatismo

Ya que mencioné el pragmatismo, me detendré a analizar brevemente los ejes de esta corriente.

El término es del griego *pragma*, acción, producto de la acción. Charles Sanders Peirce (1839-1914), considerado el inspirador de esta corriente, saltea, por así decir, los planteos hechos hasta ese momento. Si es el sujeto el que construye el conocimiento o es el objeto el que se impone. Su perspectiva es totalmente diferente.

Cuando uno ve una botella de vino y dice: "He aquí vino", ¿qué está diciendo? Está diciendo que ese líquido, que está ahí, dentro de la botella y se llama vino, produce ciertos efectos al gusto, a la comida, y finalmente, la borrachera. "La idea que tenemos de las cosas es la idea de sus efectos sensibles."

Será verdadero el conocimiento que permite predecir qué consecuencias producirá ese objeto o idea del objeto. La verdad es igual a las consecuencias que produce.

Las ideas se van repitiendo y de esta manera se vuelven guías para la acción. Pero, claro está, hay aquí peligro de subjetivismo. Eso se corrige en la comunidad de los conocedores. Pero no garantiza verdades absolutas. Hay que estar siempre dispuesto a la corrección de lo tenido por verdad.

Por otra parte, Peirce aceptaba la idea de un Dios personal, y de la inmortalidad. Esto demuestra una vez más cómo el pensamiento avanza pero no toca las creencias esenciales de la persona. La idea de Dios está ligada a la idea del sentido de la existencia, del cosmos.

Quien popularizó las ideas de Peirce fue Willian James. Era psicólogo. Fue quien habló por primera vez de la corriente del pensamiento, desechando los "estados psíquicos" que hasta entonces se imponían. La conciencia es fluidez perpetua.

En esa fluidez, una idea es verdadera si nos lleva a efectos que deseamos y que consideramos exitosos. Una idea es un instrumento para lograr cierto objetivo. El tema es que la idea funcione. Si funciona, cumple con su cometido.

En cuanto a la clásica división de Descartes entre *res cogitans* (mente, pensamiento, alma) y *res extensa* (materia, cuerpo), James se niega a aceptar la dicotomía. Hay una sola materia, que es toda la realidad. Ni mental ni física.

Uno de los libros más famosos de James es *La voluntad de creer*, publicado en 1897. En él sugiere que vivir es tomar decisiones, elegir entre opciones. Sí o no. Dios existe o no existe. ¿Es bueno ser bueno o no lo es? Decidir en qué creo. ¿Soy libre?, por ejemplo. Esa creencia, dice James, influye en mí y me hace actuar como hombre libre.

James también incursionó en el terreno de las religiones, y su libro *Variedades de la experiencia religiosa* es ineludible para quien quiera encarar el tema.

Aquí se aplica el pragmatismo. Si mi creencia no puede ser demostrada científicamente, y es fruto de mi decisión de creer, ¿cómo he de verificarla? A través de sus consecuencias, de sus efectos. Creer no es para James una cuestión de ideas o situaciones mentales. Es un compromiso. Creer en Dios es un compromiso frente al mundo por hacerlo mejor.

Éste es el concepto de creencia en William James. Dios existe significa qué consecuencias se producen en mi vida, en el mundo, entre nosotros, si existe. La mente es la proyección de esa mente en el mundo, y en su modificación. Si eso no ocurre, la mente está realmente vacía.

La reacción de Kant

Volvamos a la confrontación entre Hume y Kant.

Se dice que Hume es predecesor del escepticismo. El escepticismo no cree en la posibilidad del conocimiento objetivo, universal. A partir de ahí Immanuel Kant tuvo que trabajar muy duro para "salvar" alguna realidad y la posibilidad de conocimiento de la realidad. Sucintamente: hay algo que está ahí. Objeto se llama el estar ahí, enfrente de mi conciencia. ¿Podemos conocerlo? ¿Cómo se construye el puente, siguiendo a Hume, entre el Yo y el mundo?

Kant responde: ese objeto tiene dos aspectos. Uno es el número. Es el ser en sí, que sólo el Nous (de ahí la voz número) podría captar. Nuestro intelecto solamente puede percibir el fenómeno de ese objeto, es decir —siguiendo la raíz griega— su manera de mostrársenos.

Fenómeno significa lo que aparece. ¿Cómo me apropio de esa aparición? A través de encuadres mentales que la razón tiene para apresar los objetos y darles consistencia.

Estos encuadres son, en principio, dos grandes elementos: el tiempo y el espacio. Afuera, en la experiencia empírica, nada existe que pueda llamarse "tiempo" o "espacio". ¿Dónde, pues, están esas realidades? En la mente. Son como dos enormes receptáculos donde caen todas las impresiones que recibimos de la experiencia.

Las cosas son antes, ahora o después. Duran. La captación tiene un momento a, un momento b, etcétera. Y el espacio es obvio: ocupan lugar, son grandes, chicas.

Y luego vienen las categorías más específicas, dentro de las cuales el objeto, el fenómeno, es elaborado y se vuelve fenómeno.

Ahora bien, insisto, ¿qué es esa cosa en sí, sin que la aprehenda mi mente, con mis categorías? Eso no lo sabemos, responde Kant, eso es el número. Alguna razón no-humana podría captarlo sin mediaciones. Dios, por ejemplo. Pero nosotros no estamos conformados para los fenómenos. Kant muestra a la razón en relación con sus objetos en varias dimensiones: la razón pura, que es puramente cognitiva; la razón práctica, que es la que dicta la ley moral; y el juicio, que es la razón referida a lo estético. De este modo completa un triángulo que ya tenía vigencia en los tiempos de Platón: la verdad, el bien, la belleza.

Dogma y criticismo

Los libros fundamentales de Kant comienzan con el título *Crítica*. ¿Por qué crítica? Porque hasta Kant el pensamiento, según él explica, era dogmático. Es decir que los filósofos planteaban sus ideas y avanzaban en la construcción de sus sistemas, sin estudiar previamente el órgano con el cual estaban operando, la razón, el entendimiento. Kant, por lo tanto, produce la revolución del criticismo.

Kant sugiere, antes de conocer eso que conocemos, cómo hacemos para conocer, qué podemos conocer y qué está más allá de las posibilidades de nuestro aparato psíquico, el racional, para adquirir conocimientos. "La Crítica —escribe Kant— no se opone al procedimiento dogmático de la Razón en su conocimiento puro, como Ciencia... sino al dogmatismo, es decir a la pretensión de avanzar con un conocimiento puro formado de conceptos (el conocimiento filosófico) y con el auxilio de principios como los que la Razón emplea desde hace largo tiempo, sin saber de qué manera y con qué derecho puede hacerlo. Dogmatismo es, pues, el procedimiento dogmático de la Razón pura sin una previa crítica de su propio poder."

Introducción a Leibniz

Ahora retrocedemos en el tiempo. Antes estudiamos a un extremo empirista, Hume. Luego pasamos por el pensamiento crítico de Kant, que no acepta el dogmatismo ni del empirismo ni el del racionalismo. Ahora vamos en busca de un modelo de racionalismo, digamos, en estado puro, absoluto. Así se notarán con mayor claridad las diferentes corrientes del pensamiento humano.

Leibniz construyó uno de los sistemas más fantásticos del pensamiento humano. Dije fantástico porque apoyó la razón en la fantasía. Quizá sea un predecesor de la ciencia ficción. Después de los mitos de Platón, nadie construyó un mito con ladrillos racionales como Leibniz. La historia es caprichosa: el sistema de Leibniz debería figurar en el orden de la mitología o de la utopía. Pero se decidió que se incluyera en el marco de la filosofía.

El pensador alemán Gottfried Wilheim Leibniz no puede eludir el demoledor empirismo inglés, pero él es racionalista-idealista. Busca, por lo tanto, caminos de conciliación.   ·

Hay, dice, verdades de razón y verdades de hecho.

Las verdades de razón son, valga la redundancia, puramente de la razón, de la lógica, y las elaboro encerrado entre cuatro paredes sin tener contacto alguno con el mundo. Mi mente sola las produce. Como ser las verdades matemáticas. No necesito manzanas ni peras ni bolitas para sumar tres y tres y saber que es seis el resultado. Esas verdades son firmes e irrefutables porque la razón es universal y aparecen o pueden aparecer en todos los seres del mundo. Son necesarias.

Las verdades de hecho cuentan experiencias recogidas en el mundo exterior: llueve, Marilyn Monroe, la paella de anoche. Fui al cine, hacía frío, la película duró dos horas y media, etcétera. Todo eso es verdad que sucedió, pero es verdad de hecho. Podría no haber ido y haberme quedado en casa a ver el partido por la tele. Son contingentes, accidentales, pueden ser o no ser.

Las verdades de la razón no requieren de la experiencia, son innatas, uno las trae consigo con el nacimiento. Claro que —comenta García Morente— eso no significa "que nazcan los niños al mundo sabiendo geometría analítica. No, esto no. Innato no quiere decir que estén totalmente impresas en nuestro intelecto, en nuestro espíritu; quiere decir que están germinativamente, seminalmente..." (*Lecciones preliminares de filosofía*). Están, pero en forma de semilla. La semilla es una posibilidad. Pero si uno no la riega, la cultiva, no crece. Lo mismo ocurre con esas verdades, brotan del puro pensar, pero el pensar debe activarlas. De lo latente se pasa a lo patente.

El principio de razón suficiente

Y yo quiero el ser, el ser definitivo, indudable. Por lo tanto, tengo que remitirme a las verdades de la razón. No obstante, no cualquier verdad de hecho es verdad. Necesita, dice Leibniz, un principio de razón suficiente.

Siguiendo el ejemplo de García Morente: esta lámpara es en efecto verde. Hay, pues, cierta objetividad en este conocimiento. Pero podría ser rosa. Si es verde, es por algo, es porque el que la hizo, la quiso verde y él la hizo así, porque otro le encargó una lámpara de color verde, y ese otro la pidió para poder decorar su living, y la decoración se debe a que quiere embellecer su casa para las visitas que vendrán la semana que viene. La lista de razonamientos no tiene fin. Lo que hay es una razón suficiente para cada momento.

En lo que toca a Dios no hay verdades de hecho y verdades de razón. Todas son verdades de razón. ¿Por qué? Dios conoce todo acontecer pasado, presente, futuro. De modo que lo que para nosotros es accidental, para Dios es esencial. Desde Dios la lámpara ha de ser verde, así como el triángulo ha de tener tres ángulos.

Si el conocimiento de Dios careciera de este saber, también de las verdades de hecho, sería un conocimiento defectuoso, tema que afecta a la misma definición de Dios como perfección.

Hay pues una mirada divina, que es siempre de razón. Hay una mirada del hombre que se bifurca por caminos de razón y por caminos de hechos. Desde Dios la racionalidad es absoluta y lo comprende todo.

En su *Discurso de metafísica*, Leibniz dice que la gente considera a Dios en dos planos, el uno es el ordinario, el de las leyes de la naturaleza que siempre son las mismas, por ejemplo, y otro es el extraordinario, en el que suceden hechos imprevistos o lo que se dice milagros. Pero eso depende de la perspectiva humana. "Lo que pasa por extraordinario no lo es más que la mirada de algún orden particular establecido entre las criaturas. Pues en cuanto al orden universal, todo está de acuerdo con Él" (*Tratados fundamentales*).

Dios es el orden absoluto. Por tanto lo extraordinario es nada más que imperfección de nuestra percepción, por humana y limitada. Dicen que la influencia de Spinoza en este punto es notable.

"Ahora bien —sigue reflexionando Leibniz—, puesto que nada puede hacerse que no esté dentro del orden, puede decirse que los milagros están también dentro de él..." Es decir, no existen salvo para nuestra defectuosa vista de las cosas. La diferencia entre la naturaleza y los milagros es meramente cuestión de frecuencia. La naturaleza pone al sol en el horizonte todos los días a horas predeterminadas. El milagro sucede cuando debe suceder según Dios y, por lo tanto, es naturaleza, pero no según tu percepción.

Las mónadas

Lo explicado es lo más sencillo en la construcción filosófica de Leibniz. No podré conducir al lector en los intrincados laberintos que el filósofo practicó con sumo rigor, ligando realidad con matemática. Pero sí nos detendremos en sus teorías más famosas. Y la más famosa es la de las mónadas.

¿Qué es una mónada? Una sustancia, realidad, algo único, uno. Sustancia es lo que —la palabra lo dice— está sobre sí mismo, es autosuficiente.

La mónada no puede ser material porque, si lo fuera, sería divisible, y dejaría de ser mónada, y sería *duo-da*, por ejemplo. ¿En qué consiste, pues, la mónada? Es fuerza, energía.

En lenguaje de Leibniz: "En la naturaleza todo es lleno y en todas partes hay substancias simples que están efectivamente separadas unas de otras por acciones propias que cambian continuamente sus relaciones (*rapports*) y cada substancia simple o mónada distinta, que constituye el centro de una substancia compuesta (por ejemplo de un animal) y el principio de su unicidad, está rodeada por una masa compuesta de una infinidad de otras mónadas. Éstas constituyen el cuerpo propio de esta mónada central que representa, según las afecciones de ese cuerpo, como en una especie de centro, las cosas que están fuera de ella. Y cuando ese cuerpo es orgánico forma una especie de autómata o máquina de la naturaleza, que no sólo es máquina en su totalidad sino incluso en sus más pequeñas partes, las que pueden ser objeto de observación" (*Teodicea*).

El planteo de Leibniz viene a responder a la disyuntiva entre unidad y pluralidad. En principio, se impone a la vista la pluralidad. Los objetos que nos rodean, las diversas situaciones, cada uno de ellos es el mismo y no parece estar conectado con los demás. Ésta es la visión que Leibniz acepta y de ahí salen sus mónadas, autosuficientes, independientes de cualquier otro ente.

Sin embargo, Leibniz es creyente. Su dilema es cómo un mundo así, totalmente fragmentado e inconexo, puede tener un Dios que es orden y conexión de todos los seres.

La respuesta la veremos más tarde. Sólo anticipemos: las mónadas nada tienen que ver entre sí pero todas dependen de Dios, y Dios las organiza de tal manera que constituyan algo así como un *puzzle* universal, donde cada mónada es una pieza que se relaciona con las demás, pero no directamente, sino a través de la Central, a través de Dios.

Ahora retorna la pregunta: ¿qué clase de fuerza o energía es ésa que no pertenece a cuerpo alguno (ya que, según explicamos, si fuera cuerpo sería material, sería divisible, es decir dejaría de ser)? Capacidad de obrar.

Lo notamos dentro de nosotros mismos, en nuestro interior, en el paso de una situación a otra, ese movimiento es de energía, "esa capacidad íntima —volvemos a citar a García Morente— de sucederse unas a otras las vivencias, eso es lo que constituye para Leibniz la consistencia de la mónada. La mónada es sustancia activada, esa posibilidad de moverse, de vivir, de cambiar".

No hay dos mónadas iguales. Si fueran iguales no serían dos, serían una. Las mónadas, dice el pensador, no tienen puertas ni ventanas. Están incomunicadas con otra realidad. Sólo existen con la energía de sus estados sucesivos internos. En esos movimientos se refleja en la mónada el universo, o la mónada es la reducción del universo a ese, su ser sustancial. Aunque, al ser cada mónada diferente de otra, es otro reflejo del universo, una visión única. Esos acontecimientos son percepciones que la mónada registra.

La jerarquía de las mónadas

Pero hay un grado superior y es la apercepción. En la apercepción la mónada toma conciencia de su ser en movimiento, pero como todas las percepciones no son siempre apercibidas, surge una franja oscura, que hoy llamaríamos del inconsciente: la ignorancia de la mónada de lo que en ella ocurre.

Cuando está en situación de apercepción, entonces, la mónada se vuelve alma. Cuando el alma alcanza a descubrir las verdades de razón, las verdades eternas, se vuelve espíritu. Y en esta escala encontramos en su pico supremo a Dios, que es la apercepción de todas las apercepciones, de todos los espíritus; allí no hay confusión ni inconsciente, todo es claro y preciso, ni hay un punto de vista, sino que se encuentran mancomunados todos los puntos de vista que las mónadas implican.

Estamos pues ante una pirámide jerárquica: en la base, mónadas, como energía y movimiento; luego, percepción de lo anterior, vivencia; a continuación, apercepción o toma de conciencia, estableciendo un punto de vista sobre ese microcosmos que representa al macrocosmos; y en la cúspide, apercepción de todas las apercepciones, es decir, Dios.

Metáfora de los relojes

Ahora aparece el problema de la comunicación. La mónada es ser en sí. No tiene puertas, no tiene ventanas, nada le viene de afuera. ¿Cómo se comunica con otras mónadas? Cada uno de nosotros es una mónada. Después de todo, hablamos, nos saludamos, mandamos cartas (y ahora, e-mail). ¿Cómo podemos salirnos de nosotros mismos hacia una relación con los demás? Para que haya comunicación, lo dice la palabra, es menester que tengamos algo en común.

Aquí Leibniz apela a su famosa metáfora de los relojes. En una habitación hay dos relojes y ambos marcan la misma hora. De todas las respuestas posibles, la única plausible es la siguiente: nos equivocamos, no hay dos relojes. Un único reloj existe, se manifiesta en dos esferas diferentes; el mecanismo es uno, un sistema de engranajes y se manifiesta en distintas esferas.

Ese reloj supremo es Dios. Nosotros damos la hora que Él produce. Y coincidimos entre nosotros porque el Relojero mayor así lo ha establecido desde siempre. Es la teoría de la armonía preestablecida.

No damos la misma hora ya que cada uno es distinto del otro. Pero nos comunicamos por la organización de la armonía preestablecida. En consecuencia, co-incidimos sin necesidad alguna de que nos comuniquemos exteriormente, porque ya venimos comunicados de nacimiento. Cada uno sigue su camino y el cruce de caminos diseña la armonía total.

Reflexión al margen

No sé si a usted este argumento lo convence. Pero creo que no puede resistirse a afirmar que se trata de un diseño de fantasía maravilloso. En mi interpretación me pregunto: ¿qué es lo que condujo a Leibniz a esta teoría tan compleja?

Ya lo dijimos páginas atrás: solucionar la evidencia de la multiplicidad y fragmentación del ser en cosas, objetos, situaciones, momentos, in-dependientes, in-conexos, frente a la otra evidencia que Leibniz trae consigo: Dios. Lo primero niega a lo segundo. Viene Leibniz y conserva la pluralidad de la realidad. En efecto, nada tiene que ver con nada, tal cual lo postulará el escéptico Hume. Y sin embargo hay un nexo supremo que, encerrado como estoy en mí mismo, en mi ser mónada, puede percibirte. Pero lo hago por medio de la instalación prevista por Dios: la armonía preestablecida.

El otro tema que preocupa, desde luego, es el de la libertad.

Se parte de Dios, aunque esta carta no se revela y se la deja para el final. El comienzo es Dios. Si Dios existe, ¿cómo puede existir la libertad?, ¿cómo puede ser que tú y yo nos encontremos, o nos desencontremos, o cambiemos de planes? Ello sería una mácula para el conocimiento omnisciente de Dios.

En consecuencia, se vive en dos planos: uno es el plano de las verdades de hecho: te llamo por teléfono, no contestás, luego te encuentro en la calle, vamos al café, está cerrado, vamos a otro y nos encontramos con Leandro, viejo amigo de la niñez y luego... Son verdades de hecho, contingentes, accidentes. Podríamos ir a otro café. Podríamos no encontrarnos. Todo lo que fue podría no ser.

El otro plano es, por así decir, la mirada de Dios: hay un armonía preestablecida, todo está previsto, por eso somos mónadas que creen comunicarse en libertad, pero se comunican por hilos que desde un plano desconocido traen de nacimiento para actuar como actúan. Visto desde ahí, no, no somos libres. Pero hay sentido, hay armonía.

Además de la percepción, dice Leibniz, está la *apetencia*, que es "la tendencia de una percepción a otra". Es algo semejante a la voluntad. Ahora bien, las voliciones están determinadas por objetivos que pueden ser el bien o el mal. Y aquí entronca el tema de la libertad que, si bien está vedada en la armonía cósmica, en la armonía preestablecida, porque implicaría un defecto de Dios, es factible dentro de la mónada misma en sus voliciones.

La mónada que aspira al bien es la libre. Libre en el sentido negativo: libre de las pasiones y de los apetitos y de los impulsos y de los instintos. Libre significa activa, mientras que la pasión —la palabra lo dice en su origen grecolatino— es sometimiento, pasividad. Somos esclavos de las pasiones, frente a las que estamos pasivamente entregados, o libres en cuanto logramos superarlas y manejarlas, como el auriga de Platón y sus corceles.

La acción, dice Leibniz, trae consigo alegría; la pasión, en cambio, sometimiento y finalmente, decepción, tristeza.

El mejor de los mundos posibles

Por último el tema, también muy trascendido, es la defensa que hace Leibniz de este mundo, ya que las cosas por acá no van muy bien... Crisis, pobreza, miseria, matanzas, crueldades. ¿No es que

Dios es bueno? ¿Cómo puede un buen creador armar un mundo así como una armonía preestablecida de este orden?

Leibniz escribe una *Teodicea*. El término significa justificación o justicia de Dios. El mal, dice, es como la sombra del sol. Él, que es el bien, luz que proyecta, no puede existir sin sombra. El mal, pues, es indispensable para mejor percibir la luz. El mal es tan indispensable como el bien, porque si no el bien no tendría razón de ser.

"Éste es el mejor de los mundos posibles", concluye su razonamiento. Usted dirá.

El sarcasmo de Voltaire a costa de Leibniz

Voltaire, años más tarde, compuso su obra *Cándido o el optimismo*, donde se burla de esta teoría del mejor de los mundos, en la cual el mal no es mal sino que es función del bien.

Recordemos a Cándido, maestro de la ironía y del sarcasmo para desinflar mitos: "Todo está rigurosamente encadenado en el mejor de los mundos imaginables, decía a veces Pangloss a Cándido; porque la verdad es que si no os hubieran despedido de un hermoso castillo por el amor de la señorita Cunengunda, si no os hubieran metido en la Inquisición, no hubieseis recorrido a pie América... ni comerías aquí azamboos confitados y pistaches".

En efecto, dice el optimista Pangloss en su sardónico discurso: el mal es sumamente favorable; tarde o temprano produce bienestar.

El optimismo dice que vamos bien encaminados hacia el bien —que es el bien de la Humanidad y de la Historia— y que los males intermedios son medios inevitables en el rumbo hacia la Gran Felicidad: la Inquisición es imperiosamente necesaria para la ulterior salvación de las almas. Pangloss bien podría seguir explicando a Cándido: si no fuera por Hiroshima hoy no habría el Japón pujante y progresista que tenemos.

No hay mal que por bien no venga, sugiere la siempre profunda sabiduría popular. Occidente, en su plenitud de optimismo, nace desde la Caída y a partir de ahí desencadena todos los mecanismos prometeicos del hombre para suplir el paraíso perdido a través de las grandes creaciones de la cultura, la ciencia, la tecnología; en síntesis, el Bien de la Humanidad.

Diríase que la astucia de la razón es tan sutil y dialéctica que constantemente se procura nuevos males e inéditas miserias para, de ese modo, conservar el impulso creativo *ad aeternitatem.*

—¿Qué es el optimismo? —preguntó Cacambo.

—Es el prurito de sostener que todo es bueno cuando es malo —contestó Cándido.

La teoría del optimismo es de la Teodicea, y de la Teocracia, y de sus herederas inmediatas, las Cracias humanas. Si este mundo no satisface, habrá otro, futuro, que es el verdadero y donde los valores se reconocerán deslindando oros de cobres y ángeles de demonios. Ese otro mundo puede semánticamente albergar toda una serie de alternativas: a) un mundo futuro cercano; b) un mundo futuro lejano; c) un mundo después de este mundo (*post mortem*), y otras variaciones.

El razonamiento básico, burlándose del optimismo a ultranza, en la pieza de Voltaire se expresa así: de las desventuras particulares nace el bien general; de modo que, cuanto más abundan las desdichas particulares, más se difunde el bien. Ése, exactamente, es el mensaje que los políticos gobernantes del mundo manejan y con tono predicador, de tiempo en tiempo, imprimen en nuestros corazones.

Es la razón de ser de la República, que a su vez es un momento del ser de la Historia.

Cultivar la huerta de cada uno

Cándido y su amigo Pangloss recorren culturas, sociedades, sistemas, éticas, hombres, ideas. El mal es lo que les ocurre; el bien es lo que se les dice y explica. Entre tantos encuentros hay uno que sobresale, a mi gusto, y es con un derviche extraño: "Maestro —dijo Pangloss al derviche—, hemos venido para rogaros que nos digáis por qué ha sido hecho como es, un animal tan raro como el hombre."

Hermosa pregunta. Las generaciones la repiten, todos los sesos pensantes de los siglos transcurridos y futuros se exprimen en tan delicada cuestión. Pero el derviche es poco civilizado y responde, brutalmente para el fino oído de un hombre de Occidente decantado y decadentizado: "¿Y para qué te metes tú en eso? —contestó el derviche—. ¿Es esto incumbencia tuya?".

Este derviche carece de reglas de urbanidad y de mente filosófica. Aparte, es un egoísta, ni se interesa por el Hombre y su Destino, ni por el prójimo de la calle. Dicen que los que se inmiscuyen en la cosa pública acaban con frecuencia míseramente, y el derviche también afirma: "Jamás siento curiosidad por lo que hacen en Constantinopla, adonde me limito a enviar los productos del huerto que cultivo".

Ese razonamiento es un monumento al egoísmo; totalmente encerrado en sí mismo, su huerto, sus cosas, y para nada preocupado por los grandes temas del hombre y sus eventos en distintos puntos de la tierra. Se limita a trabajar su huerto con sus hijos y considera que de ese modo logra ahuyentar tres grandes males: el tedio, el vicio y la necesidad.

De ahí nace la gran lección, la única que es capaz de inferir Cándido, y con ella concluye la pieza de Voltaire.

"Lo único que debemos hacer es cultivar nuestra huerta." Este eslogan es totalmente antihumanista. Predica el encierro, anuncia el abandono de las grandes causas salvacionistas, implica desinteresarse por lo que pasa en lejanas Indias, en remotas Biafras, en bizarras Chinas. En verdad es una teoría altruista que paradójicamente postula —como el liberalismo posterior— que si cada individuo se realiza a sí mismo y a sus intereses, presuponiendo desde luego la racionalidad de medios y fines, finalmente se constituirá la armonía social, el bien de todos.

Queda en manos, o mejor dicho en la mente, del lector decidir si ese programa —cada uno con su huerto— es de un realismo cruel, pero realismo al fin, o sería preferible reemplazarlo por un idealismo altruista que no alcanza a conectar las ideas con la realidad.

13

De Spinoza a Borges

Spinoza

El mayor y más logrado esfuerzo por constituir un sistema monista, de una sola raíz y para todo el cosmos, lo realizó Baruch Spinoza, anterior a Leibniz y sobre quien ejerció notable influencia.

Spinoza fue expulsado de la comunidad judía; era —dijeron— un hereje. Es que, en verdad, no quería pertenecer a comunidad alguna.

Las comunidades, sociedades, *polis* y políticos son elementos de supervivencia, de mercado, de trueque. Spinoza quería ir más allá, buscar a Dios, la inmortalidad. Pero no el dios de la religión, de aquella organización que a menudo expulsa a los hombres que se rebelan contra su burocracia política. Dios sin religión.

Dios, eso buscaba, del puro intelecto y de puro amor. Amor intelectual de Dios, decía Spinoza. Universal, cósmico, de nadie, sin profetas ni emisarios, un Dios que no sirviera de bandera para persecuciones, inquisiciones, poderes políticos, o politizaciones de los credos. Como dice Jorge Luis Borges, fue construyendo a ese Dios de la eternidad.

¿Qué era? "Era judío porque fue recibido en la comunidad de Abraham y se le dio una educación rabínica. Era portugués porque sus padres fueron emigrados portugueses, de formación portuguesa católica, no judía; porque el portugués fue su lengua materna y los poetas de la península ibérica, sus poetas. Era holandés, porque nació en Amsterdam y murió en La Haya; porque estaba ligado a Rembrandt por una cultura afín y a Juan de Witt por una amistad política, y porque en la segunda mitad de su vida se consideraría seguramente holandés..." Así presenta a Baruch Spinoza el libro de Carl Gebhardt.

Pero a todas estas maneras de "ser" el autor señala una que considera fundamental: "era marrano...". Por mi parte, me arriesgo a decir mucho más sencillamente: era un hombre que se atrevió a pensar hasta las últimas consecuencias de la reflexión y eso le permitió superar el determinismo de las circunstancias históricas que lo antecedieron y que lo rodearon.

Analicemos la circunstancia en que nace y evoluciona la persona de Spinoza para mejor comprender su yo.

La familia es oriunda de la ciudad castellana Espinosa de los Monteros. En 1492 se decreta la expulsión de los judíos de España. Entre tantos exiliados a Portugal se cuentan, también, los antepasados de nuestro filósofo, donde, más tarde, se convierten al catolicismo. Como tantos otros, conservaron bajo la apariencia de la conversión la fe y el alma judaicas. A estos criptojudíos se los llamó, despectivamente, "marranos".

Bento —en portugués; Baruch, en hebreo; Benedictus, en latín— nació el 24 de noviembre de 1632. A los seis años de edad perdió a su madre. Detalle importante en la biografía de un hombre que hará de la soledad su modo de vida y su modo de pensamiento, y tal vez encontrará en ella la mayor motivación para buscar y anhelar a Dios.

Tuvo plenos y profundos estudios judaicos en la ortodoxia de las fuentes clásicas y en la filosofía de Maimónides y el misticismo de la Cábala, que entonces tenía intensa difusión en los centros culturales europeos. En ese esquema convergía, también, claro está, la filosofía moderna, encabezada por Descartes, que traía consigo la luz de la Razón tan aplaudida y fomentada por el Renacimiento.

La gran rebelión contra el fundamento religioso

En esta miscelánea de ideas hebraicas místicas renacentistas hubo de delinear el joven Baruch su propia senda. Cuando empezó a publicar sus ideas, éstas no encontraron eco favorable ni entre judíos ni entre cristianos. Él decía que todo era Dios. Ellos dijeron que él era un ateo. Y lo condenaron.

El 27 de julio de 1656 la comunidad judía de Amsterdam excomulgó oficialmente a Baruch Spinoza en estos términos: "Por la decisión de los ángeles y el juicio de los santos, excomulgamos, expulsamos, execramos y maldecimos a Baruch de Espinoza, con la aprobación del

Santo Dios y de toda esta Santa Comunidad, ante los Santos Libros de la Ley con sus 613 preceptos... Ordenamos que nadie mantenga con él comunicación oral o escrita, que nadie le preste ningún favor, que nadie permanezca con él bajo un mismo techo...". Spinoza era un hereje y la comunidad debía resguardarse.

¿Por qué era un hereje? No por su obra filosófica. A los judíos poco les importaba —como sí a los cristianos— sus teorías panteístas. La Cábala, después de todo, contiene dentro de sus teorías corrientes panteístas muy fuertes. Y la influencia de los cabalistas de Amsterdam habrá sido notable. Ese pueblo tiene por Santo una sola cosa, El Libro, es decir la Tora, el libro de la ley y su prolongación (aunque no esencial de los libros adheridos al canon bíblico, profetas, Daniel, etcétera; para los cristianos todos son libros santos y de validez idéntica). ¿Por qué fue excomulgado Spinoza, entonces? Porque atacó El Libro, su autoridad absoluta y el hecho de ser escritura de Dios. Él inauguró, en su *Tractatus Theologico Politicus*, una temática que se desarrollará (con la figura de Wellhausen) en el siglo XIX.

Puso de relieve que es obra de hombres de diversos tiempos y épocas, con la finalidad santa, es cierto, el implantar la Ley a través del miedo y la prevención. Pero que no todos los textos son de la misma época ni pertenecen a los autores a quienes se atribuyen. Que Isaías —por ejemplo— no fue escrito por el tal Isaías, sino por varios autores, separados entre sí por uno o más siglos, según se demostrará varios siglos más tarde, tema que hoy es bastante aceptado en las religiones monoteístas, inclusive por ortodoxos de vanguardia.

Su versión es una sociología y una psicología de la religión. La Ley es para construir una sociedad, un estado y, por lo tanto, tiene finalidades prácticas, no teológicas. "De aquí se sigue —escribe en la obra citada— que el pecado sólo es concebible dentro del estado, es decir, donde se aprecia el bien y el mal..."

Nótese lo terrible de estos términos. El bien y el mal son cosas del estado, no temas de Dios... "Según leyes del estado comunes a todos y en donde nadie tiene el derecho de actuar más que en virtud de la decisión o consentimiento general. El pecado es un acto contrario a la ley, prohibido por la ley."

Moisés era un estadista; en cambio Cristo, dice Spinoza, pulsaba otra cuerda. No dictaba leyes. "Comprendía las cosas en su verdad de un modo adecuado." Además, Cristo fue enviado no únicamente a los hebreos "sino a todo el género humano y que, por consiguiente, no bastaba acomodar sus pensamientos a las opiniones de los judíos...".

¡Atrevido! ¡Cómo no lo iban a excomulgar! Yo creo que captó como nadie la diferencia entre Moisés y Cristo, el uno un legislador, el otro un maestro de verdades eternas, y no le veo —puesto que soy judío— ofensa alguna para mi fe.

La Tora, el Pentateuco, en efecto, es un código de comportamiento humano para vivir en sociedad y constituir un estado. El verbo "creer en Dios", por ejemplo, no figura en ese libro (aunque le parezca mentira, querido lector). No hay que creer en Dios, es decir, no es ése el objetivo, sino cumplir sus mandatos, eso significa creer, y amar.

De todos modos, para su tiempo —y aún hoy, seguramente— era un "exagerado" librepensador. Y por más que haya colocado a Cristo por encima de Moisés, los cristianos no sentían por él simpatía alguna; el panteísmo no es bueno para ninguna religión. El monoteísmo tiene su base en un Dios creador. De un lado el Creador, del otro lado la criatura o el mundo. En latín se decía *Natura Naturans* y *Natura Naturata*.

El panteísmo niega esa separación y esa creación, por lo tanto, es una suerte de ateísmo. Todos los bandos religiosos veían en Spinoza a un notable enemigo.

No reír, no llorar, sólo comprender

La reflexión spinoziana ingresa en el campo de la filosofía por su libro *Ética*, "al modo geométrico demostrada". El libro está construido en forma de proposiciones, axiomas, teoremas, corolarios matemáticos, de modo que fuera el encadenamiento de las ideas absolutamente racional.

El punto de partida es el siguiente: si Dios existe nada puede existir fuera de él, ya que Dios por definición es infinito, y si hubiera algo que no fuera Dios sería un límite de la esencia divina. En consecuencia, Dios es todo y todo es Dios. Dios es la Naturaleza. La verdad está depositada en las leyes naturales, que son eternas. La condición humana consiste en arribar a esas verdades, y de esta manera se lograría la suprema e inmaculada dicha.

Desde ese punto de vista —*sub specie aeternitatis* (el punto de vista de la eternidad)— nada es bueno ni malo. No es mejor una espléndida puesta de sol que el acto en el cual la araña devora a la mosca. Los dos fenómenos son naturaleza. Pero nosotros, los hombres, solemos medir los fenómenos de acuerdo con nuestros intereses y nuestras necesidades. Lo que nos conviene lo llamamos "bueno", lo que nos daña lo llamamos "malo".

Si la mente lograra racionalmente ascender al punto de vista de las verdades eternas que rigen toda la realidad estaríamos fundidos con Dios, y todos los cambios, que van a favor o en contra de nuestros intereses materiales, no nos inmutarían. Entonces "ni reiríamos, ni lloraríamos; sólo comprenderíamos".

Eso sería la felicidad. Para arribar a este punto deberíamos desandar todo el camino de la historia y de la educación para aprender a vivir con la verdad. Este pensamiento está concentrado en la obra máxima de Spinoza, *Ética*, que concluye diciendo: "Todo lo excelso es tan difícil como raro". Y, agreguemos, también espinoso.

La geometría de Dios

Jorge Luis Borges le dedicó a Spinoza dos excelsos poemas. Borges, comentemos de paso, se declaraba agnóstico. Era un ironista. Quien lea la obra completa de Borges verá que está llena de Dios. Claro que no el Dios de las religiones establecidas, pero sí el Dios de la Eternidad, del Misterio, del Infinito, y como tal, obviamente ignoto.

En Spinoza, el poeta argentino encontró motivos de identificación muy profundos. Borges, que confesó su culpa de no haber sido feliz, le transfirió a Spinoza esta terrible idea de amor despojado de la necesidad de ser amado. ¿Cómo se logra? Leamos:

Bruma de oro, el Occidente alumbra
La ventana. El asiduo manuscrito
Aguarda, ya cargado de infinito.
Alguien construye a Dios en la penumbra.

Un hombre engendra a Dios. Es un judío
De tristes ojos y de piel cetrina;

Lo lleva el tiempo como lleva el río
Una hoja en el agua que declina.

No importa. El hechicero insiste y labra
A Dios con geometría delicada;
Desde su enfermedad, desde su nada,

Sigue erigiendo a Dios con la palabra.
El más pródigo amor le fue otorgado,
El amor que no espera ser amado.

Spinoza fue el filósofo del panteísmo. Todo es Dios. Dios es todo. Dios o la naturaleza, lo mismo da. Spinoza, hijo de judíos refugiados en Holanda y expulsados de España, no quiere más persecuciones. De buscar al hombre se ha cansado. Pretende huir del mundanal ruido y de sus propias cuitas. Nadie, después de todo, piensa sino acerca de sí mismo.

Uno dice "Dios" pero, en última instancia, está diciendo mi vida, mis hijos, mis amores frustrados, para qué estoy, qué me espera, qué restará de mi mundo mago. Eso dice y tanto más que soy incapaz de decir. Otro dice Dios y está diciendo persecuciones, matanzas, cruzadas.

No, el dios de los decires del hombre, de las religiones, de los sacerdotes no hace bien, y tampoco es, por lo tanto, Dios.

Hay que elevarse por encima de estas mezquinas concepciones de Dios. Hay que buscar a Dios en la verdad absoluta, y ésta es la matemática, la geometría. Por eso Spinoza escribe su *Ética* con estilo geométrico, de postulados, axiomas, demostraciones, teoremas, corolarios.

Spinoza necesita a Dios. Porque si Dios existe, existe el amor infinito, universal, eterno, inmortal. Quiere a Dios, no quiere a las religiones.

El más pródigo amor

Borges lo enfoca en el atardecer. Lo ve escribiendo, lo ve armando las ideas como se construye un edificio, como se esculpe una obra de

arte. No es Dios el que hace al hombre, es el hombre el que va haciendo a Dios, lo va engendrando.

Es un judío cansado de ser judío. Es un exiliado cansado de ser
exiliado. Quiere lo universal, sin colores, sin olores, sin discriminacio-
nes, sin diferencias. Un Dios sin religión. Un Dios de matemática, de
pura idea y consecuencia. De nadie en particular. No es propiedad de
nadie. Es de la mente, y la mente, la lógica, el Nous, son de todos.

No habrá más judíos, ni cristianos, ni bárbaros, ni idealistas de
mentidas banderas, no habrá sino cerebros pensantes y la consecuente paz. Vivir en paz. En este tiempo que, como el agua, declina y uno
va por ese río de Heráclito hacia el lado de la nada.

Y finalmente, el genio de Borges concluye la cima a la que Spinoza ha arribado:

El más pródigo amor le fue otorgado
El amor que no espera ser amado.

No hay amor mayor. Los otros, los humanos, los entre tú y yo, son
ansiedad y angustia, espera y desolación, que me quieres, que no me
quieres, que no tanto como yo a ti, que no me tienes presente... Uno
quisiera ser un dios para el otro. Tarea imposible.

Sólo con Dios puedo yo, Spinoza, mantener esta relación impolu-
ta, insondable, pero clara, tranquila, serena. Como en fray Luis de
León:

El aire se serena y viste de hermosura
y luz no usada...

Luz no usada. El que solamente Dios puede darte, porque ese
amor no aguarda retribución.

Aunque todos hablamos del amor como suprema instancia del
ser, lo cierto es que Ego ama para ser amado, por eso necesita poseer,
para garantizarse la mirada del prójimo. Necesita ser percibido, ser
para alguien, alguien que necesita de mí. El ser necesita ser amado,
ésa es su condena. Porque, en definitiva, la posesión es imposible, el
otro es libertad —explica Emmanuel Levinas en nuestro tiempo— y
como tal, aunque lo aprese, se me escurre de mi posesión. Ergo, sufro.

Spinoza, al construir un sistema de Dios es Naturaleza, sugiere que Todo, al ser divino, es amor. En consecuencia, cuando me voy liberando de las cadenas de las pasiones transitorias, de los amores mundanos ligados a lo sensible, pasajero y sobre todo —general-mente— decepcionante, accedo a ese amor superior, que yo busco en Dios y que de Dios viene a mí, con un amor que se ama a sí mis-mo. Ese amor no falla nunca, es absoluto. No decepciona. No espe-ra ser amado, que es lo que todos esperamos, ya que en definitiva el egoísmo espera más recibir amor que darlo, y sufre cuando se produce su ausencia.

Spinoza resuelve el problema de la falta de amor al transformar a todo en Dios. Spinoza logra el amor y le quita su espina fundamental: la posibilidad de la decepción. Está rodeado de amor. La vida es amor. Prescinde del otro porque no está dispuesto a pagar el precio de la angustia, de la espera. Este amor divino no necesita de nadie. Si todo es Dios, también yo, Spinoza, soy Dios. El amor me ama y se ama a través de mí. No espera ser amado. Es Amor, envoltura sin su-jeto ni objeto.

La existencia es necesidad

Para entender, para colocarme más allá de egoísmos, situaciones que me favorecen, otras que me duelen, he de ascender al punto de vista del intelecto divino, y contemplar la realidad desde el punto de vista de la eternidad. Allí hay una total indiferencia hacia eso que abajo se llama bien, mal, felicidad, desdicha. Desde ahí se compren-den las leyes del acaecer, y cuando se comprende no se siente, sim-plemente se trazan líneas geométricas.

Es el estado de serenidad, nada te inmuta, como Dios eres in-de-pendiente. Lo que sucede debe suceder, porque si no debiera suceder implicaría, nuevamente, que la sustancia no está aún formada, he-cha, completa, sino que se le producen evoluciones. Ésa es la necesi-dad. La libertad, pues, ¿es imposible?

Dios no juega a los dados, decía Einstein. Y, en efecto, el sistema de la relatividad es determinista. En realidad, visto desde el ángulo de las leyes naturales, todo está determinado y la libertad nunca eli-ge, ni cuando elige novia ni cuando decide ir al cine.

En este punto la teoría de Leibniz coincide con la de Spinoza. Dios y libertad se excluyen. Si existe, nada es libre. Entonces, ¿qué soy? ¿Una partícula dependiente de los movimientos cósmicos o azares —que para Dios no son azares— de una ficticia libertad?

La existencia, insisto, es necesidad. Lo que es necesariamente es lo que es. No podría ser de otra manera.

¿Cuál es la libertad posible? Elevarme por encima de la necesidad y de sus consecuencias, dejar de jugar. Retirarme del juego de las pasiones, sentimientos, emociones. Elevarme al rango superior, desde donde contemplo la necesidad. Al contemplar la necesidad se da mi libertad.

Esto me recuerda los versos de Omar Khayyam en *Rubaiyyat*:

> *¡Ay Amor! Si pudiéramos tú y yo conspirar con el destino*
> *Para agarrar todo este triste Esquema de las Cosas*
> *¿No lo haríamos trizas y luego*
> *Lo reharíamos más acorde con el deseo de nuestro*
> *corazón?*

El poeta quisiera romper este triste esquema de las cosas, totalmente determinista, para rehacerlo desde el amor.

El amor y el intelecto, volviendo a Spinoza, coinciden en este autor según ya vimos. El entendimiento es amor, el amor en que eres amado mientras eres amante.

Y ahora vayamos a otra visión de Spinoza en la obra de Borges.

Entre Spinoza y Borges

Spinoza pulía cristales. Borges pule frases. Son como cristales. Por eso se identifica con aquel filósofo lejano que era nadie, en el sentido estrictamente político y administrativo.

Borges está sentado y escribe. Se coloca en el lugar del filósofo de Amsterdam. Se identifica con él y, a partir de esa empatía, elabora sus propios cristales.

> *Las traslúcidas manos del judío*
> *labran en la penumbra los cristales*
> *y la tarde que muere es miedo y frío.*

(Las tardes a las tardes son iguales.)
Las manos y el espacio de jacinto
que palidece en el confín del Ghetto
casi que no existen para el hombre quieto
que está soñando un claro laberinto.
No lo turba la fama, ese reflejo
de sueños en el sueño de otro espejo,
ni el temeroso amor de las doncellas.
Libre de la metáfora y del mito
labra un arduo cristal: el infinito
mapa de Aquel que es todas Sus estrellas.

Cuando conocí este poema, lo que más me impresionó de él es esa frase tan sencilla, tan obvia acerca de "las tardes a las tardes son iguales". A mí me invadió el aire, el aroma de la frase y me llenó de tristeza, de nostalgia. Porque alude al tiempo que se repite, inexorablemente, más allá de nuestra voluntad y de nuestros sueños y de nuestras emociones de exaltación. La vida es sueño, sí, y una ilusión, y el poeta interpreta el fatalismo de un mundo ordenado geométricamente donde nada nuevo hay ni puede haber, porque si lo hubiera, la sustancia, que es inmutable, que es perfecta, dejaría de ser eso que es.

Desde el ángulo de la naturaleza, a primera vista, no hay diferencia entre una tarde y otra. Todas son así. Todas terminan muriendo y provocando miedo y frío.

La circunstancia

El poeta se detiene en las manos. Son parte del cuerpo. Paralelo al alma. Están delante de los ojos del hombre que con ellas trabaja.

El filósofo Spinoza se dedicaba a labrar cristales. La leyenda quiso que fuera pobre y que se dedicase a esta actividad para sobrevivir. La verdad histórica dice que, en esos tiempos, después de Galileo, la astronomía se difundió como ciencia esencial y muchos se dedicaban a labrar cristales de ese orden, con afán científico. Era el caso de Spinoza.

El espacio, que es lo más concreto, lo más material, en este caso, el de las "traslúcidas manos", pierde consistencia. Ese espacio, en efecto, por obra de la tarde muere, palidece en el extremo del ghetto. Palidez y ghetto y espacio, delicado, tenue, frágil, colaboran a trenzar la trama de la tristeza.

Las imágenes, si se fija el lector, son de suave tristeza. Traslúcidas manos, las tardes repetitivas, fatales, el frío, el miedo a la noche que viene, al desamparo. Y el ghetto, el barrio estricto de los judíos, concepto que hoy, después del exterminio de tantos ghettos por el hitlerismo, suena más oscuro que nunca.

Análisis de la fama

¿Cómo vive la gente? Hablando. Hablando de los otros, hablando de sí mismos. Valen lo que los otros dicen de ellos. Son cotizados constantemente. La palabra "fama" no significa necesariamente "buen nombre". No, deriva del verbo latino *fari* y alude al decir de los otros respecto de ti, para bien o para mal. Y todos nosotros estamos sujetos a ese decir. Si hablan bien, nos alegramos; si hablan mal, nos deprimimos. Ésta es la normalidad de la vida cotidiana.

Spinoza quiere ser inmutable, quieto, eternamente idéntico a sí mismo. Al ambular por su claro laberinto, que lo conduce a la luz superior, se evade de esta sociedad habladora y juzgadora que hoy elogia y mañana condena.

Todos somos prisioneros de esa sociedad. No así Spinoza. Él ha logrado la libertad. Lo que digan no lo turba ni perturba ni le hace mella, no existe.

Insistimos porque estos versos resumen la filosofía de Spinoza. Los hombres suelen vivir turbados (conmovidos, sacudidos, impresionados) por el mundo exterior que los rodea: manos, cristales, tiempo, espacio. Pero la turbación mayor proviene de otros hombres: lo que otros piensan, dicen, opinan de él. Ésa es la fama. Y como la fama no es estable, sino que cambia constantemente, el hombre vive constantemente turbado, dependiente de los otros.

∽

Somos espejos de espejos

Cuando dependo de la fama, de los demás, ellos se vuelven mi espejo, en él me miro y asumo el juicio de la otra gente y me veo como ellos me ven. El otro se torna mi espejo. Yo lo impacto, él devuelve la imagen que registra, yo la recibo de vuelta y creo que esa imagen es la mía, no la del otro-espejo.

De pronto cambia de imagen. De pronto entro en dudas acerca de mi ser y necesito regular mi imagen para mí mismo. Pero ¿qué consistencia tiene ese otro espejo? ¿Qué es? Es sueño. "La vida es sueño", decía Calderón. Y según Shakespeare, estamos hechos de la madera de los sueños. Si somos sueños, mi vida —hecha de sueños— se refleja en la tuya —espejo de la mía—. Y ese movimiento se llama fama.

La fama, pues, es apariencia y nada. Sin embargo, insistimos, logra sacudir a los hombres que de ella dependen (y, por lo tanto, dependen de nada).

Y todos dependen, dependemos. Los escritores y los lectores, los panaderos y los taxistas, los de Barrio Norte y los de las villa miseria. La palabra ajena nos domina, nos agita, nos irradia felicidad, nos inocula veneno. La fama es la dependencia del otro, de la palabra del otro.

Palabras, nada más que palabras. Flatus vocis, *decían los latinos. Vacío de voz inflada. Vanidad, nuevamente del latín: vacío, vano.* Vanitas. Vanitas vanitatum, *vanidad de vanidades, todo es vanidad. Palabras, cosas que la gente dice.*

Dependemos de palabras, somos palabras, hablamos de palabras.

14

La vida es arte

La presencia del arte

En la poesía, pocas palabras comunican lo que tomos de libros no terminan de expresar. El concepto "pensamiento humano" abarca toda forma de expresión que comunica ideas, sentimientos, utopías.

En el comienzo fue el arte, en todos los pueblos y culturas. En la liturgia religiosa, en el canto, en el baile comunitario, en el grito y en la risa, en la inscripción de dibujos en piedras, rocas, cuevas. El arte comunica. No explica, no analiza, no enseña; simplemente comunica: hace sentir la presencia del otro, de la expresión y la belleza que emergen de ella.

Mientras que el pensamiento racional debe atenerse a un discurso de lógica restrictiva, que si va hacia el norte descarta el sur, el arte es la liberación de toda lógica, admite al tercero excluido e impacta al fruidor con la fruición.

Ante el arte, el sujeto puede alcanzar su propia plenitud de subjetividad, sentimiento, versión y visión, cosa que la ciencia, la filosofía, la religión le impiden. Por eso su consecuencia es fruición, disfrutar y dar lugar a la revelación del sí mismo como apertura al mundo en cuanto verdad, del ser en cuanto existencia.

El arte y el comportamiento humano

Henri Laborit, en su libro *Del sol al hombre*, nos explica: "El arte, desde sus primeras apariciones en la historia de la humanidad hasta nuestros días, parece gratuito. Sabemos perfectamente que no es comestible, y no hace vivir al hombre que lo posee".

Laborit ha estudiado a fondo el comportamiento humano. Sus ideas hallaron eco en una película excepcional, de Alain Resnais, *Mi tío de América*. El científico nos recuerda que vivir es reaccionar frente al medio ambiente, ataque y fuga, defensa y agresión.

"El artista de todos los tiempos es un organismo que reacciona. Es trivial decir que ha de ser 'sensible'. ¿Qué significa esto? Que sus fuentes de información, su percepción del mundo exterior deben ser no sólo las del hombre en general, sino más finas todavía, más agudas. El artista ha de ser más excitable que los otros hombres. Lo será por otra parte tanto más cuanto su reacción en reciprocidad sobre el mundo exterior sea menos 'muscular', le hará perder menos energía bajo la forma degradada del trabajo muscular y de calor, y más, bajo la forma nerviosa. Si las emociones se dosifican en una cantidad de adrenalina liberada por las suprarrenales, el artista no debe utilizar el acrecentamiento metabólico del trabajo mecánico. La danza es la excepción porque combina a ambos."

Y sin embargo, dice Laborit, también esto puede verse como reacción de fuga ante el mundo, y por eso a menudo los artistas son psicóticos, como Van Gogh; o también, dice, la creación puede ser un medio para eludir la psicosis. De todos modos, para el artista esto es una acción totalmente útil: de supervivencia frente al mundo y frente a los condicionamientos establecidos para enfrentar el mundo que rechaza, y encuentra salida en el arte.

¿Cómo elabora su obra? Con elementos preexistentes en la experiencia, cultura, memoria. La Obra es un lenguaje y, como tal, tiene que apelar a lo universal establecido, condicionado, para que los otros capten el mensaje que les envía. No hay arte, pues, sin convencionalismo. Lo que lo hace arte es la proporción de convencionalidad limitada con la de la creación, lo imprevisto, lo no condicionado, lo original.

"Todo esto viene a significar —analiza Laborit— que el arte y la belleza son nociones humanas que expresan una armonía, un orden existente sin duda fuera de nosotros, en el cosmos, somos sensibles porque nuestros sentidos nos permiten serlo. Nos lo permiten porque ellos mismos son parte del cosmos, porque tienen su estructura regulada. La obra de arte es, pues, la obra humana original, pero siendo en parte aleatoria y permaneciendo conforme al orden cósmico, instituye un nuevo orden a partir del ya existente."

De todos modos, es criticable que Laborit elabore el tema del arte desde la posición psicológica del artista, y no desde la forma que hace que la obra sea obra. Además introdujo un elemento entre científico y místico que más o menos dice así: yo soy parte del cosmos, por lo tanto, yo expreso el cosmos en mi expresión, y si lo veo bello es porque es bello. Es un sofisma. "Según sea el ángulo de observación, lo que adquiere importancia es el individuo o la vida. Si es la vida, poco importa que en la muerte el material retorne al pool común de las materias orgánicas utilizables... Si es el individuo, lo que importa sobre todo es el grado de complejidad al que ha llegado la organización del material. Es pues la estructura lo que importa, el valor energético es secundario. Un solo hombre de genio tiene más importancia que una manada de elefantes."

Filosofía, arte, pensamiento

Toda obra humana contiene pensamiento. En el arte, literatura, pintura, escultura, gráfica, se mueven ideas, pero a través de símbolos y combinaciones que pasan por una expresión que apela, fundamentalmente, a la emoción, al símbolo, y moviliza cerebro, sentimientos, recuerdos en ese impacto. "Guernica", obviamente, expresa la negación de la muerte, de la guerra, del crimen organizado y masificado. Obviamente, pero no es grande por esa idea, tan visible en esa obra de Picasso, sino por los símbolos expresivos que usa. Lo mismo la literatura, en el relato, en la novela, en la poesía. La expresión es lo fundamental, y detrás de ella se mueven ideas.

El filósofo, en cambio, es discursivo; hace un discurso lógico-racional y pretende llegar a ti, no por la belleza o el símbolo (que tampoco faltan en su obra, pero están al servicio de ese contenido a transmitir) sino por la coordinación de ideas y conceptos. Finalmente, quiere demostrar algo, una teoría, una concepción de mundo.

El arte muestra. El filósofo demuestra. No obstante, insisto, cualquier tipo de expresión humana, en cuanto es estética (y si no lo es, suele ser una expresión fallada) linda con el arte.

Hay un arte que se manifiesta como tal, un cuadro, una cerámica, y otro que brota de otros tipos de manifestaciones comunicativas que no son premeditadamente dirigidas a la impresión artística.

De la ética a la estética

Dice R. G. Collingwood en su libro *Los principios del arte:* "Para un observador, el artista aparece actuando tanto teórica como prácticamente; pero para el artista mismo, él no actúa de ninguna de las dos maneras, porque cualquiera de estas dos maneras de actuar implica distinciones que, como artista, él simplemente no hace. Todo lo que nosotros, como teóricos estéticos, podemos hacer es reconocer aspectos en su actividad, a los que podemos llamar teóricos, y otros a los que podemos llamar prácticos, y al mismo tiempo reconocer que el artista no hace la distinción".

El arte dice verdad. No es verdad de razonamiento donde el sujeto queda fuera del objeto, es verdad de vivencia, donde el sujeto se modifica, se impresiona, a raíz del objeto, y a la verdad se la reconoce en la belleza. Eso lo analizó muy bien Heidegger en su libro *Sendas perdidas* estudiando un cuadro de Van Gogh.

El arte es una de las tantas formas del pensamiento. En las edades más primitivas, se reconoce el impulso, que se denomina impulso de forma. Aquí no vale el contenido de aquello que el arte representa, sino el modo de ser de la expresión, la forma. Decía Romero Brest que, en última instancia, el arte más figurativo siempre es abstracto. Porque por un lado es la abstracción que se produce en la mente del artista frente a un objeto real o ideal, por más que él crea, inocentemente, que está copiando algo, con pleno respeto a ese algo. Es un mensaje que otro recibe, y que al decodificarlo practica también su abstracción, es decir, la mentalización y hermenéutica de ese significante.

El arte da forma y significa otra cosa que el contenido que se muestra. De modo que, según los investigadores, los bisontes en las Cuevas de Altamira no eran un juego de alguien que se puso a grabar imágenes de bisontes por puro gusto, sino de alguien que "quería decir algo", y probablemente haya sido algo religioso, una especie de invocación a algún dios para que los bisontes se reproduzcan o se dejen cazar, u otro simbolismo que ignoramos.

La teoría de Croce

Ahora traemos las ideas de un gran pensador del siglo XX, Benedetto Croce, y de su libro *Breviario de estética*.

Croce compara un sistema de pensamiento con una casa. "Un sistema es como una casa que, después de haberse construido y decorado —sujeta como está a la acción destructora de los elementos—, necesita de un cuidado, más o menos enérgico pero asiduo, de conservación, y que en un momento determinado no sólo hay que restaurar y apuntalar sino echar a tierra sus cimientos para levantarlos de nuevo."

Pero hay una diferencia entre sistema y casa. El sistema, siempre nuevo, está sostenido continuamente en el anterior. Cosa que los necios suelen olvidar. Sabido es que en su República, utopía de una república perfecta, Platón ordenaba que se desterrara la poesía. Decía que la poesía, al igual que los mitos, inflamaba la mente de los hombres y la llenaba de imágenes falsas y por lo tanto resultaba un elemento peligroso en una República.

Al respecto hace Croce este agudo comentario: "El mismo que desterraba la poesía de toda república ordenada, se ofuscaba al proclamar aquella expulsión y creaba de aquel modo una poesía sublime y nueva". Es la forma, la totalidad expresiva, la que decide la belleza artística, insistimos con Croce, y no su contenido. De modo que se puede escribir ideas contra el arte, como lo hacía Platón, pero hacerlo artísticamente.

Con lo cual Croce deslinda entre una idea inaceptable y la belleza —que, no obstante, puede haber en ella— en la expresión de su totalidad, que termina siempre siendo poética.

El arte es real

Analiza Croce: "El artista produce una imagen o fantasma (es decir, no reproduce la realidad ni representa nada) y el que gusta del arte dirige la vista al sitio que el artista le ha señalado con los dedos y ve por la mirilla que éste le ha abierto, y reproduce la imagen dentro de sí mismo". Luego define el arte como intuición. Niega que se pueda explicar desde afuera la belleza de la obra de arte, de modo que nunca puede ser un fenómeno físico. Dice que los fenómenos físicos son irreales, y el arte es real, por eso no puede ser físico.

Croce era hegeliano. Para Hegel el concepto es lo real, mientras que esta mesa, esta silla son irreales, porque son cambiantes. En consecuencia, decía Croce, el arte es real, mientras la irrealidad andaba por las calles en los objetos físicos.

"La misma Materia de los materialistas es, sin ir más lejos, un principio sobrenatural... Es como querer medir las letras de un verso, o pesar una estatua, o medir un cuadro para saber qué es."

Croce se opone a la estética hedonista, la que produce placer. Yo digo que lo bello conmueve y esa conmoción, por atacar al ser en su totalidad, lo sacude en una especie particular de erotismo espiritual, "toda ciencia trascendiendo".

Me permito discrepar en este punto de Croce. Ese filósofo, hegeliano como era, pretendía acercar el arte a la verdad, desde el ángulo de lo bello. En mi percepción, en cambio, inclusive a la verdad se la reconoce como verdad en cuanto para serlo ha de ser expresada con forma, es decir, con cierta estética que es estilo, y que es placer.

¿Dónde está la belleza?

Por otra parte, Croce sostiene que en la naturaleza no hay belleza. Hay lo que hay. Existencias. La belleza está en la obra humana, ya que sólo en ella hay sentimiento, mensaje, deseo, comunicación.

"Pero la adaptación, siempre imperfecta, y la mutabilidad y caducidad de las bellezas naturales justifican el puesto inferior que se les asigna con relación a las bellezas producidas por el arte. Dejemos a los necios afirmar que un hermoso árbol, un bello río... es superior al golpe de buril de Miguel Ángel... Nosotros decimos, con mayor propiedad, que la naturaleza es estúpida frente al arte, y que es muda si el hombre no la hace hablar."

Todo es arte

Un tema capitalísimo y muy controvertido hasta el día de hoy en el pensamiento de Croce se refiere a la Unidad de todas las artes.

Ataca el prejuicio de multiplicidad de artes, de acuerdo con sus materiales o formas, y de multiplicidad de géneros en literatura. Hay arte, y lo demás es clasificación ajena al arte mismo, a la expresión en sí. Lo artístico es lo universal individualizado. Tampoco admite superioridades. Es arte o no es arte.

"Una pequeña poesía corre pareja estéticamente con un poema; una carta puede ser una obra de arte, lo mismo que una novela; hasta una bella traducción es tan original como una obra original." Por eso tampoco distingue entre poesía y prosa. Finalmente, también la filosofía o el pensamiento, que es prosa, terminan siendo poesía, si es que son. "Lo que da lugar a que la ciencia pertenezca también, bajo distintos aspectos, a la historia de la ciencia y a la de la literatura... Sin el arte no existiría la filosofía, porque carecería de todo aquello que la condiciona y se le quitaría el aire respirable..."

El poeta Rainer Maria Rilke adhiere a esta tesis. Toda expresión de arte está ligada a todas las artes. En su *Diario florentino* escribe: "Quienquiera que hable de arte debe necesariamente pensar en las artes, pues ellas son los medios de expresión de una lengua única".

El arte actual

Croce condena al arte actual por ser egoísta, voluptuoso, sin fe en dios y sin fe en el pensamiento; incrédulo, pesimista. Pero, en realidad, comento yo, eso que Croce le atribuye al arte debería verlo en la circunstancia histórica en la que el arte crece. Ningún elemento de la cultura está suelto, de modo que todos —ciencia y arte, por ejemplo— reflejan la atmósfera de su siglo, de su época vital.

En todo caso, vale afirmar que el arte refleja a ese tiempo en el que se desarrolla, sus conflictos, sus valores, sus anhelos, sus frustraciones, y demuestra que no puede estar por encima de su propia sombra, sobre todo una sombra de amoralidad que es no creer en nada porque no hay nada en qué creer, no hay autoridades. El arte, según Gombrich, como cualquier otra realización humana, no puede nacer de su autogerminación sino de algún pasado respetable o combatible, que es una manera de ser respetable.

A comienzos del siglo XX el arte fue combativo, y tenía contra qué luchar. Luego ya no tuvo contra qué expresarse, y entonces surge el

caos sustentado en la total subjetividad, o intersubjetividad de nosotros, los de este grupo, los de hoy y ahora, sin pasado, sin futuro,
sin universalidad alguna, porque los códigos son cerrados, o pasajeros, o de moda.

La obra abierta, según Umberto Eco

Cuanto más arte hay tanto más apertura hay. Digámoslo al revés:
si una obra es abierta, produce lo que Ortega llamaba la alusión. Dice, y en su decir es finita, pero en su sugerir es infinitamente abierta,
y cada hombre, cada tiempo, cada sociedad, cada cultura puede hallar en ella otro significado, otra alusión.

En tal sentido, pues, una obra de arte, forma completa y cerrada
en su perfección de organismo perfectamente calibrado, es asimismo
abierta, posibilidad de ser interpretada de mil modos diversos sin que
su irreproducible singularidad resulte por ello alterada. Todo goce
es así una interpretación y una ejecución, puesto que en todo goce la
obra revive en una perspectiva original.

Eco distingue, sobre todo en el arte moderno, entre obras "no aca-
badas" y obras "abiertas". Las primeras están premeditadamente hechas para ser concluidas con la sociedad del lector o contemplador. La
abierta cree que está cerrada, y lo está, hasta que vengo yo y la abro.

Para Eco, lo estético en Croce es exclusivamente emocional. Para
Eco, lo estético sería la integración total de las distintas referencias
que una obra contiene y de ahí su complejidad y riqueza.

La obra de arte, por lo tanto, es estética en cuanto que su captación nunca concluye, y por eso es abierta. Si una botellita de agua se
limita a ser lo que es, es nada más que una botellita de agua, y no una
obra de arte.

La comunicación

¿A qué mundo pertenece el arte? Al de la comunicación. Y la comunicación es el gran tema de nuestro tiempo.

El discurso del arte es totalmente subjetivo, tanto en la persona
del comunicador como en el ser del destinatario. Éste dice, o pinta, o

esculpe, o baila lo que siente, y el otro, el que recibe el mensaje, interpreta según siente la expresión ajena.

En el pasado, la ingenuidad, o mejor dicho la seguridad acerca del mundo y de lo que del mundo se diga, eran tan grandes que el tema comunicativo no se planteaba. En todo caso, no bajo el rubro "comunicación". Es que los temas se plantean a medida que esos temas entran en crisis. Otrora la firmeza de los roles, la estabilidad de los dogmas y de las creencias, la presencia indudable de las instituciones otorgaban una plataforma firme a la comunicación. Por tanto había comunicación aunque nadie hablara al respecto. Se la practicaba, se la respiraba, se la ejecutaba bajo el régimen de formas establecidas.

Aquello, el orbe de la tradición y de la estabilidad de formas y costumbres, se perdió. La subjetividad, que es la mayor liberación del hombre en cuanto sujeto, es al mismo tiempo la que encierra a toda persona en una privacidad de la expresión como de la interpretación totalmente hermética.

Los significados —siguiendo al pragmatismo— son la suma de acciones que promueven o permiten vislumbrar. "Te amo" significaba concretamente una serie de conductas que eran compromisos que la familia y la sociedad fiscalizaban, y una cantidad de deberes para el amante y para el amado. Hoy nadie sabe qué significa qué.

El nuevo objetivo del pensamiento: el lenguaje

Es obvio que, si de comunicación se trata, el lenguaje sea el objeto y el objetivo de la reflexión en el siglo XX. Nuestro universo, el humano, es el del decir. ¿Qué decimos cuando decimos? ¿Cuándo nos comunicamos?, ¿sobre qué base?

De los múltiples autores que tratan estos temas elegiremos al más destacado, y al que más influencia ha tenido en estos derroteros, Ludwig Wittgenstein. Como en muchos casos, como Sócrates por ejemplo, el filósofo alemán incorpora la filosofía en su vida, vive filosóficamente. Desprecia la rica herencia monetaria de sus antecesores, vive en ascetismo, la homosexualidad es su demonio. Es un ser religioso, místico.

Puesto a analizar el mundo del decir, que se relaciona con la verdad, concluye que las proposiciones que representan alguna realidad objetiva tienen sentido. "Esto es una mesa" es una frase con sentido porque esto es una mesa, efectivamente. Podría decir que esto es una silla, pero de todos modos alguien saltaría a mi paso y me haría ver qué es una mesa, y nos estaríamos comunicando.

Pero si digo "esto es una mesa que me trae recuerdos gratos de infancia y que en las noches de insomnio se me presenta como parte de mi identidad", el otro se queda completamente afuera. Escucha, pero estrictamente estoy hablando de nada, de nada que nos comunique, como si hablara conmigo mismo. Lo que dije no tiene sentido, sentido de comunicación. Podemos discutir o dialogar en torno de objetos concretos, tangibles. Tiene sentido. Lo demás, hablar por ejemplo de lo que siento por ti, no tiene sentido. Podemos hablar, pero entonces estamos pronunciando frases vanas.

Lo que siento por ti es indecible. De modo que lo esencial es indecible. Así concluye la obra tal vez más polémica del siglo XX, el *Tractatus Logico Philosophicus*. Si quieres ser lógico y filosófico has de hablar únicamente de cosas o hechos. El resto es silencio. Silencio que Wittgenstein no defiende como lo esencial, pero que uno percibe como lo esencial.

El *Tractatus Logico Philosophicus* concluye afirmando: "*Wovon man nicht sprechen kann, derüber muss man schweigen*", que en versión castellana de E. T. Galván se lee: "De lo que no se puede hablar mejor es callarse".

¿Qué significa el Tractatus?

Significa que el sentido —que se confunde con el significado— sólo tiene consistencia en las cosas, en elementos materiales, perceptibles, y que cualquier afirmación al respecto puede ser apreciada, corroborada, o desmentida por otras.

¿Y el sin sentido? Está reservado a todo lo demás, a lo que no podemos mostrar ni de-mostrar. Dios, te amo, es bueno, ser bueno, amarás a tu prójimo, la vida tiene sentido, la historia tiene alguna dirección. Es lo que el Principito llamaba "lo invisible a los ojos". En realidad, es lo esencial.

La ética también pertenece a este campus. En consecuencia, el saber, la ciencia sólo pueden hablarnos de cosas con sentido pero, en el fondo, in-significantes. No nos significa nada, finalmente, quién se mueve en torno de quién, la Tierra o el Sol.

Seguimos siendo alma y seguimos necesitados de amor y de in-mortalidad. El sin sentido sería nuestro mayor sentido. Pero puesto que todo eso es eminentemente personal y subjetivo, no puede darse públicamente como una proposición acerca de hechos, como ser "llueve afuera". Aun si te digo "te amo" no sabes de qué hablo, qué siento, qué pasa dentro de mí.

De lo que no se puede hablar hay que callar. Ahí estamos in-comunicados y, por lo tanto, todo intento de hacer ciencia del alma, o de Dios, o de la moral, es un intento fallido, imposible.

En sus investigaciones lógicas Wittgenstein tomó los temas del lenguaje y de la expresión y los sumergió en la realidad englobante que les corresponde. No hay frases sueltas. Son de un medio, de una cultura, y están condicionadas por una serie de símbolos que las ro-dean y las hacen significar de un modo u otro.

Como dice Alfred Ayer, en esta nueva etapa "el significado de las palabras consiste en la forma en que se usan. El mérito de esta fra-se reside en que contribuyó a desengañar a los filósofos de la idea de que los significados son objetos platónicos, que ya existen antes de que encontremos las palabras para designarlos. Sustituyo la equívoca metáfora de las palabras como imágenes por la de las palabras como herramientas" (*Los problemas centrales de la filosofía*).

Este pequeño "tratado" (menos de 80 páginas) sigue siendo la re-volución filosófica del siglo, la menos asumida aún.

Wittgenstein fue interpretado como favorecedor del positivismo. Según refiere Engelmann en su libro *Letters from Wittgenstein,* debe practicarse el entendimiento exactamente contrario: "El positivismo sostiene, y esto es su esencia, que aquello de lo que podemos hablar es todo lo que importa en la vida. En tanto que Wittgenstein cree apa-sionadamente que todo lo que realmente importa en la vida humana es precisamente aquello sobre lo que, desde su punto de vista, debe-mos guardar silencio".

Entonces, de qué hablamos cuando hablamos, cuando te digo que te he extrañado mucho y me contestas francamente no te creo, y digo deberías creerme, y me dices seguramente estuviste pensando en otras, y te digo siempre fuiste el centro de mi pensamiento, y me di-ces te conozco y sé de tu capacidad para el pluralismo. Estamos di-ciendo nada, según la teoría anterior.

En términos de Michel Serres suena así: "La fiesta casi ha terminado, pero los invitados van a quedarse: no tienen otro lugar donde ir. Empieza a llegar gente que no había sido invitada. La casa es un desbarajuste. Tenemos que juntarnos todos y limpiarla sin decir una sola palabra".

El vacío y el miedo al sin sentido, lejos de arrojarnos a horizontes de desierto, como quería Nietzsche ("el desierto crece"), nos hace permanecer en esta fiesta de comunicaciones incomunicantes, pero que no frustran a nadie porque al menos uno tiene dónde estar, con quién hablar, a quién sonreír, o por quién llorar. La fiesta del sin sentido nos sostiene. Eso somos, en eso estamos.

Como dice Jacques Derrida en *La tarjeta postal*, formamos parte de una red de comunicaciones sin destino, sin destinatario, de nadie para nadie, en una especie de correo universal donde cada cual puede tomar la correspondencia que le guste y hacerla suya. *Collage*, como la de la tarjeta postal. "Basta con manipular, cortar, pegar y enviar o parcelar, con desplazamientos ocultos y gran agilidad trópica."

Podríamos decir, entonces, que el pensamiento humano es el conjunto de respuestas, pensamientos, expresiones plásticas, literatura, mitos, poesías, cantos que se han ido produciendo para satisfacer esos grandes interrogantes que nadie —culto o ignorante, rico o pobre, anciano o niño— puede eludir.

∾

El arte de pensar

Una sola raíz: evitar la muerte. Una sola emoción: el miedo al miedo. Tener miedo es vivir. Tenerle miedo al miedo es pensar. El pensar está, decía Schiller, fuera de la vida.

Cuando uno se retrae del mecanismo vital que entrevera pasos, piernas, brazos de uno con los de otros, con lo otro, con eso llamado mundo que es una parte de mi ser, del cual mi ser es parte, cuando uno se aleja, cuando uno se coloca soberbiamente por encima, cuando uno sale del juego, puede estudiar las reglas del juego.

Entonces, claro está, no hay juego. Un juego que se estudia no es un juego que se juega. La regla del juego consiste justamente en no pensar en el juego ni en la regla del juego.

Cuando se piensa desde afuera, el juego que se juega se deja de jugar, se paraliza el movimiento.

El pensamiento, una vez desatado, se libera de más en más, partiendo del cuestionamiento de la realidad hasta arribar al cuestionamiento de sí mismo. Ésta es su breve e intensa historia.

En toda la ganancia está toda la pérdida. Pero la pérdida es de la certidumbre, de la seguridad, de un mundo cerrado y satisfecho de sí mismo. Perder eso es ganar la libertad. "Difícil libertad", dice Emmanuel Levinas.

Ése es el mayor problema que tenemos hoy: la tendencia al facilismo de los nuevos tiempos, que entiende la libertad como un "hago lo que mejor me parece", en la trampa del individualismo, cuya conclusión es la angustia.

El pensamiento humano sigue su marcha. El citado es el problemas más inmediato. Esperamos ansiosamente el nuevo capítulo de esta novela que es la humanidad.

Índice onomástico

Glosario de pensadores

AGUSTÍN DE HIPONA (354-430). Obispo y teólogo. Partiendo del maniqueísmo, el escepticismo académico y el neoplatonismo se convierte al cristianismo. Su obra supone la primera gran síntesis entre el cristianismo y la filosofía platónica, dominando el panorama filosófico cristiano hasta la aparición de la filosofía tomista. Escribió, entre otros, *Confesiones* y *La ciudad de Dios*.

ANSELMO DE CANTERBURY (1033-1109). Primer pensador sistemático de la Edad Media. Arzobispo de Canterbury, canonizado en 1494. Autor del *Monologion* y el *Proslogion*, donde presenta su famoso "argumento ontológico".

AQUINO, TOMÁS DE (c. 1225-1274). Teólogo sistemático clásico del catolicismo. Nació cerca de Aquino, Sicilia. Perteneciente a la orden de los dominicos, fue canonizado en 1323. Su doctrina, inspirada en Aristóteles, lleva el nombre de Tomismo y está expresada en las obras fundamentales de la filosofía escolástica: la *Summa contra Gentiles* y la *Summa Theologica*.

ARENDT, HANNAH (1906-1975). Filósofa alemana, que luego adoptó la ciudadanía norteamericana. Se dedicó a las ciencias políticas y su obra fundamental versa sobre el estudio del totalitarismo. Sus libros más importantes son *Eichman en Jerusalén: un informe sobre*

*la banalidad del mal, La condición humana, Hombres en tiempos de oscuri-
dad, Los orígenes del totalitarismo.*

ARISTÓTELES (384-322 a.C.). Nace en Estagira, Macedonia. Discípulo
de Platón. Su doctrina se caracteriza por ser un movimiento filosófico y científico basado en la experimentación. Su gran revolución
ideológica la hace en el campo de la teoría del conocimiento. Da realidad a las ideas entendiéndolas como la esencia de las cosas reales.
Se conservan alrededor de cincuenta obras y tratados y algunos fragmentos, distinguiéndose cuatro grandes grupos: escritos de lógica:
Metafísica, Sobre la interpretación, Tópicos; escritos de filosofía de la naturaleza: *Sobre el alma, Sobre el cielo, Lecciones de física*; escritos de filosofía práctica: *Ética a Nicómaco, Ética a Eudemo, Política*, y escritos de
poesía: *Poética* y *Retórica*.

AUROBINDO, SRI (1872-1950). Nacido en la India, educado en Inglaterra; regresa a su país natal y forma parte del movimiento naciona-
lista indio de emancipación. Comienza a practicar el Yoga y se retira
de la política para dedicarse enteramente a su trabajo espiritual. Desarrolló un nuevo método de práctica espiritual que denominó Yoga
Integral, cuya meta es liberar la conciencia humana y transformar su
naturaleza. Sus escritos más importantes son *La vida Divina, La síntesis del Yoga* y *Savitri.*

AVERROES, IBN RUSHD (1126-1198). Filósofo árabe, conocido como el
gran comentarista de Aristóteles. Se dedicó a la jurisprudencia, a la medicina, a las matemáticas, a la filosofía y a la teología. Adhirió a la teoría de la doble verdad, sosteniendo que filosofía y religión pertenecen
a esferas diferentes. Entre sus escritos se encuentran *La refutación de la
refutación, Los comentarios a Aristóteles, Punto de partida para el jurista excelente y límite extremo para el mediocre, Principios generales de medicina.*

AYER, ALFRED JULES (1910-1989). Filósofo inglés. Estableció las doctrinas centrales del positivismo lógico. Su obra, *Lenguaje, verdad y lógica,*

introdujo el positivismo lógico en la filosofía inglesa y norteamericana. Entre sus libros se encuentran *Los fundamentos del Conocimiento empírico* y *El concepto de Persona*.

BACON, FRANCIS (1561-1626). Filósofo inglés. Delineó los principios
del método inductivo del pensamiento. Fue uno de los creadores del
método experimental en su libro *Instauratio Magna*. Considera que la
investigación científica es independiente del principio de la autoridad y del razonamiento deductivo. Algunas de sus obras son *La nueva Atlántida, Teoría del Cielo, Novum Organum, Anatomía de un enigma*.

BAUDRILLARD, JEAN (1929). Filósofo francés. Desarrolla teorías que
influyen en la renovación metodológica de la corriente sociológica
crítica. Sus incursiones en el tema de la comunicación y los medios lo
convierten en uno de los pensadores más polémicos de la posmodernidad. Entre sus obras se encuentran *El intercambio simbólico y la
muerte, La transparencia del mal, Cultura y simulacro, Las estrategias fatales, De la seducción*.

BERLIN, ISAIAH (1909-1997). Pensador moderno, de origen judío, nacido en Letonia y educado en Inglaterra. Su análisis de la teoría liberal moderna representa un importante aporte a la filosofía política.
Aboga por una libertad "negativa" en lugar de "positiva", entendida
como ausencia de restricciones. Realizó estudios sobre diversas figuras de la historia del pensamiento. Algunos de sus libros son *Contra
la corriente, El fuste torcido de la humanidad, Cuatro ensayos sobre la libertad, El erizo y el zorro*.

BORGES, JORGE LUIS (1899-1986). Escritor argentino, que se destaca
por la perfección de su lenguaje, la erudición de sus conocimientos,
el universalismo de sus ideas, la originalidad de sus ficciones, la belleza de su poesía; una verdadera "summa" que honra a la lengua es-
pañola y al espíritu universal. Ha legado una literatura prolífica, que
se distingue paradójicamente por su internacionalismo y por el amor

nostálgico de lugares míticos o mínimos. Entre sus obras se cuentan *Fervor de Buenos Aires, Luna de enfrente, Inquisiciones, El tamaño de mi esperanza, El idioma de los argentinos, Evaristo Carriego, Historia universal de la infamia, Historia de la eternidad, Ficciones, Otras inquisiciones.*

BROCH, HERMANN (1886-1951). Escritor austríaco. Intentó reconciliar la visión del mundo científico con las ideas de la psicología profunda y metafísica de su contemporáneo Robert Musil. El dilema del artista en el período de la crisis histórica fue el tema central de su obra *La muerte de Virgilio.* Entre sus escritos se cuentan *La anarquía, El realismo, Los Inocentes, Kitsch, Vanguardia* y *El arte por el arte.*

BUBER, MARTIN (1878-1965). Filósofo existencialista, teólogo y pensador que se nutrió de la savia del judaísmo desde su más temprana edad. Su tesis central, expuesta en el libro *Yo y Tú,* versa acerca de la vida como encuentro, como diálogo, que enfrenta cualquier ser en calidad de totalidad integral, plenamente humano y, por lo tanto, realizando lo divino. Entre sus obras figuran *Moisés, En la encrucijada, ¿Qué es el hombre?, Vida dialogal, Eclipse de Dios, La fe profética, Caminos de utopía.*

CAMPBELL, JOSEPH (1920-1987). Escritor, traductor, especializado en la mitología. Entre sus numerosos libros se destacan *El héroe de las mil caras, Las máscaras de Dios, El poder del mito.* Compiló la obra de C. G. Jung.

COLLINGWOOD, ROBIN GEORGE (1889-1943). Filósofo inglés, autoridad en arqueología e historia de la Inglaterra romana. Considera a la filosofía como una parte de la historia que permite sacar a la luz los presupuestos absolutos del pensamiento humano. Entre sus libros se encuentran *Ensayo sobre la metafísica, Autobiografía, Idea de la historia, Los principios del arte* y *El mapa del conocimiento.*

COMTE, AUGUSTE (1798-1857). Fundador del positivismo, reconoce a la Verdad únicamente en los hechos estudiados de acuerdo con métodos científicos. Aplicó los métodos de observación y de experimentación de las ciencias físicas al campo que hoy conocemos como sociología. Entre sus obras más importantes se encuentran *Curso de filosofía positiva, Discurso sobre el espíritu positivo, Tratado filosófico de astronomía popular, Discurso sobre la totalidad del positivismo.*

CONSTANT, BENJAMIN (1767-1830). Pensador, político y escritor francés. Fue el primer teórico del régimen parlamentario clásico, cuya teoría formula en su tratado *Los principios de la política* aplicables a todos los gobiernos representativos. Entre sus obras se cuentan *De la religión*, considerada en sus fuentes, sus formas y sus desarrollos, y su novela *Adolfo* donde realiza un análisis psicológico y sociológico del sentimiento amoroso.

CROCE, BENNEDETTO (1866-1952). Historiador, crítico de arte y filósofo italiano. Su teoría estética es esencialmente parte de un sistema filosófico general que denominó la filosofía del espíritu. Estableció sus opiniones estéticas en la *Filosofía del espíritu y Brevario de estética* entre otras obras.

CHESTERTON, GILBERT KEITH (1874-1936). Escritor, ensayista e historiador inglés. Convertido al catolicismo, escribió las biografías de *Santo Tomás de Aquino* y *San Francisco de Asís*. Genio de la paradoja, puso el humor al servicio de la fe en sus obras *El hombre que fue jueves, La esfera y la cruz, Las historias del padre Brown.*

DERRIDA, JACQUES (1930). Su recorrido teórico se identifica con el término deconstrucción. Escribió *La voix et le phenomene, L'écriture et la difference, De la Grammatologie, Marges de la philosophie*, un ensayo llamado *La farmacia de Platón*, incluido en *La dissémination.*

DESCARTES, RENÉ (1596-1650). Metafísico, filósofo racionalista. Creó la metafísica moderna, atacó los principios escolásticos e impuso un nuevo método de raciocinio. Publicó *Meditaciones sobre la filosofía primera, Discurso del método, Objeciones y respuestas a las objeciones, Principios de filosofía, Las pasiones del alma*.

DURKHEIM, EMILE (1858-1917). Sociólogo, fundador de la escuela sociológica francesa. Subraya que esta rama del conocimiento debe someterse a un método científico, buscar leyes y atenerse al hecho. Entre sus obras figuran *Elementos de Sociología* y *Las formas elementales de la vida religiosa*.

ECO, UMBERTO (1932). Filósofo, pensador italiano. El *Tratado de semiótica general* lo convierte en uno de los fundadores de la moderna teoría de los signos. En su *Obra abierta* enfatiza el punto de vista del receptor en la naturaleza comunicacional. Escribió también *Semiótica y filosofía del lenguaje, Lector in fábula, De los espejos y otros ensayos, Los límites de la interpretación*, y obras de ficción como *El nombre de la rosa, El péndulo de Foucault* y *La isla del día de antes*.

ELIADE, MIRCEA (1907-1986). Pensador, historiador de las religiones nacido en Rumania. Se traslada a los Estados Unidos de Norteamérica con posterioridad a la Segunda Guerra Mundial. Su pensamiento presume la existencia de lo "sagrado"como objeto de veneración de una humanidad religiosa. La humanidad aprehende hierofanías, es decir, manifestaciones físicas o revelaciones de lo sagrado, en forma de símbolos, mitos y rituales. Aplicó el método fenomenológico para sus análisis de la historia de las religiones. Entre sus obras se cuentan *El mito del eterno retorno, Mito y realidad, Tratado de historia de las religiones*.

FATONE, VICENTE (1903-1962). Filósofo argentino. Desde una perspectiva existencialista, dos son los grandes temas que ocuparán su reflexión: el concepto de libertad y la mística. Entre sus obras se cuentan: *El existencialismo y la libertad creadora, Una crítica al existen-*

cialismo de Jean-Paul Sartre, El budismo nihilista, La existencia humana y sus filósofos.

Feyerabend, Paul (1924). Filósofo de las ciencias y epistemólogo austríaco. Sugiere abolir la diferencia entre contexto de descubrimiento y de justificación, tanto como la distinción entre términos observacionales y teóricos. Escribió La ciencia en una sociedad libre, una serie de ensayos llamados ¿Por qué no Platón?, Límites de la ciencia: explicación, reducción y empirismo, El mito de la ciencia y su papel en la sociedad, Adiós a la Razón, entre otros libros.

Filón de Alejandría (20 a.C.-54). Filósofo griego, de origen judío. Su filosofía, combinación de Platón y la Biblia, se basó en interpretaciones alegóricas del Antiguo Testamento, unidas a las filosofías platónica y estoica. Es considerado el más importante representante de la filosofía judaica alejandrina, e influyó en el neoplatonismo y en la literatura cristiana. Escribió Sobre la vida contemplativa, Sobre la eternidad del mundo, Sobre el artesano del mundo, Comentarios a las Sagradas Escrituras, especialmente el Pentateuco.

Freud, Sigmund (1856-1939). Fisiólogo, médico juedoalemán. Creador del psicoanálisis. Fue un pensador original, buscó una base científica para entender el pensamiento y el comportamiento humanos y extender las leyes científicas al dominio psicológico. Entre sus obras se encuentran Psicopatología de la vida cotidiana, La interpretación de los sueños, El malestar en la cultura, El porvenir de una ilusión.

Fromm, Erich (1921-1989). Psicoanalista y pensador alemán, emigra a los Estados Unidos de Norteamérica durante el ascenso del nazismo. Estudia con gran interés a Freud y a Marx, encontrando en el primero una forma de comprender la personalidad humana y en el otro, las influencias sociopolíticas. Trabó estrecho contacto con pensadores de la Escuela de Frankfurt, desarrollando una teoría política llamada "socialismo humanista comunitario", cuya finalidad apuntaría a devolver al ser humano aquellas capacidades que no puede desplegar por causa de la enajenación a que está sometido. Entre sus obras se encuentran *El miedo a la libertad, Psicoanálisis de la sociedad contemporánea, El arte de amar, El dogma de Cristo, ¿Tener o ser?, La misión de Sigmund Freud.*

HABERMAS, JÜRGEN (1929). Filósofo y sociólogo de origen alemán, continuador de la Escuela de Frankfurt. Funda el concepto de razón dialógica, cuyo ámbito es el lenguaje donde se efectúa la síntesis yo, naturaleza; yo, mundo. Desarrolla su teoría global de la sociedad, ubicándose en la intersubjetividad comunicativa, en su libro *Teoría de la acción comunicativa.* En *Ciencia y técnica como ideología* y en *Conocimiento e interés* distingue la acción racional utilitaria de la interacción simbólicamente mediada.

HEGEL, GEORG WILHELM (1770-1831). Alemán. Filósofo idealista. Publicó *Fenomenología del Espíritu, Lógica, Enciclopedia de las Ciencias Filosóficas* y *Filosofía del Derecho.* Sus clases, publicadas póstumamente, versaron sobre filosofía de la historia, filosofía del arte, filosofía de la religión e historia de la filosofía.

HEIDEGGER, MARTIN (1889-1976). Filósofo alemán, considerado el principal exponente del existencialismo en su país. Sus principales obras son *Ser y tiempo* y *¿Qué es la metafísica?* Dada su adhesión al partido nazi, provocó discusiones sobre si su obra implicaba al nazismo.

HUME, DAVID (1711-1776). Filósofo escocés, empirista. Abre camino a una ciencia del hombre descriptiva y experimental. Distingue las impresiones, las ideas y la relación entre ideas y las cuestiones de hecho, el carácter inductivo de todo razonamiento fáctico y los juicios éticos. Su primera obra filosófica fue *Un tratado de la naturaleza humana,* que se divide en tres libros: *Del entendimiento, De las pasiones* y *De la moral.*

JAMES, WILLIAM (1842-1910). Filósofo y psicólogo estadounidense. Reveló su doble interés por la psicología y la filosofía al adoptar el pragmatismo, considerando que una idea es cierta si da resultados útiles. Enfatizó el enfoque experimental de la psicología y la reflexión analítica de la experiencia. Entre sus escritos se encuentran *Lecciones de pragmatismo, Las variedades de la experiencia religiosa*.

JENÓFANES (c. 570-475 a.C.). Poeta y pensador griego. Considerado el primer Eleático a causa de su idea de un dios único. Estableció que la certeza filosófica positiva queda fuera del alcance de los hombres. Son de interés algunas de sus ideas sobre la física.

JODL, FRIEDRICH (1849-1914). Alemán. Influido por las ideas del positivismo antiidealista y el monismo naturalista, se opone a toda metafísica y pretende bosquejar una concepción del mundo basada en los resultados de la ciencia. Se ocupó de los problemas éticos fundamentados en una moral eudemonista, que tiene por último fin la felicidad de la humanidad. Entre sus obras se encuentran *La historiografía de la cultura, Historia de la ética en Alemania, Ciencia económica y ética, El monismo y los problemas culturales del presente, Ética general, Crítica del idealismo, Historia de la filosofía moderna*.

JULIANO, EL APÓSTATA (331-363). Emperador romano, nacido en Constantinopla. Educado en el cristianismo, hizo esfuerzos para restablecer el paganismo. Escribió *Contra los cristianos*, donde criticó los dogmas cristianos, eliminó privilegios del clero, prohibió la enseñanza cristiana en las escuelas, restituyó a sus propietarios los bienes incautados por motivos religiosos y levantó los castigos de exilio a los expulsados por Constancio. Intentó crear un clero pagano, reclutando a sus miembros entre los defensores del paganismo. Sus ideas no progresaron porque el cristianismo ya estaba bien arraigado en la sociedad.

KANT, IMMANUEL (1724-1804). Filósofo alemán. Su filosofía comienza en la *Crítica de la razón pura* y es conocida con el nombre de filosofía crítica. Su sistema filosófico plantea una doble clasificación de los juicios analítico o sintético, en a priori y a posteriori, y considera que todo conocimiento teórico consiste en ordenar mediante "categorías" el material perceptivo localizado en el espacio y el tiempo. En la *Crítica de la razón práctica* introduce el concepto de imperativo categórico; en la *Crítica del juicio* se interesa por los principios subjetivos en la base de la búsqueda de un sistema para nuestras explicaciones de los fenómenos naturales y la aprehensión de la belleza.

KIERKEGAARD, SÖREN (1813-1855). Filósofo, teólogo y escritor dinamarqués, precursor del existencialismo moderno. Escribió *El concepto de la angustia, Temor y temblor, Diario de un seductor, Fragmentos filosóficos, La diferencia entre un genio y un apóstol, Aprendizaje de la cristiandad*, entre otras obras.

KRISHNAMURTI, JIDDU (1895-1986). Orador, escritor, educador, nacido en la India. Fundó escuelas con el propósito de generar una educación que llevara a estudiantes y profesores a descubrir el arte de vivir y el verdadero significado de la vida misma. Entre sus obras se cuentan *El arte de vivir, El camino de la inteligencia, El libro de la vida* y un conjunto de videos sobre *La naturaleza de la mente, El futuro de la humanidad* y *Charlas públicas*.

LEIBNIZ, GOTTFRIED WILHELM (1646-1716). Matemático, científico y filósofo alemán. Valorado por su trabajo original en lógica simbólica. Su sistema metafísico puede ser interpretado como un sistema de doctrinas lógicas. La doctrina de las mónadas es desarrollada en *Monadología* y en *Discurso sobre metafísica*.

LEVINAS, EMMANUEL (1906-1995). Filósofo judío, francés. Su tema fue el Otro, ya que la existencia de los otros nos obliga a ser seres morales. Se preocupó por la tendencia de Occidente de centrar filosofía y moralidad en un propio ser, descuidando al Otro. Fenomenólogo existencial, entre sus escritos encontramos *Entre nosotros: ensayos para pensar en otro* y *Totalidad e infinito.*

LYOTARD, JEAN-FRANÇOIS (1924). Filósofo francés de la posmodernidad. Alejado del marxismo crítico, desarrolla un pensamiento en el que advierte la crisis y pérdida de la autoridad de los grandes relatos. Alcanza su mejor síntesis en *La condición posmoderna*, que trata sobre la situación del saber en las sociedades más desarrolladas. Escribe *¿Por qué filosofar?* estableciendo que las reglas son el medio conciliador de la heterogeneidad, tratadas como reglas de juego. Los juegos del lenguaje serían un requisito mínimo para la existencia de una sociedad.

MAIMÓNIDES (1135-1204), Mosé ibn Maymón. Nacido en Córdoba, España. Filósofo judío, médico, autoridad rabínica, codificador. Su *Guía de los perplejos* está destinada a los que no saben elegir y se encuentran perplejos ante la fe. Busca conducir al creyente al reconocimiento de la santidad y la verdad de la ley por medio de la filosofía.

MAISTRE, JOSEPH DE (1753-1821). Nacido en Savoya. Representante del tradicionalismo y el ultramontanismo. Partidario de la teocracia. En su libro *Teodecia* argumenta que el núcleo de la cohesión social se halla en la aceptación del poder de la fuerza de la oscuridad; que el hombre es un ser que aspira a la obediencia, al sacrificio de la existencia individual, puesto que lo contrario acarrearía su desaparición, víctima de sus propios apetitos. Para este autor, hay mal en la tierra, Dios no es el autor del mal, Dios es inconmensurable, la autoridad es indiscutible y emplea la figura del verdugo.

MANHEIM, KARL (1893-1947). Sociólogo, nacido en Budapest. Plantea cuestiones filosóficas, en particular epistemológicas y antropológico-filosóficas. Su principal contribución es en el área de la sociología del saber, las distintas funciones de la razón, sus estudios de filosofía política y las formas de la ideología. Sus obras son *El proble-*

ma de una sociología del saber, Ideología y utopía, El hombre y la sociedad en la época de crisis, Diagnóstico de nuestro tiempo, y *Libertad, poder y planificación democrática.*

MARCEL, GABRIEL (1889-1973). Filósofo francés, representante del existencialismo cristiano. Comunicó su obra a través de sus diarios: *Diario metafísico, Ser y tener* y *Presencia e inmortalidad,* y sus conferencias sobre *El misterio del ser.*

MARX, KARL (1818-1883). Sociólogo, filósofo, economista, revolucionario alemán y fundador del socialismo científico. Buscaba descubrir y formular las leyes que gobiernan la conducta de los hombres en la sociedad y la creación de un movimiento ideado para transformar las vidas de los hombres. Entre sus obras figuran el *Manifiesto del Partido Comunista,* escrito junto con F. Engels; *El Capital* y *La ideología alemana.*

McLUHAN, HERBERT MARSHALL (1911-1980). Graduado en Literatura inglesa, canadiense. Su teoría, "el medio es el mensaje", se convirtió en el lema de la contracultura de la década de 1960. Trataba sobre las tecnologías y el efecto que producen en las formas y la escala de la organización social y la vida individual. Insistió en la necesidad de tomar conciencia de las transformaciones que los nuevos medios de comunicación producían y producirían en la civilización contemporánea. Publicó *Comprender los medios de comunicación, La aldea global. Transformaciones en la vida del mundo y los medios en el siglo XXI,* en colaboración con Bruce R. Powers, y *La ciudad como aula. Para entender el lenguaje y los medios,* en colaboración con Eric McLuhan y Kathyn Hutchon.

NICOL, EDUARDO (1907-1990). Español. El tema fundamental de su pensamiento fue el estudio de la expresión, en un análisis fenomenológico del hombre en sus situaciones vitales, y elaboró una teoría sobre el hombre como ser determinado por la temporalidad, la espacialidad y la vida de acción. Estudió la historicidad del ser del hombre, una teoría del conocimiento como reconocimiento y la evidencia del otro, el prójimo como ser de expresión. Sus obras son *Psicología de las situaciones vitales, La idea del hombre, Historicismo y existencialismo, Metafísica de la expresión.*

NIETZSCHE, FRIEDRICH (1844-1900). Filósofo alemán. Influyó profundamente en la filosofía europea. Su pensamiento es existencialista y vitalista y expone una nueva valoración que comprende la formación de una lógica para la vida, la subordinación del conocimiento a la necesidad vital y biológica, el establecimiento de un criterio de verdad según el sentimiento de dominio, la negación de lo universal y necesario y la lucha contra todo lo metafísico y absoluto. Entre sus obras se encuentran *El nacimiento de la tragedia, Consideraciones intempestivas; Humano, demasiado humano; Aurora y la gaya ciencia, Así habla Zaratustra, Más allá del bien y del mal, El crepúsculo de los ídolos.*

ORTEGA Y GASSET, JOSÉ (1883-1955). Filósofo, profesor, periodista y político español. En su obra pueden establecerse dos períodos: perspectivista y raciovitalista. Autor de obras como *La deshumanización del arte, Meditaciones del Quijote, España invertebrada, La rebelión de las masas, Goethe desde dentro, Espíritu de la letra,* entre muchas otras.

PASCAL, BLAISE (1632-1662). Matemático, científico, teólogo y escritor francés. Sus *Pensamientos* constituyen la parte más interesante de su obra para los filósofos; en ella argumenta en pro de la razonabilidad de la fe, sobre la base de que no hay fundamento racional para creer ni para no creer y, por lo tanto, creer no es menos razonable que no creer, pero es más sabio aventurarse por la verdad de la religión.

PEIRCE, CHARLES SANDERS (1839-1914). Matemático, químico, filósofo. Fundador del pragmatismo norteamericano. Publicó una serie de artículos editados en Collected Papers of C. S. Peirce, en ocho volúmenes. En respuesta a la pregunta ¿qué es un concepto?, formuló su famosa máxima pragmática, germen de sus concepciones posteriores.

PELAGIO (360-425). Monje, inglés de nacimiento. Considera que el pecado de Adán afectó solamente a éste y no se transmitió a la humanidad. Por lo tanto, rechaza la doctrina del pecado original. Se inclina hacia una concepción optimista, natural de la naturaleza humana, que no necesita de la gracia sobrenatural para salvarse. Entre sus mútliples obras se encuentran *Epistula ad Paulinum Nolanum, De libero arbitrio libri quatuor.*

PLATÓN (c. 427-347 a.C.). Filósofo griego, nacido en Atenas. Discípulo de Sócrates y maestro de Aristóteles. Su filosofía sostiene que la verdad radica en las ideas, que son entidades inmutables y universales y considera que, por encima de todo, está la idea del bien. Su método es la dialéctica. Fundó la Academia, dedicada a la teoría y la enseñanza. Escribió en forma de diálogos y entre sus obras se encuentran *La apología de Sócrates, Critón, Fedón, Fedro* y *La República*, en los cuales presta la palabra a Sócrates.

PLOTINO (205-270). Probablemente originario del Alto Egipto. Estudió filosofía en Alejandría. Originador de la filosofía conocida como Neoplatonismo. Escribió los tratados que fueron recogidos por su discípulo Porfirio en las *Enéadas,* seis conjuntos de nueve trabajos cada uno.

POPPER, KARL (1902-1994). Austríaco, se autodefine como falibilista, racionalista crítico, realista epistemológico y metafísico, agnóstico, evolucionista; pluralista e interaccionista en el tema de la relación cuerpo, mente; humanista y decisionista a nivel ético. Escribió *La lógica de la investigación científica, La sociedad abierta y sus enemigos, La miseria del historicismo, Conjeturas y refutaciones: el desarrollo del conocimiento científico, Búsqueda sin término, Una autobiografía intectual, La responsabilidad de vivir, Un mundo de propensiones,* entre otros libros de su vasta bibliografía.

REICHENBACH, HANS (1891-1953). Alemán, relacionado con el Círculo de Viena y ulteriormente con el empirismo lógico y científico, y con el movimiento para la ciencia unificada. Identificó el significado de una proposición con el grado de confirmación, es decir, su índice de probabilidad. Desarrolló una lógica probabilística. Sus obras son *Teoría de la relatividad y conocimiento a priori, La filosofía científica.*

ROUSSEAU, JEAN-JACQUES (1712-1778). Pensador, educador, escritor, nacido en Ginebra. Entre sus novelas se cuentan *Julia o la nueva Eloísa, Emilio, Confesiones.* Es autor de una doctrina que considera al hombre como naturalmente bueno, a quien la sociedad corrompe. Sus teorías influyeron poderosamente en la Revolución Francesa y su sentimentalismo y amor por la naturaleza son precursores del romanticismo. Entre sus obras filosóficas, apoyadas en la teoría sobre gobierno, se inscriben el *Contrato Social* y *Consideraciones sobre el gobierno de Polonia.*

RUSSELL, BERTRAND (1872-1970). Filósofo inglés. Comprometido con la política de su tiempo, fue profesor, periodista, matemático. Fundador de la lógica simbólica. Escribió *Introducción a la filosofía matemática, Análisis de la mente, Principios de las Matemáticas, Principia Mathematica, Los problemas de la filosofía, Nuestro conocimiento del mundo externo, Misticismo, Lógica, Investigación sobre el significado y la verdad, El conocimiento humano: su alcance y límites.* Premio Nobel en 1950.

SAINT-SIMON, CONDE DE (1760-1825), Claude Henri de Rouvroy. Puede ser considerado como el fundador del moderno socialismo teórico, concebido como el resultado de un proceso histórico. En sus obras iniciales, *Cartas de un habitante de Ginebra* e *Introducción a los trabajos científicos del siglo XIX*, defendía que la ciencia política tenía que ser tan positiva como las ciencias físicas. Con el tiempo, desarrolla su interés por las cuestiones relacionadas con la organización económica, en su obra *La industria* y *El sistema industrial.*

SARTRE, JEAN-PAUL (1905-1980). Novelista, dramaturgo, filósofo francés. Teórico del existencialismo. Su principal obra filosófica es *El ser y la nada*. Sus obras publicadas incluyen estudios sobre la imaginación, la naturaleza de la literatura, obras de teatro y cuentos. Encuentra en las formas de la comunión humana fuentes de amenaza para la integridad personal y oportunidades para la autodecepción y la farsa. Entre sus obras figuran *La náusea, Crítica a la razón dialéctica, Las palabras, El muro*.

SCHELER, MAX (1874-1928). Filósofo alemán, perteneciente a la escuela fenomenológica.Trabajó en el campo de la filosofía de la cultura y de la antropología en un sentido amplio. Así deben entenderse sus aportes en teoría de valores, sociología del saber y filosofía de la religión, campos en los que publicó obras consideradas fundamentales, siempre centradas en el que fue su problema teórico central: el hombre. Entre sus obras más importantes figuran *El puesto del hombre en el cosmos, Ética, Idealismo y realismo*.

SCHOPENHAUER, ARTHUR (1788-1860). Metafísico alemán. Primer filósofo europeo que puso de relieve el ateísmo, influenciado por el budismo y el hinduismo, e insistió en la universalidad del sufrimiento y lo describió detalladamente. Fue el primero en poner el énfasis sobre la voluntad y sobre lo irracional de la filosofía moderna. Su obra capital es *El mundo como voluntad y como representación*, y los ensayos *Sobre las mujeres, Sobre la filosofía de la universidad, Parega y Paralipomena*.

SÓFOCLES (496-406 a.C.). Poeta trágico griego. Escribió numerosas tragedias; entre ellas: *Antígona, Electra, Edipo rey, Edipo en Colono*. Limitó el papel del coro buscando el fundamento de la acción en la voluntad humana y dando al lenguaje trágico mayor soltura y naturalidad.

SPENGLER, OSWALD (1880-1936). Pensador alemán, adhiere a la corriente historicista. Caracteriza a la cultura humana por su diversidad. A partir de los ciclos biológicos, nacimiento, juventud, madurez y muerte, define el proceso de la historia y lo califica como "las cuatro edades de la cultura". Su obra más importante es *La decadencia de Occidente*. Es también autor de *Prusianos y socialismo*, y *Años decisivos*.

SPINOZA, BARUCH (1632-1677). Filósofo holandés, de origen portugués. Practicó un racionalismo religioso en su obra el *Tractatus Theologico Politicus* y desarrolló el método cartesiano en su *Ética*, dándole una forma rigurosamente geométrica. Su filosofía puede considerarse como la forma más perfecta del panteísmo.

TEILHARD DE CHARDIN, PIERRE (1881-1955). Jesuita, paleontólogo, teólogo y filósofo francés. Descubrió el sinantropo y elaboró una filosofía en la que trata de concordar los datos de la ciencia y de la religión. Entre sus obras se encuentran *El fenómeno humano, La aparición del hombre, El medio divino* y *Yo me explico*.

UNAMUNO, MIGUEL DE (1864-1936). Filósofo y escritor español. Escribió una obra fecundísima. Entre otros libros publicó *Del sentimiento trágico de la vida, Niebla, La tía Tula, Amor y pedagogía, El espejo de la muerte, Soliloquios y conversaciones*, y *La agonía del cristianismo*.

VATTIMO, GIANNI (1936). Filósofo, traductor italiano. Lee a todos los autores en clave hermenéutica. Su filosofía parte de la recontextualización del pensamiento de Nietzsche y de Heidegger. La hermenéutica es un deambular por lo oculto, la reserva, lo implícito, lo no dicho: la llamada a la que responde el hablar del hombre proviene del silencio, una ontología del declinar y una profundización del nihilismo. Sus obras son *Secularización de la filosofía, la hermenéutica y la posmodernidad, Ética de la interpretación, El pensamiento débil, La sociedad transparente, El fin de la modernidad. Nihilismo y hermenéutica en la cultura posmoderna*.

VOLTAIRE (1694-1778), François Marie Arouet. Poeta y dramaturgo francés. Sus obras históricas establecen las bases de la concepción moderna de la historia. En su *Diccionario filosófico* difunde el pensamiento filosófico racional. Funda su obra en la tolerancia y la razón. Entre ellas se cuentan *La Henriada, Zaira, Mahoma, Discursos sobre el hombre, Cándido y el optimismo.*

WHITEHEAD, ALFRED NORTH (1861-1947). Matemático y filósofo inglés. Colaboró con Russell, y escribió el *Tratado de álgebra universal* y *Los conceptos matemáticos del mundo material.* Su filosofía intenta combinar su interés lógico matemático por los sistemas racionales abstractos con la cosmología y su interés moral, religioso y estético por las relaciones humanas dentro de las sociedades. Otras de sus obras son *Los principios del conocimiento natural, El principio de la relatividad, La ciencia y el mundo moderno, Proceso y realidad, Aventuras de las ideas.*

WITTGENSTEIN, LUDWIG JOSEF JOHANN (1889-1951). Austríaco. Influyó significativamente en la filosofía moderna, en particular en los países de habla inglesa. Creyó que el objeto de la filosofía es desvanecer la perplejidad, ya que la filosofía tiene, como mínimo, la tarea de aclarar los malentendidos e imprecisiones del lenguaje que dan pie a problemas filosóficos. Su obra está reflejada en el *Tractatus Logico Philosophicus,* y en las publicaciones póstumas tales como los *Cuadernos Azul y Marrón,* notas de clases dictadas a sus alumnos, y una versión posterior en las *Investigaciones filosóficas.*

Para la confección de este glosario se utilizaron: *Diccionario de filosofía,* José Ferrater Mora, Madrid, Alianza, 1980; *Diccionario de pensadores contemporáneos,* dirección de P. Loizaga, Barcelona, Emecé, 1996; *Enciclopedia concisa de Filosofía y Filósofos,* dirección de J. O. Urmson, Madrid, Cátedra, 1979; *Pequeño Larousse Ilustrado,* versión castellana, Paris, 1980.

Corrientes del pensamiento humano

650 a.C.: PRESOCRÁTICOS

Nombre dado a los pensadores que florecieron entre los siglos VI y V a.C., y que precedieron a Sócrates. Sus obras nos han llegado a través de fragmentos y citas de otros autores. Su principal interés consistió en pensar la naturaleza y la cosmología.

Representantes de la corriente: Thales (a.C.624-546 a.C.), Anaximandro (611-547 a.C.), Anaxímenes (599-524 a.C.), Heráclito de Éfeso (540-460 a.C.), Pitágoras (570-?, a.C.), Jenófanes de Colofón, Parménides de Elea (540-?, a.C.), Zenón de Elea, Empédocles (490-430 a.C.), Anaxágoras (500-428 a.C.), Demócrito (460-370 a.C.).

563-483 a.C.: BUDISMO

Doctrina religiosa cuya meta es el cese de todo deseo y sufrimiento. Por su universalismo, es una de las religiones más diseminadas por el mundo. Bajo diferentes formas, pasó de la India, su lugar de origen, a China, Japón, el Sudeste asiático, el Tíbet, y finalmente a diferentes países de Occidente. Su fundador fue Siddartha o Gautama Buda, que significa "el iluminado". Preocupado por el destino ineludible de los seres vivos, tomó la determinación de lograr la liberación definitiva del ciclo —incontrolable y recurrente— de problemas, dificultades y renacimientos. Captó las Cuatro Nobles Verdades: la vida es sufrimiento; la causa de este sufrimiento proviene de que el hombre desconoce la naturaleza de la realidad y se apega a los bienes materiales; el sufrimiento puede tener fin si el hombre logra superar su ignorancia y renuncia a las ataduras mundanas; el camino para lograr esta superación es la Óctuple Senda (o Camino de las Ocho Etapas), que se resume en principios tales como moralidad, concentración y sabiduría.

400 a.C.: SOFISTAS

Corriente de pensamiento griega del siglo V a.C. Surge como consecuencia de la crisis del espíritu, que cambió el eje de la problemática intelectual de la cosmología a la antropología. Eran expertos en convencer y refutar, valiéndose de argumentos aparentemente válidos pero falaces (los sofismas).

Representantes de la corriente: Protágoras (490-420 a.C.), Gorgias (483-378 a.C.).

350 a.C.: FUNDAMENTOS DE LA FILOSOFÍA OCCIDENTAL

Siglo de oro de la filosofía griega. La filosofía, a través de sus métodos, pretende apoyar en la razón su derecho a ser la conductora universal de los hombres. Es la época de la fundación de las primeras instituciones filosóficas, como la Academia y el Liceo. También la ciencia matemática y la astronomía alcanzan un extraordinario desarrollo.

Representantes de la corriente: Sócrates (470-399 a.C.), Platón (428-347 a.C.), Aristóteles (384-322 a.C.).

300 a.C.: LA FILOSOFÍA HELENÍSTICA

Bajo esta expresión se entiende a la filosofía de la edad alejandrina, es decir, la del período siguiente a la muerte de Alejandro Magno. Comprende tres grandes direcciones: estoicismo, epicureísmo y escepticismo.

1. Estoicismo
Escuela filosófica fundada por Zenón de Citio (336-264 a.C.). Defiende un panteísmo providencialista (un mundo físico animado y di-

vino y encaminado a lo bello y perfecto). Identifica el bien con la virtud y la vida feliz, con la vida virtuosa y la eliminación de las pasiones (apatía). Sus representantes se sienten ciudadanos del mundo (cosmopolitismo).

2. Epicureísmo

Doctrina fundada por Epicuro de Samos (306 a.C.), que defiende una teoría empirista del conocimiento, cuyo elemento básico es la sensación, y una concepción materialista del universo. Sin negar la existencia de los dioses, no admite su intervención en el mundo ni en el destino de los hombres.

3. Escepticismo

Doctrina que sostiene que no existe ningún saber firme ni opiniones seguras. Para lograr la paz interior, ante tanta diversidad de opiniones, es necesario suspender el juicio. Esta escuela, fundada por Pirrón de Elis (365-270 a.C.), llega hasta los primeros siglos de Roma (del siglo IV a.C. al siglo II).

Representantes de la corriente: Antíoco (c. 70 a.C.), Alejandro de Afrodisia (c. 200 a.C.), Posidonio (c. 150 a.C.).

50 a.C.-250: LA ESCUELA DE ALEJANDRÍA

Se emplea la denominación de Escuela de Alejandría en un sentido amplio, incluyendo el neopitagorismo pagano, las escuelas eclécticas de los primeros siglos y todo el neoplatonismo. Es también acertado entender por Escuela de Alejandría a la escuela filosófica de Filón, el judío de Alejandría y de los representantes cristianos alejandrinos de los siglos II y III.

El eclecticismo caracterizó al período en que se aspira a la conciliación de las diversas escuelas filosóficas durante la época romana, y en particular, a la conciliación de los elementos más accesibles del estoicismo, el platonismo y el aristotelismo.

Representantes de la corriente: Filón de Alejandría (30 a.C.-50), Orígenes (186-254), Clemente (150-215).

50-900: NEOPLATONISMO

Último bastión del pensamiento clásico que, durante tres siglos y con el auge del cristianismo, sufrió diversas metamorfosis, siendo aplicado al misticismo cristiano, a la filosofía islámica, al esoterismo sufi y a la Cábala judía. Fue la última de las grandes escuelas filosóficas que realizó una síntesis del Platonismo, el Aristotelismo, el Estoicismo y el Pitagorismo.

Representantes de la corriente: Plotino (205-270), Agustín de Hipona (354-430), Juan Scoto de Erigena (815-877).

Filosofía medieval

Síntesis del pensamiento denominado medieval, que se da en la conjunción de la influencia aristotélica, la filosofía y la teología. Se ocupó principalmente de la creación, los universales, la razón y la fe. Dicho período se extiende desde la caída del Imperio Romano de Occidente en el año 476 hasta 1453, fecha de la caída de Constantinopla en manos de los turcos, o hasta 1492, fecha del Descubrimiento de América.

300: DONATISMO

Movimiento iniciado con el Cisma de la Iglesia africana al ser nombrado Donato, en el año 315, como su jefe. Su doctrina sostenía que la Iglesia visible está compuesta solamente de justos y santos, y que los sacramentos son inválidos si se administran por un ministro indigno.

400: PELAGIANISMO

Promovida por el monje bretón Pelagio (360-425), esta secta cristiana herética sostenía un conjunto de doctrinas antiagustinianas. Acerca del pecado de Adán, defiende que éste afectó solamente a Adán y no se transmitió a la humanidad. Por lo tanto, rechaza la doctrina del pecado original.

400: FILOSOFÍA AGUSTINIANA

Filosofía surgida desde el pensamiento de Agustín de Hipona, padre de la Iglesia, obispo y teólogo. Partiendo del escepticismo académico y el neoplatonismo, se convierte al cristianismo. Su obra supone la primera gran síntesis entre el cristianismo y la filosofía platónica. Sus teorías sobre el pecado original, la gracia divina, la soberanía divina y la predestinación dominarán el panorama filosófico cristiano hasta la aparición de la filosofía tomista. En su obra *Confesiones* narra sus primeros años y su conversión al cristianismo, y en *La ciudad de Dios* formula una filosofía teológica de la historia.

566-1095: ESCOLÁSTICA

De *Schola*, escuela. Corriente filosófica y teológica gestada por los pensadores cristianos durante la Edad Media (desde el siglo IX hasta principios del Renacimiento). Se desarrolló primero en escuelas monásticas y más tarde en catedrales y universidades. Las preocupaciones fundamentales de los autores de esta corriente fueron de índole teológica: la existencia y naturaleza de Dios y las relaciones entre la filosofía y la teología, la razón y la fe.

Representantes de la corriente: Averroes (1126-1198), Maimónides (1135-1204), Tomás de Aquino (c. 1225-1274).

1000-1400: NOMINALISMO

Corriente que admite que el universal o concepto es un signo que puede ser predicado de pluralidad de cosas, nombres, términos o vocablos, por medio de los cuales se designan colecciones de individuos. Por lo tanto, sólo existen entidades individuales; los universales no son entidades que existan fuera de los términos del lenguaje.

Representantes de la corriente: Duns Escoto (1266-1308), Guillermo de Occam (1280-1349).

1300-1600: RENACIMIENTO

Momento histórico en el cual nace un espíritu de investigación, donde la experimentación y el empirismo son básicos. Se olvidan viejos dogmas y nacen las ciencias particulares.

La ciencia crea nuevas formas: no solamente enfocará las causas últimas, es decir, a la filosofía y a Dios, sino que también empieza a ocuparse de las causas próximas y necesarias. Se vive una repulsa hacia la Edad Media y una admiración por el mundo grecolatino.

El Humanismo es un movimiento estético, religioso y ético que funda sus principios en la afirmación del valor y la dignidad del hombre.

Representantes de la corriente: Nicolás de Cusa (1401-1464), Nicolás Maquiavelo (1469-1527), Giordano Bruno (1548-1600), Thomas Hobbes (1588-1679), Francis Bacon (1561-1625).

1517-1564: LA REFORMA

Renovación de la vida religiosa en la Europa del siglo XVI, mediante el retorno a los orígenes del cristianismo. Preparada por el humanista Erasmo de Rotterdam (1466-1536), la Reforma se inició por obra del monje alemán Martin Lutero (1483-1546), quien en el año 1517 fijó noventa y cinco tesis de la puerta de la iglesia de Wittenberg en contra de las ventas de las indulgencias. El luteranismo niega la autoridad de la Iglesia como intérprete de las Sagradas Escrituras y sostiene la libre interpretación de la Biblia. Esta práctica pasó luego a otras ciudades y culminó en la separación de los adeptos de este movimiento de la Iglesia Católica.

Representantes de la corriente: Lutero (1486-1546), Calvino (1509-1564).

Filosofía moderna y contemporánea

1600: EMPIRISMO

Doctrina epistemológica que propone que el conocimiento se origina en la experiencia y niega la posibilidad de ideas espontáneas o del pensamiento a priori. Apela a la experiencia como criterio o norma de la verdad, niega el absolutismo de la verdad o, por lo menos, de la verdad accesible al hombre. Reconoce que la verdad debe ser puesta a prueba y, por ende, puede ser modificada, corregida o abandonada. Hasta el siglo XX, el término empirismo se aplicaba a la idea defendida principalmente por filósofos ingleses de los siglos XVII, XVIII y XIX.

Representantes de la corriente: Francis Bacon (1561-1626), Thomas Hobbes (1588-1679), John Locke (1632-1704), Isaac Newton (1642-1727), George Berkeley (1685-1753), David Hume (1711-1776).

1600: RACIONALISMO

Sostiene que el único instrumento para el conocimiento es la razón y que la realidad es racional. Sus principales nociones son una confianza absoluta en la razón humana, la defensa de la existencia de ideas innatas, la utilización de un método matemático para explicar los razonamientos, una metafísica basada en la idea de substancia y el mecanicismo del universo.

Representantes de la corriente: René Descartes (1596-1650), Benedict Spinoza (1632-1677), Nicholas de Malebranche (1538-1715), Blaise Pascal (1623-1662), Gottfried W. von Leibniz (1646-1716).

1700: ILUMINISMO

Movimiento que se caracteriza por su optimismo en el poder de la razón y en la reorganización de la sociedad sobre la base de principios racionales. Se extendió particularmente en Francia, Inglaterra y Alemania. Dicho movimiento ve en el conocimiento de la naturaleza y en su dominio efectivo la tarea fundamental del hombre. Intenta liberar a la ciencia de los obstáculos de la tradición teológica y hace posible la evolución autónoma del pensamiento moderno.

Representantes de la corriente: Barón de Montesquieu (1689-1775), Jean-Jacques Rousseau (1712-1778), François Marie Arouet (Voltaire) (1694-1778).

1700: IDEALISMO

Corriente filosófica que, en sentido gnoseológico, ubica el punto de partida de la reflexión filosófica en el Yo, en el sujeto, en la conciencia y no en los objetos. Lo fundamental del conocimiento es la idea, por lo tanto, es contraria al empirismo. Se considera a Platón como el primer filósofo idealista, especialmente por su doctrina de las ideas.

En el siglo XVIII, el epistemólogo George Berkeley fue uno de sus mayores exponentes. Sostuvo que el objeto de conocimiento es una idea, que las ideas solamente pueden existir en la mente y que los objetos pueden sólo existir como objetos de la conciencia. Immanuel Kant utilizó la expresión "idealismo trascendental" para designar su propia filosofía y distinguirla del idealismo de Berkeley.

Representantes de la corriente: George Berkeley (1685-1763), Immanuel Kant (1724-1804), Georg Hegel (1770-1831), Arthur Schopenhauer (1788-1860), Johann Fichte (1762-1814), Friedrich W. von Schelling (1775-1854), Friedrich Schleiermacher (1768-1834).

1800: POSITIVISMO

Movimiento de pensamiento que se inicia en el siglo XIX con la obra de Auguste Comte. Esta teoría comprende una teoría de la ciencia y una reforma de la sociedad. Para el positivismo hay dos tipos de conocimiento: el conocimiento de lo dado, de cómo son las cosas a través de la observación y la experimentación, y el conocimiento de la lógica y las matemáticas, que no tratan de las cosas del mundo. Es la romantización de la ciencia, su exaltación como única guía de la vida particular y asociada del hombre, esto es, como único conocimiento, única moral y única religión posible.

Representantes de la corriente: Auguste Comte (1798-1857), Ludwig Feuerbach (1804-1872), Karl Marx (1818-1883), Friedrich Engels (1820-1895).

1800-1900: NEOIDEALISMO

Su tesis fundamental es la identidad de lo finito y de lo infinito, o sea, la reducción del hombre y del mundo de la experiencia humana a lo Absoluto. Se opone al positivismo y su pretensión de explicar científicamente toda la realidad. El neoidealismo reconoce solamente en el Espíritu la única realidad absoluta en la historia. De aquí derivan el inmanentismo del espíritu y la identidad entre la historia y la filosofía, que dará origen al historicismo.

Representantes de la corriente: Thomas Hill Green (1836-1882), Francis Herbert Bradley (1846-1924), Bernard Bosanquet (1848-1923), Benedetto Croce (1866-1952), Giovanni Gentile (1875-1944).

1800-1900: PRAGMATISMO

Movimiento del pensamiento para el cual el significado de una palabra o expresión consiste en su alcance concebible sobre la conducta de la vida. Sostiene dos valores: un pragmatismo metodológico, que es una teoría del significado, y un pragmatismo metafísico, que es una teoría de la verdad y la realidad. Manifiesta que es verdad toda proposición que funciona en la realidad, que produce efectos.

Representantes de la corriente: Charles Sander Pierce (1839-1914), William James (1842-1910), John Dewey (1859-1952).

1800-1900: EVOLUCIONISMO

Esta corriente considera que en la naturaleza todo acaece espontáneamente, a través de un proceso de autotransformación, que no necesita de la intervención de lo sobrenatural. Es un sistema de pensamiento basado en que existe una explicación puramente materialista sobre el origen de todo lo existente, lo que ha existido y lo que llegará a existir. Estas ideas, propiciadas por Charles Darwin, fueron llevadas al campo de la sociología por Herbert Spencer, quien consideró a la evolución natural como clave de toda la realidad, a partir de cuya ley mecánico-materialista cabe explicar cualquier nivel progresivo.

Representantes de la corriente: Charles Darwin (1809-1882), Herbert Spencer (1820-1903), Ernst Haeckel (1834-1919).

1800-1900: PSICOANÁLISIS

Fundado por Sigmund Freud. No se trata solamente de un método y un medio terapéutico, sino de una interpretación general de la vida psíquica, una concepción del hombre y de toda actividad humana. Esta interpretación fue posible mediante la suposición de la predominancia del factor sexual en toda manifestación de vida humana y de traer a la conciencia los sentimientos oscuros o reprimidos.

El psicoanálisis es básicamente una técnica terapéutica para el tratamiento de la neurosis, una técnica científica de observación crítica y un cuerpo de conocimientos que dicha observación produce.

Representantes de la corriente: Sigmund Freud (1856-1939), Carl Jung (1875-1961), Alfred Adler (1870-1937), Wilhelm Reich (1897-1957), Melanie Klein (1882-1960), Wilfred Bion (1897-1979), Jacques Lacan (1901-1981).

1800-1900: FENOMENOLOGÍA

La fenomenología describe las estructuras de la experiencia tal como se presentan a la conciencia, sin recurrir a la teoría, la deducción o a las ideas de otras disciplinas. Los fenómenos que considera son sucesos reales y se insertan en el mundo espacio-temporal junto con los sujetos que pertenecen a tales hechos. Frente al naturalismo y al psicologismo, buscó establecer las condiciones de una verdad absoluta y universal. Como movimiento de ideas, ejerció una poderosa influencia en el pensamiento europeo del siglo XX.

Representantes de la corriente: Edmund Husserl (1859-1938), Maurice Merleau-Ponty (1908-1961), Max Scheler (1874-1928), Martin Heidegger (1889-1976).

1800-1900: NEORREALISMO

Bajo este término se designan las corrientes del pensamiento contemporáneo que niegan el idealismo gnoseológico. Su tesis central sustenta que la relación cognoscitiva no modifica la naturaleza del objeto mismo. Se inspira en la noción matemática de la relación externa, es decir, la relación no modifica los términos relativos. Elimina la dependencia existencial del objeto de conocimiento y del sujeto.

Representantes de la corriente: Franz Bretano (1838-1917), Alexius Meinong (1853-1920), S. Alexander (1859-1938), Alfred North Whitehead (1861-1947), Bertrand Russell (1872-1970), George Santayana (1863-1952), G. E. Moore (1873-1958).

1900: NEOPOSITIVISMO

Llamado también empirismo lógico o positivismo lógico, indica la dirección instaurada por el Círculo de Viena, luego seguida y desarrollada por otros pensadores, en especial en América y en Inglaterra. Basándose en los trabajos primeros de Wittgenstein y en los desarrollos de la física, esta línea de pensamiento sostiene la reducción de la filosofía al ánalisis del lenguaje, ya sea común o científico. Esta corriente predica la negación de toda metafísica, dado que todos los enunciados metafísicos están privados de sentido al no poderse comprobar empíricamente.

Representantes de la corriente: Moritz Schlick (1882-1936), Ernst Mach (1838-1016), Rudolf Carnap (1891-1970), Ludwig Wittgenstein (1889-1951), John Wisdom (1904-1993), Willard Van Orman Quine (1908-2000), Max Black (1909-1988), Alfred J. Ayer (1910-1989).

1900: HERMENÉUTICA FILOSÓFICA

Línea de pensamiento fundamentada por Hans Gadamer, la cual opina que todo discurso humano se nutre de una experiencia fundamental que no es otra cosa que la mediación lingüística de la comprensión. La experiencia primigenia de la que se deriva toda experiencia está en el lenguaje, entendido no como un sistema estructural independiente de las condiciones de uso, sino, por el contrario, como las diversas lenguas históricas que cobran realidad y fisonomía en los distintos contextos enunciativos.

1900: EXISTENCIALISMO

Esta corriente considera que no hay esencia humana, hay solamente existencia. Nada es sólido, todo se desvanece. El hombre no es una sustancia determinable objetivamente, sino que es un ser que se hace a sí mismo. Nada es, todo existe. Si bien es una filosofía del siglo XX, su antecedente más directo debe buscarse en la figura del pensador danés Sören Kierkegaard.

Representantes de la corriente: Sören Kierkegaard (1813-1855), Friedrich Nietzsche (1844-1900), Karl Barth (1886-1968), Martin Heidegger (1889-1976), Karl Jaspers (1883-1969), Gabriel Marcel (1889-1973), Martin Buber (1878-1965), Jean-Paul Sartre (1906-1980), José Ortega y Gasset (1883-1955).

1900: LA ESCUELA DE FRANKFURT

Denominación otorgada al "Instituto para la Investigación Social" fundado en Frankfurt, en 1922 por el filósofo argentino Félix Weil. En 1931 y bajo la dirección de Max Horkheimer se programan investigaciones interdisciplinarias, con predominio de la filosofía. Se desarrolla la llamada teoría crítica, cuyo proyecto era retomar la teoría de Marx, profundizándola como teoría crítica del capitalismo, e incorporar los desarrollos de Freud en lo relativo a la sociedad. El arribo del nazismo obliga al Instituto a trasladarse a la Universidad de Columbia, Nueva York. Tras las muertes de Adorno y Horkheimer, Jürgen Habermas es el principal representante de la segunda etapa.

Representantes de la corriente: Max Horkheimer (1895-1973), Herbert Marcuse (1898-1979), Theodor Adorno (1903-1969), Walter Benjamin (1892-1940), Erich Fromm (1900-1980), Jürgen Habermas (1929).

1930: RACIONALISMO CRÍTICO

El racionalismo crítico pretende establecer un equilibrio entre el conocimiento y la acción, y critica a la dialéctica por su "alto grado de confusión en cuanto a la teoría para la acción". La ciencia tiene criterios propios, diferentes e independientes de los condicionantes ambientales. Se acepta el valor del conocimiento empírico en la construcción del conocimiento científico. Constituye una postura intermedia entre el positivismo y la hermenéutica clásicos. El conocimiento es la interpretación de las experiencias. Pone énfasis en lo cuali-cuantitativo y subraya la importancia de las técnicas para obtener datos. Describe una relación entre las ciencias naturales y las sociales.

Representante de la corriente: Karl Popper (1902-1994).

1960: ESTRUCTURALISMO

Esta corriente rechaza las ideas de subjetivismo, historicismo y humanismo. Utiliza un método que tiende a estudiar al ser humano como se estudia cualquier fenómeno natural. Es una tendencia filosófica que aglutina autores muy diferentes y que se expresan en los más diversos campos de las ciencias humanas, tales como la antropología, la crítica literaria, el psicoanálisis y la investigación historiográfica.

Representantes de la corriente: Ferdinand de Saussure (1857-1913), Claude Levi-Strauss (1908), Jacques Lacan (1901-1981), Roland Barthes (1915-1980), Michel Foucault (1926-1984).

1980: POSMODERNIDAD

Definido como aquello que viene después de lo moderno, entre sus premisas se cuentan la muerte de los metarrelatos y el rechazo de una verdad única y universal, tal como la planteaba la modernidad. Gianni Vattimo, uno de sus representantes, considera que se ancla en la hermenéutica. Vivir es interpretar, porque nuestra realidad humana es, ante todo, lingüística. Es un movimiento ecléctico que se origina en el campo de la estética de la arquitectura y se traslada a la filosofía.

Representantes de la corriente: Michel Foucault (1926-1984), Jacques Derrida (1930), Jean-François Lyotard (1924), Gianni Vatimo (1936), Jean Baudrillard (1929).

Para la confección de este apéndice se utilizaron: *Diccionario de filosofía*, José Ferrater Mora, Madrid, Alianza, 1980; *Diccionario de filosofía*, Nicola Abbagnano, México, Fondo de Cultura Económica, 1995.

Bibliografía

Abbagnano, Nicola, *Diccionario de la filosofía*, México, Fondo de Cultura Económica, 1995.

Abentofail, Abuchafar, *El filósofo autodidacta*, Buenos Aires, Espasa Calpe, 1954.

Adorno, Theodor, *Teoría estética*, Barcelona, Hyspamérica, 1984.

Agustín de Hipona (San Agustín), *Confesiones*, Madrid, Espasa Calpe, 1965.

Arendt, Hannah, *Crisis de la república*, Madrid, Taurus, 1973.

— *De la historia a la acción*, Barcelona, Paidós, 1995.

— *La condición humana*, Barcelona, Paidós, 1993.

— *Hombres en tiempos de oscuridad*, Barcelona, Gedisa, 1990.

Aristóteles, *Metafísica*, Madrid, Gredos, 1987.

— *Ética a Nicómaco*, México, UNAM, 1957.

— *Metafísica*, Madrid, Gredos, 1987.

— *Política*, Madrid, Gredos, 1987.

— *De anima*, Buenos Aires, Juárez, 1969.

Aurobindo, Sri, *El ciclo humano*, Madrid, Plaza & Janés, 1991.

Ayer, Alfred J., *Lenguaje, verdad y lógica*, Buenos Aires, Eudeba, 1965.

— *Los problemas centrales de la filosofía*, Madrid, Alianza, 1979.

Barth, Hans, *Verdad e Ideología*, México, Fondo de Cultura Económica, 1951.

Barth, Karl, *Mensch und Mit-Mensch*, Gotinga, Vandenhoeck & Reuprecht, 1962.

Baudrillard, Jean, *Las estrategias fatales*, Barcelona, Anagrama, 1992.

— *El intercambio imposible*, Madrid, Cátedra, 2000.

Bay, Christian, *La estructura de la libertad*, Madrid, Tecnos, 1978.

Bell, Daniel, *Las contradicciones culturales del capitalismo*, Madrid, Alianza, 1986.

Benjamin, Walter, *Angelus Novus*, Barcelona, Edhasa, 1971.

Bergson, Henri, *Las dos fuentes de la moral y de la religión*, Buenos Aires, Sudamericana, 1974.

Berlin, Isaiah, *El fuste torcido de la humanidad*, Barcelona, Península, 1992.

Berman, Marschall, *Todo lo sólido se desvanece en el aire. La experiencia de la modernidad*, Buenos Aires, Siglo XXI, 1989.

Bettelheim, Bruno, *Psicoanálisis de los cuentos de hadas*, Buenos Aires, Crítica, 1992.

Bloom, Allan, *Amor y amistad*, Santiago de Chile, Andrés Bello, 1996.

Bochensky, J. M., *¿Qué es autoridad?*, Barcelona, Herder, 1979.

Borges, Jorge Luis, *Obras completas*, Buenos Aires, Emecé, 1974.

Bubner, Rudiger, *La filosofía alemana contemporánea*, Madrid, Cátedra, 1991.

Buber, Martin, *Caminos de utopía*, México, Fondo de Cultura Económica, 1960.

Bunge, Mario, *Sistemas sociales y filosofía*, Buenos Aires, Sudamericana, 1986.

Bury, John, *La idea del Progreso*, Madrid, Alianza, 1971.

Brauner, Charles y Burns, Hobert, *Problemas de educación y filosofía*, Buenos Aires, Paidós, 1969.

Brecht, Bertolt, *Historias de almanaque*, Madrid, Alianza, 1995.

Broch, Hermann, *La muerte de Virgilio*, Madrid, Alianza, 1984.

Brun, Jean, *El retorno de Dionisos*, México, Extemporánea, 1971.

Bruteau, Beatrice, *Evolución hacia la divinidad*, México, Diana, 1977.

Burroughs, William S., *Yonki*, Barcelona, Anagrama, 1985.

Campbell, Joseph, *El héroe de las mil caras*, México, Fondo de Cultura Económica, 1959.

Campbell, Tom, *Siete teorías de la sociedad*, Madrid, Cátedra, 1994.

Camus, Albert, *El mito de Sísifo*, Buenos Aires, Losada, 1975.

Carnap, Rudolf, *La construcción lógica del mundo*, México, UNAM, 1988.

Cassirer, Ernst, *Filosofía de las formas simbólicas*, México, Fondo de Cultura Económica, 1975.

Chardin, Teilhard de, *El fenómeno humano*, Madrid, Taurus, 1976.

— *La aparición del hombre*, Marid, Taurus, 1967.

— *El medio divino*, Madrid, Alianza, 1979.

— *Yo me explico*, Madrid, Taurus, 1960.

Chesterton, G. K., *Santo Tomás de Aquino*, Buenos Aires, Lohle-Lumen, 1996.

Collingwood, R. G., *Idea de la Historia*, México, Fondo de Cultura Económica, 1977.

— *Los principios del arte*, México, Fondo de Cultura Económica, 1977.

Colom, Antoni y Melich, Joan Carles, *Después de la modernidad*, Barcelona, Paidós, 1997.

Comte, Auguste, *La filosofía positiva*, México, Porrúa, 1990.

Croce, Beñedetto, *Brevario de estética*, Barcelona, Planeta Agostini, 1993.

Cuvillier, Armand, *Las ideologías a la luz de la sociología del conocimiento*, México, UNAM, 1957.

Darío, Rubén, *Antología poética*, Buenos Aires, Losada, 1966.

Deleuze, Gilles y Guattari, Félix, *El Antiedipo*, Barcelona, Barral, 1974.

Derrida, Jacques, *The Post Card. From Socrates to Freud and beyond*, Chicago, University of Chicago Press, 1987.

Descartes, René, *El discurso del método*, Buenos Aires, Losada, 1994.

— *Meditaciones metafísicas*, México, Porrúa, 1997.

Dostoievsky, *Memorias del subsuelo*, Buenos Aires, Jorge Álvarez, 1969.

Drucker, Peter, *Las nuevas realidades*, Buenos Aires, Sudamericana, 2000.

Eco, Umberto, *Diario mínimo*, Barcelona, Península, 1973.

Eliade, Mircea, *El mito del eterno retorno*, Barcelona, Altaya, 1994.

Emerson, Ralph Waldo, *El hombre y el mundo*, Buenos Aires, América lee, 1964.

Fatone, Vicente, *Introducción al existencialismo*, Buenos Aires, Columba, 1973.

— *Lógica e introducción a la filosofía*, Buenos Aires, Kapelusz, 1951.

— "Sobre la educación del hombre argentino", en revista *Sur*, N° 20, Buenos Aires, 1956.

— *Introducción al existencialismo*, Buenos Aires, Columba, 1973.

Ferry Luc-Renaut, Alain, *Heidegger y los modernos*, Buenos Aires, Paidós, 2001.

Fichte, J. G., *El destino del hombre*, Madrid, Espasa Calpe, 1976.

Filón de Alejandría, *De opificio mundi*, Barcelona, 1983.

Foot, Philippa, *Teorías sobre la ética*, Madrid, Fondo de Cultura Económica, 1974.

Freud, Sigmund, *Obras completas*, Madrid, Biblioteca Nueva, 1948.

Fromm, Erich, *El miedo a la libertad*, Buenos Aires, Paidós, 1996.

— *El lenguaje olvidado*, Buenos Aires, Hachette, 1972.

Frondizi, Risieri, *¿Qué son los valores?*, México, Fondo de Cultura Económica, 1958.

García Bacca, Juan David, *Cosas y personas*, México, Fondo de Cultura Económica, 1983.

García Morente, M., *Lecciones preliminares de filosofía*, México, Editores Unidos, 1992.

Gaylord Simpson, George, *El sentido de la evolución*, Buenos Aires, Eudeba, 1977.

Gebhardt, Carl, *Baruch Spinoza*, Buenos Aires, Losada, 1940.

Gide, André, *Los alimentos terrestres y los nuevos alimentos*, Buenos Aires, Losada, 1984.

Giddens, Anthony, *Un mundo desbocado*, Madrid, Taurus, 2001.

Girondo, Oliverio, *Persuasión de los días*, Buenos Aires, Losada, 1968.

Goethe, *Memorias de la Universidad*, Buenos Aires, Espasa Calpe, 1951.

Gurvitch, Georges, *Las tendencias actuales de la filosofía alemana*, Buenos Aires, Losada, 1944.

Haag, Herbert, *El problema del mal*, Barcelona, Herder, 1981.

Habermas, Jürgen, *Conciencia moral y acción comunicativa*, Barcelona, Planeta Agostini, 1994.

— *Knowledge and Human Interest*, Boston, Beacon Press, 1986.

Hartmann, Nicolai, *Metafísica del conocimiento*, Buenos Aires, Losada, 1962.

Hegel, Georg, *Ciencia de la Lógica*, Buenos Aires, Hachette, 1968.

Heidegger, Martin, *El ser y el tiempo*, México, Fondo de Cultura Económica, 1962.

Heisenberg, Werner, *La imagen de la naturaleza en la física actual*, Barcelona, Ariel, 1976.

Heller, Agnes, *Más allá de la Justicia*, Barcelona, Planeta-Agostini, 1994.

Heschel, Abraham J., *The Insecurity of Freedom*, Nueva York, The Noonday Press, 1967.

Horacio, *Saturae*, Libro II, 7.

Horkheimer, Max, *Crítica de la razón instrumental*, Buenos Aires, Sur, 1969.

Hume, David, *Tratado de la naturaleza humana*, Madrid, Tecnos, 1992.

Humphreys, Christmas, *La sabiduría del budismo*, Buenos Aires, Kier, 1977.

Ingenieros, José, *Las fuerzas morales*, Buenos Aires, Losada, 1961.

Jaeger, Werner, *Paideia. Los ideales de la cultura griega*, México, Fondo de Cultura Económica, 1957.

James, William, *Principios de psicología*, Buenos Aires, Emecé, 1951.

— *Las variedades de la experiencia religiosa*, Tomos I y II, Buenos Aires, Hyspamérica, 1986.

Jodl, Friedrich, *Historia de la filosofía moderna*, Buenos Aires, Losada, 1951.

Joyce, James, *Ulises*, Barcelona, Tusquets, 1997.

Jung, Carl Gustav, *The Development of Personality*, Nueva York, Princeton University Press, 1981.

Kankelevitch, Vladimir, *L'ironie ou la bonne conscience*, París, Presse Universitaires de France, 1950.

Kant, Immanuel, *Crítica de la razón práctica*, Buenos Aires, Losada, 1961.

Keats, John, *Poemas escogidos*, Madrid, Cátedra, 1997.

Khayyam, Omar, *Rubaiyyat*, Buenos Aires, Hachette, 1983.

Kohlberg, Lawrence, *Essays on Moral Development*, San Francisco, 1981.

Korn, Alejandro, *La libertad creadora*, Buenos Aires, Claridad, 1948.

Kornfield, Jack, *Entre el éxtasis y la vida cotidiana*, Buenos Aires, Emecé, 2001.

Krishnamurti, Jiddu, *La libertad primera y última*, Buenos Aires, Sudamericana, 1979.

— *Principios del aprender*, Buenos Aires, Sudamericana, 1980.

Kundera, Milan, *El arte de la novela*, Barcelona, Tusquets, 1987.

Laborit, Henri, *Introducción a una biología del comportamiento*, Barcelona, Península, 1975.

— *Del sol al hombre*, Barcelona, Espasa, 1973.

Leibniz, Gottfried Wilhelm, *Teodicea*, Buenos Aires, Claridad, 1946.

— *Tratados fundamentales*, Buenos Aires, Losada, 1946.

Levinas, Emmanuel, *Ética e infinito*, Madrid, Visor, 1991.

— *Difficile liberté*, París, Albin Michel, 1976.

Lewis, C. S., *La abolición del hombre*, Santiago de Chile, Andrés Bello, 2000.

Linton, Ralph, *Cultura y personalidad*, México, Fondo de Cultura Económica, 1977.

Lipovetsky, Gilles, *La era del vacío*, Barcelona, Anagrama, 1986.

Lope de Vega, *Arcadia*, Madrid, Edwin S. Morby, 1975.

Luhmann, Niklas, *Teoría política en el Estado de Bienestar*, Madrid, Alianza, 1994.

Lyotard, Jean-François, *Por qué filosofar*, Barcelona, Altaya, 1998.

— *La condición posmoderna*, Madrid, Rato, 1984.

Maistre, Joseph de, *Œuvres complètes de J. de Maistre*, París, 1884-1887.

Maliandi, Ricardo, *Ética, conceptos y problemas*, Buenos Aires, Biblos, 1991.

Manheim, Karl, *Diagnóstico de nuestro tiempo*, México, Fondo de Cultura Económica, 1978.

Mann, Thomas, *Cervantes, Goethe, Freud*, Buenos Aires, Losada, 1990.

Marcel, Gabriel, *Diario metafísico*, Buenos Aires, Losada, 1974.

Marcuse, Herbert, *Un ensayo sobre la liberación*, México, Joaquín Mortiz, 1969.

Marías, Julián, *Biografía de la filosofía*, Buenos Aires, Emecé, 1954.

Marthe, Robert, *La revolución psicoanalítica*, México, Fondo de Cultura Económica, 1992.

Marx, Karl, *La ideología alemana*, Buenos Aires, Pueblos Unidos, 1985.

Maturana, Humberto, *Amor y juego*, Santiago de Chile, Instituto de Terapia Cognitiva, 1994.

McLuhan, Marshall, *La Galaxia Gutenberg*, Madrid, Aguilar, 1988.

— *La aldea global*, Barcelona, Gedisa, 1996.

McLuhan, Marshall y Eric, *Leyes de los medios*, México, Alianza, 1988.

Mead, Margaret, *La fe en el siglo XX*, Buenos Aires, Emecé, 1975.

Merleau Ponty, Maurice, *Phénomenologie de la Perception*, París, Gallimard, 1943.

Milton, John, *El paraíso perdido*, Buenos Aires, Espasa Calpe, 1951.

Minsky, Marvin, *La sociedad de la mente*, Buenos Aires, Galápago, 1986.

Mircea, Eliade, *El mito del eterno retorno*, Madrid, Alianza/Emecé, 1972.

Monod, Jacques, *El azar y la necesidad*, Barcelona, Seix Barral, 1971.

Moore, G. E., *Principia Ethica*, México, UNAM, 1959.

Morin, Edgar, *Para salir del siglo XX*, Barcelona, Kairós, 1982.

— *La vida de la vida. El Método*, Madrid, Cátedra, 1983.

Mounier, Emmanuel, *Manifiesto al servicio del personalismo*, Madrid, Taurus, 1976.

Nabokov, Vladimir, *Curso sobre el Quijote*, Barcelona, EdB, 1997.

Nicol, Eduardo, *Metafísica de la expresión*, México, Fondo de Cultura Económica, 1957.

Nietzsche, Friedrich, *Más allá del bien y del mal*, Barcelona, Hyspamérica, 1984.

— *La voluntad de dominio*, en *Obras completas*, Tomo IV, Buenos Aires, Aguilar, 1966.

— *Así hablaba Zaratustra*, Buenos Aires, La Nación, 2001.

Opler, Morris Edward, *Apache odyssey: a journey between two worlds*, Winston, Holt Rinehart, 1969.

Ortega y Gasset, José, *¿Qué es filosofía?*, Madrid, Espasa Calpe, 1984.

— *La rebelión de las masas*, Barcelona, Altaya, 1993.

— *El hombre y la gente*, Madrid, Alianza, 1994.

— en prólogo a *El Collar de la Paloma*, de Ibn Hazm, Madrid, Alianza, 1979.

— *Goethe desde adentro*, en *Obras completas*, Tomo IV, Madrid, Alianza, 1983.

Pagels, Elaine, *Adán, Eva y la serpiente*, Barcelona, Crítica, 1990.

Panofsky, Erwin, *El significado de las artes visuales*, Madrid, Alianza, 1979.

Pascal, Blais, *Pensamientos*, Buenos Aires, Losada, 1977.

Paz, Octavio, *Los hijos del limo*, Barcelona, Seix Barral, 1981.

— *Corriente alterna*, México, Siglo XXI, 1967.

Platón, *Diálogos*, Madrid, Ediciones Ibéricas, 1948.

— "El banquete", en *Diálogos*, Buenos Aires, Espasa Calpe, 1952.

— *La República*, Buenos Aires, Eudeba, 1992.

— *Fedro*, Madrid, Alianza, 2000.

— *Gorgias*, Madrid, Ibéricas, 1948.

Plotino, *Enéadas*, Buenos Aires, Aguilar, 1978.

Polanyi, Michael, *Science, Faith and Society*, Chicago, University of Chicago Press, 1994.

Popper, Karl, *La sociedad abierta y sus enemigos*, Barcelona, Paidós, 1981.

Portmann, Adolf, *Neue Wege der Biologie*, Munchen, 1960.

Rank, Otto, *El trauma del nacimiento*, Barcelona, Paidós, 1991.

Reichenbach, Hans, *La filosofía científica*, México, Fondo de Cultura Económica, 1975.

Rilke, Rainer Maria, *Diario florentino*, Buenos Aires, Paideia, 1955.

Romero, Francisco, *Filosofía de la persona*, Buenos Aires, Losada, 1962.

Romero Brest, Jorge, *Así se mira el arte moderno*, Buenos Aires, Beas, 1993.

Rorty, Richard, *Contingencia, ironía y solidaridad*, Barcelona, Paidós, 1991.

Rousseau, Jean-Jacques, *Discurso sobre las ciencias y las artes*, Buenos Aires, Aguilar, 1974.

Rupert de Ventos, Xavier, *Moral y nueva cultura*, Madrid, Alianza, 1971.

Russell, Bertrand, *El conocimiento humano*, Barcelona, Hyspamérica, 1984.

Santa Teresa de Jesús, *Libro de la vida*, Madrid, Plaza & Janés, 1998.

Sartre, Jean-Paul, *El ser y la nada*, Buenos Aires, Losada, 1966.

Scheler, Max, *Ética*, Buenos Aires, Revista de Occidente Argentina, 1948.

— *El santo, el genio, el héroe*, Buenos Aires, Nova, 1961.

Schopenhauer, Arthur, *El mundo como voluntad y representación*, Madrid, Hyspamérica, 1985.

Simmel, Georg, *El individuo y la libertad*, Barcelona, Península, 1986.

Sófocles, *Antígona*, Buenos Aires, Austral, 1952.

Sorokin, Pitirim, *Sociedad, cultura y personalidad*, Madrid, Aguilar, 1973.

Spengler, Oswald, *La decadencia de Occidente*, Tomo II, Madrid, Espasa Calpe, 1958.

Spinoza, Baruch, *Ética*, Madrid, Alianza, 1999.

— *Tratado teológico-político*, Madrid, Tecnos, 1966.

Stevenson, C. L., *Ethics and Language*, Boston, Yale University Press, 1945.

Taylor, Charles, *La ética de la autenticidad*, Buenos Aires, Paidós, 1998.

Tillich, Paul, *La era protestante*, Buenos Aires, Paidós, 1965.

Tolstoi, León, *La muerte de Iván Ilich*, Bogotá, Norma, 1992.

Tonnies, Ferdinand, *Comunidad y sociedad*, Buenos Aires, Losada, 1968.

Tugenadhat, Ernst, *Lecciones de ética*, Buenos Aires, Gedisa, 1996.

Twain, Mark, *Las aventuras de Tom Sawyer*, Buenos Aires, Losada, 1967.

Unamuno, Miguel de, *La agonía del cristianismo*, Buenos Aires, Losada, 1964.

Vasallo, Ángel, *Elogio de la vigilia*, Buenos Aires, Losada, 1939.

Vattimo, Gianni, *Las aventuras de la diferencia*, Barcelona, Península, 1990.

— *Ética de la interpretación*, Buenos Aires, Paidós, 1992.

Voltaire, *Cartas filosóficas y otros escritos*, Madrid, Sarpe, 1985.

— *Cándido y otros cuentos*, Madrid, Alianza, 1974.

Weber, Max, *Economía y sociedad*, México, Fondo de Cultura Económica, 1996.

Whitaker, Reg, *El fin de la privacidad*, Barcelona, Paidós, 1999.

Whitehead, Alfred North, *La ciencia y el mundo moderno*, Buenos Aires, Losada, 1949.

— *El devenir de la religión*, Buenos Aires, Nova, 1961.

Wittgenstein, Ludwig, *Tractatus Logico Philosophicus*, Madrid, Fondo de Cultura Económica, 1957.

Zolla, Elemire, *Antropología negativa*, Buenos Aires, Sur, 1979.

Impreso en Verlap S.A.
Comandante Spurr 653, Avellaneda,
Provincia de Buenos Aires,
en el mes de septiembre de 2004.